U0936307

珍藏本

纪念版

汉译世界学术名著丛书

礼 物

——古式社会中交换的形式与理由

〔法〕马塞尔·莫斯 著

汲喆 译

陈瑞桦 校

2017年·北京

Marcel Mauss
ESSAI SUR LE DON
Forme et raison de l'échange dans les sociétés primitives
Année Sociologique, n. s. , 1, 1923—1924, pp. 30—186.
本书根据《社会学年鉴》(1923—1924)译出

引领时代思想，为本土原创学术的发展提供丰富的文化滋养，为推动中国现代学术和现代化进程做出了突出的贡献。

为纪念商务印书馆成立120周年，我们整体推出“汉译世界学术名著丛书”120年纪念版的珍藏本，寄望既利于文化积累，又便于研读查考，同时向长期支持丛书出版的译者、编者和读者致以敬意。

两甲子后的今天，商务印书馆又站在了一个新的历史时间节点上。我们不仅要铭记先辈的身影和足迹，更须让我们的步伐充满新的时代精神。这是商务人代代相传的事业，更是与国家和民族的命运始终紧密相连的事业。我们责无旁贷，必须做好我们这代人的传承与创造，让我们的努力和成果不仅凝聚成民族文化的记忆，还能成为后来人可以接续的事业。唯此，才能不负前贤，无愧来者。

商务印书馆编辑部

2017年10月

汉译世界学术名著丛书
（120年纪念版·珍藏本）
出版说明

2017年2月11日，商务印书馆迎来120岁的生日。120年前，商务印书馆前贤怀揣文化救国的理想，抱持“昌明教育，开启民智”的使命，立足本土，放眼寰宇，以出版为津梁，沟通中西，为中国、为世界提供最富智慧的思想文化成果。无论世事白云苍狗，潮流左右激荡，甚至战火硝烟弥漫，始终践行学术报国之志，无改初心。

迻译世界各国学术名著，即其一端。早在20世纪初年便出版《原富》《天演论》等影响至今的代表性著作，1950年代后更致力于外国哲学和社会科学经典的译介，及至1980年代，辑为“汉译世界学术名著丛书”，汇涓为流，蔚为大观。丛书自1981年开始出版，历时三十余年，迄今已推出七百种，是我国现代出版史上规模最大、最为重要的学术翻译工程。

丛书所选之书，立场观点不囿于一派，学科领域不限于一门，皆为文明开启以来，各时代、各国家、各民族的思想与文化精粹，代表着人类已经到达过的精神境界。丛书系统译介世界学术经典，

修订版说明

此次再版订正了初版译文中的错误，调整了部分词句的译法。过去数年间，陈瑞桦教授在使用初版译本教学时发现了一些问题，他就此向译者提供了极为宝贵的修改意见。应译者之邀，巴黎第十大学社会学系荣休教授阿兰·迦耶（Alain Caillé）先生专门为中国读者撰写了一篇精彩的导言。巴黎高等师范学院社会科学系教授弗洛伦斯·韦伯（Florence Weber）女士则惠赐了版权，允许我们在此刊发她为法国大学出版社 2007 年版《礼物》所撰写的长篇导论。这两位莫斯专家分别从不同角度为了我们阐明了《礼物》一书的当代意义。在法国留学的年轻学者南楠女士和巫能昌先生协助我完成了本版附录部分的译校。多年来，渠敬东教授为本人的学术翻译工作提供了毫无保留的支持，在此一并表示感谢。

汲　喆

2014 年 8 月于巴黎

中译本导言

阿兰·迦耶①

汲喆先生邀请我为他所译的马塞尔·莫斯《礼物》一书的中文版撰写导言，这对我而言是很大的荣誉，但同时又令我诚惶诚恐。一方面，我认为，《礼物》——很难说它到底算是一篇长文还是一本小书——可谓社会科学史上最重要的文本。之所以这样讲，其最为关键之处在于，此文就道德哲学与政治哲学的一些根本的和真正的问题提出了恰当的理解——且不论它还涉及经济学和心理学的问题。另一方面，之所以这项荣誉又让我踟蹰再三，是因为我有些疑虑。试图用几页篇幅来说服一位完全不了解莫斯的读者，让其相信我归诸莫斯的重要地位，这谈何容易！更何况，尽管莫斯的这部作品对社会学而言至关紧要，然而，社会学的各种教材却几乎不把莫斯视为社会学家。虽然二战以后的法国哲学家们都读过《礼物》，尤其是让-保罗·萨特(Jean-Paul Sartre)，在其《伦理学笔

① 阿兰·迦耶(Alain Caillé)，1944年生于巴黎，雷蒙·阿隆(Raymond Aron)的学生，青年时代曾在法国卡昂大学任哲学家克洛德·勒福尔(Claude Lefort)的助手，现为巴黎第十大学社会学荣休教授。1981年，他创办了“社会科学反功利主义运动”及《莫斯评论》。此后，他又提出“礼物范式”，并以之为基础批判当代政治与经济。有《功利理性批判》(*Critique de la raison utilitaire*，Paris：La Découverte，1989)、《礼物人类学》(*Anthropologie du don*，Paris：Desclée de Brouwer，2000)等专著十余部。——中译注

记》(*Cahiers pour une morale*)中曾用一节对《礼物》做出了或许是最为全面、到位的论述,但是,在任何哲学史作品中都找不到莫斯的名字。至于经济学家们,那些对卡尔·博兰尼(Karl Polanyi)感兴趣的人应该读过莫斯;而且,乔治·阿克洛夫(George Akerlof)以及提出"强互惠"(strong reciprocity)理论的萨缪·鲍尔斯(Samuel Bowles)和赫伯特·金迪斯(Herbert Gintis)等美国学者们的作品不过是摄要地重新发现了《礼物》一书中的一鳞半爪,而莫斯对那些方面早有过纲领性的表述。然而,经济学家们对莫斯还是几乎完全漠然无视。

简言之,对于人文与社会科学的专家们来说,莫斯是一位民族学家,如此而已。而且,莫斯还属于那种极其特殊的民族学家。1928年,莫斯与保罗·里韦(Paul Rivet)一道在索邦大学创办了民族学研究所,这是法国历史上第一处培养专业的民族学工作者的机构。作为《民族志教程》(*Manuel d'ethnographie*)一书的作者,莫斯使这门学科系统化了。可是,他本人却没有进行过任何田野调查,也不是任何部族的专家,当代的民族学系或许会毫不迟疑地把他拒之门外的。那么,莫斯到底是什么样的民族学家呢?他是一位在办公室里把他那个时代的民族志文献遍览无余的民族学家,是能说或能读不知多少种语言的民族学家。他的学生们对此钦佩之至,曾感叹道:"莫斯无所不知。"

我们将会看到,正是这种对来自世界各地的大量民族志素材加以汇总与综合的能力,使《礼物》一书具备了无与伦比的丰富性。由于这个首要的、基本的原因,这位并非民族学家的民族学家的文本,才对社会学、哲学乃至经济学都如此重要。这是因为,所有这些学科的起点都必然是某种人类学，也就是对于人及其深层动机的某种表象，例如经济学中的“经济人”（*homo œconomicus*）。不过，这些学科（甚至社会学也不例外）对人的看法，往往是出于单纯思辨的，是先验的（*a priori*），是为了满足本学科的特定论证风格的需要而建构起来的。正是莫斯以对成百上千个社会的研究为基础，第一次勾勒出了一种经验的、非思辨的人类学。这改变了一切。尽管对于其经验概括的精确性我们可以有所保留，但是毕竟我们终于有了一个比较可靠的、基于事实的出发点，可以对于社会中的人类行为做出研究。

莫斯其人

读者难免会问，既然如此，为什么莫斯还会那么不为人知，或者少为人知呢？更确切地讲——如果我们借用莫斯的评注者卡米耶·塔罗（Camille Tarot）的贴切表述——为什么莫斯始终是“一个著名的默默无闻的人”（un inconnu célébrissime）？著名，是因为莫斯是民族学史上的经典人物，尽管那些专注于特定田野而系统性地拒绝任何一般化努力的民族学家们，只是抱着怀疑和疏远的态度去阅读莫斯。但在这个场域以外，莫斯在相当程度上是不被了解，甚至是不被看重的。其实莫斯颇有来头，很值得提上几笔。他1872年5月10日生于法国埃皮纳勒（Épinal）的一个犹太人家庭，母亲是法国社会学派奠基人爱弥尔·涂尔干的姐姐。莫斯既是涂尔干的一位不安分的学生和弟子（他从来不曾按期交上作业），也是后者在智识上的传人。1917年在舅舅去世后，是他接下了《社会学年鉴》(*Année sociologique*)主编的工作，而这份交叉学科的出版物正是整个学派的核心机关。因此，我们应该明白，尽管莫斯的专业是民族学和原始宗教的比较史，但其研究均是从涂尔干学派的一般社会学出发的。可以毫不夸张地说，莫斯以一人一身，凝聚并体现了由圣西门和孔德开启，而后由涂尔干加以系统化的整个法国社会学传统，这一传统与(韦伯和西美尔的)德国社会学传统，以及(芝加哥学派、杜威和帕森斯的)美国社会学传统鼎足而三。

莫斯在社会学史上的能见度之所以较低，除了他专长于民族学专业这一原因之外，另一大原因在于他从未撰写过“一本真正的专著”。他有成百上千的文章、书评，但从未出版过一本大书。甚至于，他的关于祈祷的博士论文也一直没有完成。由于他始终想保持一种年轻人的新鲜感、一种业余爱好者的角度，甚至是兴趣广泛但又浅尝辄止的游戏心态，他不可能有很多时间长期潜心研究某一个特定主题。他的学术生涯因而既光彩照人，又倏忽多变。获得了中学哲学教师资格的认证以后，莫斯于1895年在法国高等实践研究院[①]注册。在这个以法国式的博学鸿辞著称的学术圣地，莫斯师从著名的印度学家西尔文·烈维(Sylvain Levi)，学习梵文和印度学，并将其视为第二个舅舅。1901年，尽管莫斯没有完成博士论文答辩，他还是在高等实践研究院获得了“未开化民族宗教史”的教席。应该把对莫斯的选任看作是对涂尔干学派的祝

① 即Ecole pratique des hautes études，曾从学于莫斯的杨堃先生早年译作“高等学术院”。——中译注

圣以及对涂尔干主编的《社会学年鉴》的重要性的认可，因为莫斯和他的朋友亨利·于贝尔（Henri Hubert）正是涂尔干的左膀右臂。莫斯和于贝尔共同发表的两篇文章至今仍是相关领域中的基本文献，一篇题为《论献祭的性质与功能》（*Essai sur la nature et la fonction du sacrifice*，1901），另一篇题为《巫术的一般理论纲要》（*Esquisse d'une théorie générale de la magie*，1904）。同样值得一提的是莫斯与涂尔干合著的一部令人惊叹的作品——《分类的几种原始形式》（*De quelques formes primitives de classification*，1905），这无疑是涂尔干的巨作《宗教生活的基本形式》（*Les formes élémentaires de la vie religieuse*，1912）得以成就的最初模型，同时也为日后列维-斯特劳斯（Claude Lévi-Strauss）或杜梅齐尔（Georges Dumézil）对古式思维范畴的结构主义研究提供了典范。除此以外，莫斯还有多篇极其重要的文章①。由于这些成就，1931 年，尽管莫斯依然没有完成他的博士论文，他仍然被选为法兰西公学②这个法国高等教育的最高讲坛的教授。1941 年在德

① 择其要者，有《社会学》（*Sociologie*，1901，与 Paul Fauconnet 合著）、《爱斯基摩社会的季节变化》（*Essai sur les variations saisonnières des sociétés eskimo*，1906，与 Henri Beuchat 合著）、《从社会学角度评布尔什维主义》（*Appréciation sociologique du bolchévisme*，1924）、《身体技术》（*Les techniques du corps*，1935）和《人类精神的一个范畴：人的观念、我的观念》（*Une catégorie de l'esprit humain，la notion de personne，celle de moi*，1938）。

② 即 Collège de France，在汉语世界，常因被译为"法兰西学院"，而与另外两个同样被译为"法兰西学院"的著名机构——Académie française 和 Institut de France——相混淆。Collège de France 有限的教席均由该领域第一流的学者担任，授课内容为学术前沿，教学过程完全开放，任何人均可前去听讲，既无考试，亦不发文凭，故在此译为"公学"。迄今为止，共有三人先后担任过法兰西公学的社会学讲席教授：莫斯（1931—1942）、雷蒙·阿隆（1970—1978，席位更名为"现代文明的社会学"）、皮埃尔·布尔迪厄

国占领下，莫斯因维希政权的反犹法而被迫离开了法兰西公学。1950年，莫斯去世了。无可置疑的是，他最为重要的作品，那简洁地阐发了他的其他著作并与那些著作交相辉映的作品，就是各位读者眼前这篇于1925年发表在《社会学年鉴》上的《礼物》。

《礼物》其书

或许，在谈论本书的内容之前，应当先指明此书有一个令人称奇的特点：这本书既很容易读，又很难读。同样，这一点，可能也就解释了这本书名满天下，但事实上又很少有人读懂的奇特命运。很容易读，是因为莫斯对具体事实情有独钟，而对抽象视若仇雠，其表述总是十分简单透彻，无半点斧凿之痕。要说很难读，那当然是因为本书涉及极其多样的社会实践和异常丰富的民族志材料，读起来未免有点让人伤脑筋。不过，书中所有引用的民族志材料都根据莫斯所提出的几个简明扼要的问题做了充分的分类和整理，所以读者不必花费多少气力就能把握住线索和方向。另外，吊诡的是，莫斯文笔之简洁及其对抽象的坚决排斥，恰恰造成了另一

(接上页)(Pierre Bourdieu，1982—2001)。2001年后该教席一直空缺。Académie française可译为“法语学院”或“法兰西翰林院”，其40名“不朽院士”的主要职责在于确保法语的规范与完美，它是Institut de France下属的一个机构。Institut de France可译为“法兰西学士院”或“法兰西研究院”，共包括五个学院：法语学院、金石美文学院(Académie des inscriptions et belles-lettres)、科学院(Académie des sciences)、道德与政治科学院(Académie des sciences morales et politiques)和美术学院(Académie des beaux-arts)。需要指出的是，与法兰西公学不同，法兰西学士院的院士头衔是荣誉性的，并无公开教学任务。——中译注

项阅读困难。可能读过一遍甚至两遍之后都不太容易体会出，在表面上纯粹的经验研究的长篇报告背后，事实上还有一个极其丰富和有力的理论体系，只是它隐而未彰。这也正是莫斯的能见度不高的另一原因：他并不构造任何显白的社会学体系，好让人们能够方便地在大学的课堂上讲授。30多年来，我一直追寻着莫斯的足迹探索，我曾尝试将他的某些一般社会学（或者说社会科学）的发现体系化。但每次当我觉得自己提拎出了某个概念或理论的时候，却又会发现其实莫斯早都已经阐述过了，只是我以前没有看出来。或许可以说，这就是本书表面上的简单易懂所蕴含的吊诡之处：对于他所用心的宏大主题，他差不多已经把可说的都说了，可是他又不明言他论述了这个问题。只有当我们试图替他言说的时候，我们才发觉他早就说过了！

那么，莫斯到底向我们说了些什么？他明确论述了哪些问题？《礼物》一书宣称，其宗旨在于对交换与契约进行某种考古学研究。通过对斯堪的纳维亚、西北美洲和美拉尼西亚等地古代世界的资料汇总，此书确立了这一命题：人类社会原本没有市场、买卖、互赠（donnant-donnant）或易物贸易（troc），甚至于，连契约也没有。这一发现显然对于西方政治哲学从霍布斯开始，经由洛克、卢梭、斯宾诺莎和康德直到约翰·罗尔斯（John Rawls）所形成的那种传统意义重大，因为这类政治哲学都主张，至少在规范的层面上，社会的根基在于原初的社会契约。既无市场，亦无契约——那么，到底有什么呢？有的就是礼物。正如莫斯在《礼物》一书中开门见山所指出的，“交换与契约总是以礼物的形式达成，理论上这是自愿的，但实际上，送礼和回礼都是义务性的”。如果我们更扼要地重新表述一下，这就是：古式社会的基础在于给予、接受和回报这三重义务。这个基础不是交换，而是“交换—礼物”(échange-don)或者说“礼物—交换”(don-échange，莫斯曾同时采用这两种表述)。其基础不是契约，而是19世纪末20世纪初对法国共和主义的形成影响甚巨的、以雷翁·布尔热瓦(Léon Bourgeois)和阿尔弗雷德·富耶(Alfred Fouillée)为代表的“社会连带主义学派”(école solidariste)所说的“准契约”(quasi-contrat)。

对于给予、接受和回报这三重义务的逻辑，莫斯主要是借助那些体现了这种义务的极端案例加以突显的，这就是他所说的“竞技式的总体呈献”。为什么是“总体呈献”？古式的礼物体系是总体的，是因为参与交换的并不是个体，而是这些个体的中介，即整个家庭或整个氏族。与此同时，这种礼物体系也构成了莫斯所说的“总体社会现象”，社会的各个维度在这类现象中紧密交叠。总体社会现象既表述了宗教、法律、道德、政治和经济等维度，同时也使这些维度彰显出来；它“启动”了这些维度，使整个社会产生某种共振。在总体呈献体系中，一切均被给予，不仅包括“物资和财富、动产和不动产等等在经济上有用的东西”，而且“首先要交流的是礼节、宴会、仪式、军事、妇女、儿童、舞蹈、节日和集市”，等等[①]。当给予者的首要目的是要炫耀他所给予的要比其他给予者和竞争者更多、更好的时候，当赠与变成为了就慷慨而进行的争斗甚至是战争的时候，呈献就带有了竞技性。质言之，《礼物》所集中研究的就

① 此外，为了表明礼物体系与战争或复仇体系的相近之处，我们还可以加上凌辱、打击、伤害、施蛊乃至死亡。

是这种竞技式的赠与，于是乎，作者有意忽略了那些简单的、非竞技式的总体呈献——对后者我们可以称之为“礼物—分享”（don-partage）。

莫斯所阐发的三个主要案例是：（一）主要由博厄斯加以描述的、从温哥华到阿拉斯加的西北美洲部落的著名的“夸富宴”（pot-latch）；（二）由马林诺夫斯基在其《西太平洋上的亚尔古英雄》[①]中所报告的在特罗布里恩群岛（直到新几内亚东北）实行的“库拉”（kula）贸易；（三）新西兰的毛利人的珍贵之物“通家（taonga）”的交换。

夸富宴在人类学文献中最为著名，其竞技对抗的维度尤其让人印象深刻。夸富宴上要么赢得一切，要么丧失所有。在这些盛大的节日中，每个人都力争比别人给出的更多，以“压倒对手”，把别人置于“他名字的阴影下”。谁看上去失去的最多，谁就是这个竞赛的赢家，其中的逻辑与黑格尔在主奴辩证中所描述的拼死争得承认的逻辑密切相关。莫斯告诉我们，这种逻辑以两个原则为基础：信用与荣誉。不是马上偿还，而是稍后回报，这就是信用。这种回报要尽可能延迟，要比已经给付的多，而且还得越晚就要还得越多。只有那些足够强或者自认为足够强的人才会延迟回礼。因为，如果回赠的礼物不比收到的礼物多，那么就会失去荣誉——也就是夸富宴的第二项原则，亦即中国人所说的面子[②]——而且

① 又译《西太平洋上的航海者》。——中译注

② 莫斯在讨论夸富宴时注意到，“夸扣特尔与海达的贵族所抱有的‘面子’观念，简直和中国的文士或官吏的观念一模一样”。他还补充道：“失去声望也就是失去灵魂；而所丢掉的也确实是‘脸面’，那是跳舞的面具，是神灵附身、佩戴纹章以及图腾的权利。所以，这在夸富宴中、在送礼游戏中是名副其实的丢‘人’（persona）。”

要屈从于给予者的权力，直至成为后者的奴隶。当双方的对立激化、各自轮番表明可以给出更多的时候，那就不再是送出礼物了，而是要破坏、销毁其最珍贵的财物，以示自己是欲望的主人而不是需求的奴仆，以示其超越了功利性，并且反对一切功利性。这种夸富宴制度本身无疑是很极端的，而且在人类学家观察到它的时候，印第安社会正处在分崩离析的阶段。但是，这并不妨碍我们从中推导出一项基本的人类学见解：礼物如果得不到回报，而且是更多的回报，就会毁掉收受礼物的一方；这一方面造就了主人，另一方面也产生出奴隶。

特罗布里恩群岛的库拉则显然要平和得多，但是，在这种将该群岛及其邻近岛屿联系起来的“贵族式贸易”中，也有某种形式的荣誉之争，因为无论轮到谁，都要给出最珍贵、最让人艳羡的财物，也就是被称作“外罡（vaygu'as）”的项链或手镯。其实没有任何人能够成为这些“用漂亮的红色海菊蛤”打磨而成的项链或手镯的最终所有者。这些项链或手镯应该总是处在流通当中，总是被用于竞赛，就像戴维斯杯网球赛的奖杯一样。它们的价值会根据其先前所有者的情况及其转让的模式而有所增长。和夸富宴的情形一样，确实存在着日用品的易物贸易，但是，这些被称之为“金瓦利”（gimwali）的功利性贸易只有在那种贵族式的物物交换的缝隙中才能被容忍，二者无论如何不能混淆。对于特罗布里恩群岛的“大人物”来说，如果被谴责为“做库拉时好像在做金瓦利（gimwali）”，那就再糟糕不过了。

毛利人以珍贵物品作为礼物“通家”的例子，在《礼物》一书中占有特殊重要的地位。这是因为，莫斯要通过这一案例，尝试回答

他在开篇未久针对给予、接受和回报这三重义务所支配的物资与服务的流通体系所提出的主要问题:“在后进社会或古式社会中,是什么样的法律与利益规则,导致接受了馈赠就有义务回报?礼物中究竟有什么力量使得受赠者必须回礼?”莫斯的回答受到了毛利智者哈那皮里(Ranapiri)的说法的启发,因之总结说,存在有某种神奇的“礼物之灵”“豪”(hau),这是一种灵力、一种“曼纳”(mana),也就是一种既使人得赎又使人涉险的能量,会杀死想要把收到的礼物据为己有、不加回报或不依序送出礼物的人。礼物之灵也就是最初的送礼者之灵。这一假设的必然推论是:在这些社会中不存在人与物、主体与客体的纯然分离。古式世界是一个完全人格化的世界。从而,莫斯得出论断:赠与时给出的是自我的某种成分,予人就是予己。

对莫斯的解读

这是一个好的答案吗?而且,莫斯所提的是好的问题吗?是唯一重要的问题吗?相关的争论已经汗牛充栋,我们并不打算深入其中。和所有那些伟大作品一样——例如韦伯和马克思的作品——《礼物》引发了无数批评和反驳的尝试,从最经验的角度到最概念化的角度都有,有些简直是针锋相对。以划分理想型的方式,可以区分出阅读《礼物》的四种类型。第一种是经济学主义的理解,只把礼物当作是对经济利益的遮掩,是某种以社会方式建构的虚伪。第二种理解或可称之为“不存在主义”的,也就是拒绝就莫斯所报告的事实来讨论礼物,或者只打算承认莫斯的礼物仅存在于非常有限的地域和时期。第三种诠释承认礼物作为事实确实存在，但却倾向于把这些事实看作是更为深刻、更为原初的某种实在的结果，如祭祀、交换或债务。相反地，我则相信——这代表的也就是第四种可能的立场——应当承认莫斯所发掘出来的礼物体系具有原初性社会事实的特征，就此而言，它只能以自身解释自身，而不能用其他事物加以解释，也不能归诸宗教、经济之类所谓更为深刻的实在；相反，恰恰是礼物体系，才恰当地揭示了这些实在。

但要坚持这样一种格外推崇《礼物》的立场绝非易事。必须要反复力争，不惮于和莫斯一些最出色的门生后学相对垒。这些人的荣耀已经部分地遮蔽了莫斯的光彩，仿佛他们已把莫斯置于他们自己名字的阴影下。单就法国而言，莫斯的后继者中三位主要的人物是列维-斯特劳斯、巴塔耶(Georges Bataille)和布尔迪厄。在莫斯的一部文选(其中当然包括《礼物》)的导言中[①]，列维-斯特劳斯表明与莫斯分道扬镳，以此在1950年为结构主义签署了出生证明。列维-斯特劳斯是20世纪后半叶最伟大的人类学家之一，作为《亲属关系的基本结构》(*Structures élémentaires de la parenté*)的作者，他引领的结构主义思潮在1960年代从法国出发，连同福柯(Michel Foucault)、拉康(Jacques Lacan)、德里达(Jacques Derrida)、利奥塔(Jean-François Lyotard)以及鲍德希亚(Jean Baudrillard)等人的理论一道，被命名为“法国理论”(French

① 指 Claude Lévi-Strauss, “Introduction à l'œuvre de Marcel Mauss.” In Marcel Mauss, *Sociologie et anthropologie*, Paris: PUF, Ire édition, 1950。——中译注

Theory),征服了美国的大学。时至今日,在世界范围内,社会科学的很多支配性的潮流仍然不出通常所谓的“后结构主义”框架。

列维-斯特劳斯对莫斯的批评有两个方面。首先,莫斯对土著哈那皮里的说法太过当真,于是用灵力“豪”来解释回礼,而在列维-斯特劳斯看来,需要解释的恰恰是这个“豪”。其次,莫斯区分了给予、接受和回报这三重义务,但列维-斯特劳斯说,事实上只有一项义务,这就是交换。因此,列维-斯特劳斯要努力解释并加以确认的就只是交换妇女的形式结构。列维-斯特劳斯的观点很精彩,然而却是以遗忘为代价的,这就是他最早的批评者、哲学家克洛德·勒福尔要说的:这种解释“忘记了男人之间的争斗”。我们还可以补充说,在列维-斯特劳斯的理论中,礼物本身也消解在交换当中了。

至于巴塔耶,则按照黑格尔和尼采的路数建立了情色文艺学,对先锋文学影响甚大。与列维-斯特劳斯相反,他强调斗争和破坏的维度,甚至只看到了礼物中竞争对抗的维度,也就是对他称之为“被诅咒的部分”所进行的消灭和摧毁①。

最后,布尔迪厄试图在礼物中找到积累“符号资本”的方式。所谓符号资本,就是威望的资本,它同时兼为积累经济资本的面具、时机和迂回方式。

尽管所有这些解读都有其令人推崇的优点,但它们都有不尽如人意之处:它们无一例外地把莫斯所提拎出的礼物体系给压平

---

① 此外,受到列维-斯特劳斯与巴塔耶的启发,雅克·拉康从他的角度对此给出了弗洛伊德心理分析式的结构主义诠释。

了，最终将其化约为交换的形式结构、消耗(dilapidation)或经济利益。相反，我认为，充分地、严肃地对待莫斯的发现，从而超越对《礼物》的粗浅解读，使其真正的理论构架彰显出来，必然会大有所得。

从莫斯到《莫斯评论》

30年来，《莫斯评论》(*Revue du MAUSS*)念兹在兹的工作莫过于此。这是一份国际性的、跨学科的社会科学与政治哲学期刊，它的名称是“社会科学反功利主义运动”(Mouvement anti-utilitariste en sciences sociales)的缩写，既毫不含糊地表明了对莫斯的敬意，同时，也指明我们的计划是要与所有功利主义的和经济学主义的还原论相抗争。该刊的宗旨不是对莫斯的作品进行学究式的研究(或者说这类研究仅仅是我们的次要工作)，而是揭示出莫斯作品的现实意义，阐明莫斯的理论贡献，致力于一种能够处理我们这个时代的问题的社会科学。该刊创办于1981年，围绕这一刊物也逐渐形成了一个学派。当时的出发点在于，我们注意到在1970年代，社会科学和政治哲学已经在很大程度上变成了功利主义和经济学主义的学问。例如，这些学科由于理性选择理论或理性行动理论(Rational Action Theory)而变得越来越组织化，成为了某种泛化了的经济科学。这些理论的中心假定就是人归根结底只是经济人，是彼此漠不关心的个体，唯一在乎的只是个人利益的最大化。从这一假定出发，就形成了某种在全球范围内都取得了支配地位的信念，认为协调人类活动的唯一有效形式就是市场，而市场的上游或下游就是金融和投机市场。于是，依据这种观点，20世

纪末期的社会科学的工作就应该是为金融或寻租的全球化提供说辞。正是为了对抗这种观念的演变趋势，我们觉得有必要回到《礼物》，因为它的主要结论之一就是：人以往并非总是经济动物，只是在不久以前才变成那样。

我们回到莫斯《礼物》的初衷是要批判功利主义，但我们逐渐发现，我们低估了这本书的丰富性。实际上，《礼物》中隐藏着一些珍宝，恰恰构成了一般社会学的必要基础。因而，《莫斯评论》致力于推展的一般社会学意义上的“礼物范式”（paradigme du don），就是要把社会看作是其成员做出给予或不给予的种种决定的合力，看作是由莫斯揭示出的“给予—接受—回报”循环和“收取—拒绝—留存”的补充循环之不断变动的综合结果。每一次、在每一关口，关键都是要做出决定，是要从战到和还是从和到战，是要从个体利益转向共同利益，还是从共同利益转向个体利益。

显然，在此无法全面表述从《礼物》中推导而出的一般社会学。下面我仅简要地介绍四个关键理念（idée-force）[①]。

首要一点，可能也是最难以理解的一点，就是莫斯所重构的礼物，至少就其出发点而言，与仁慈、善心或利他主义毫不相干。赠礼首先是一种政治行动，不折不扣的政治行动，是要通过这一行动从战争、敌对过渡到联盟、和平。反过来讲也同样正确。赠礼是政治，而政治在一个既定社会生成的时刻，也无非就是我们前文所说的礼物以及对礼物的拒绝的综合。一个社会在能够有功利的考虑

① “Idée-force”是前文述及的阿尔弗雷德·富耶所阐发的一个概念，直译即“观念力”，指精神可以成为一种动因，使理念经由自觉行动变为现实。作者在此借用这一说法，有愿以理论影响社会实践之意。——中译注

和生产的设想之前，应当就已先在政治的意义上建立起来了。

其次，各种功利主义或理性主义经济学理论的一大缺陷，就在于它们都预先假定人只遵从一种动机，即个人利益。这些理论都是单向度的。认真阅读《礼物》的读者将会发现，书中提出了一种远为有力和可信的四维理论，揭示出我们并不仅仅遵从唯一的动机，而是两两相对的四种动机：一方面当然有为己的利益，但同时也有为他的利益（即对他人感同身受），另一方面则是（社会的和生物的）义务和自由—创造。莫斯在其“一般社会学的结论与道德的结论”中还指出，这四种动机应该是同时存在的，而且会相互制衡。或许可以说，这种共存与制衡就是“中庸之道”。

再次，莫斯在社会学领域得到承认的一大障碍，在于他的结论都建立在对古式社会的研究的基础之上。他非常清楚，在现代社会中，留有、并且应该留有他所说的“高贵支出”的遗迹，但他在这方面的观察并没有充分展开。近 20 年来，《莫斯评论》的相当一部分工作就在于表明礼物的世界如今仍然无所不在。首先，在我们所说的“初级社会性”（socialité primaire）的范围内，也就是就家庭、邻里、同事和朋友的交往之道而言，个人的人格要比功能上的有效性重要得多。即便在“次级社会性”（socialité secondaire）的范围内，例如在企业或行政机构中，确实与初级社会性相反，功能性要比人格重要，但由于功能毕竟是由人、而且是每个个人所承载的，所以给予、接受和回报这三种义务的逻辑仍然具有决定性。进一步说，初级社会性和次级社会性都只有在政治这个更为一般的框架内才能运作和展开，而政治也就是一个政治共同体的全体成员之赠礼与拒礼——在负面的情况下，则是掠食与反掠食——的综合。

最后，在莫斯眼中最重要的可能是他的道德结论和政治学结论。通过对古式赠礼的发掘，莫斯相信他揭示出了他所说的“永恒的道德基石”。我认为这是千真万确的。正是在进入有关礼物的不确定的游戏的时候，人们才触及道德。同样，礼物对政治也会有所启发。要充分地理解这一点，就应该知道莫斯在年轻时是法国共和派社会主义领导人让·饶勒斯(Jean Jaurès)的朋友与合作伙伴。这位1914年被暗杀的社会主义者也是马克思主义者，不过他所坚持的那种马克思主义拒绝把道德化约为经济决定论。莫斯终其一生均为社会主义活动家。但是，恰恰是基于他的社会主义理想，他也是最早对苏联布尔什维主义的过失进行批评的人物之一，而且他的批评是一针见血的。他的《对布尔什维主义的社会学评断》(1924年)一文是与《礼物》在同一时期撰写的。这两部作品都是要表明，如果人不能被化约为“经济人”、不能被化约为维护个人利益的冰冷机器，那么也不应该进而走到相反的极端，强迫人成为利他主义者，否则就只能以暴力和屠戮大众告终。政治与民主的秘诀就是安排好一个生活空间，在其中人们能够“对立却不必互相残杀、给予却不必牺牲自己”。如今，这一教诲具有空前的现实意义，将其在全球的层次上付诸实践的工作已经变得格外紧迫。

结　语

在此，我希望这篇序言能够让中国读者感到他们有理由对手中的这本书产生兴趣。我很想让大家理解，为什么在西方作者中，莫斯或许是最能够与中国思想进行对话的人之一。可是,时空条件、尤其是能力的缺乏使我难以实现这一目标。不过,我还是不揣冒昧,总结出以下两点。首先,莫斯坚持思考"总体社会事实",坚持要把每一种社会现象重新放回到其复杂的总体性中加以研究,在我看来,这让他与中国思想所特有的极端的辩证内在论(immanentisme dialectique)十分接近。此外,有一个问题我尚未置一词,而这个问题却很可能是有关礼物的争论的核心问题,这就是:在礼物中所给付的到底是什么?人们所真正给出的和接受的是功利?是友情?还是敌意?这样的问题没有任何确定的答案。一切取决于语境,也取决于礼物的分量。礼物可以是最好的东西,也可以是最坏的东西。为什么会是最坏的东西呢?孔子曰:小人怀惠。因而收受而不是给予,使人变"小"。但我要一再强调,此中的关键是意向、时机、方式和分量。归根结底,礼物的真正内涵,很可能就是能量,也就是"豪"或"曼纳"的能量,或者说是生命吐纳的能量:气。

目　　录

导论　赠礼，特别是回礼的义务 ………………………………… 1
第一章　用于交换的礼物与回礼的义务（波利尼西亚） ……… 15
第二章　总体呈献体系的延伸：慷慨、荣誉与货币 …………… 38
第三章　这些原则在古代法律与古代经济中的遗存………… 110
第四章　结论………………………………………………… 149

附录　多样化的礼物：迈向一种非市场性呈献的民族志 …… 178
人名对照表…………………………………………………… 230
民族名对照表………………………………………………… 232

导论　赠礼，特别是回礼的义务

引言

以下几节诗句，摘自斯堪的那维亚的古老诗集《埃达》（*Edda*）①中的"太上箴言"（Havamál）②。作为本文的引言，读者将通过它们直接体会到某些观念与事实，而我们的论证也将从这些观念与事实展开③。

39　我从未见过到有人如此慷慨
　　如此大度款待宾客，
　　以致"接受不被接受"（recevoir ne fût pas reçu），
　　我也从见过到有人如此……（原形容词脱漏）

---

① 古代斯堪的那维亚文集，是有关斯堪的那维亚神话的最重要作品。《埃达》分"诗歌"和"散文"两卷，"诗歌"卷成书较早，收集了34首冰岛古诗，间杂有9—12世纪的散文；"散文"卷则是冰岛诗人和历史学家Snorri Sturluson（1179—1241）的作品。——中译注

② 由于Cassel的介绍（*Theory of Social Economy*，vol. II，p. 345），我们才了解这些诗篇。但斯堪的那维亚的学者们都很熟悉这些吟咏他们民族古风的作品。

③ 诗句由Maurice Cahen先生译成法文。

于其财产
以致接受回报反而令其不悦①。

41 以兵器或以服饰
朋友间要相互愉悦；
每个人自己（通过各自经验）就会晓得
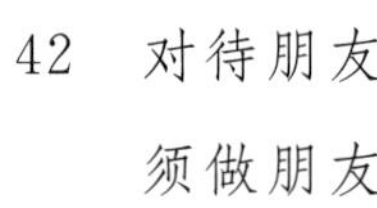
互赠礼物的朋友
才是最长久的朋友，
只要那礼物往来不辍。

42 对待朋友
须做朋友

① 此处诗意隐晦。首先是第四句脱漏一个形容词，不过如果我们补上一个词，这句的意思还是明白的；依照常情，原诗此处应是要说“出手大方的”或“不吝花费的”。而第三句也很难解。Cassel 译作“不取人们所赠之物者”，而 Cahen 则是按字面逐字译出的。Cahen 说：“表达是含混的，有的人理解为‘接受他不喜欢的东西’，也有人阐释作‘接受不带有回赠义务的礼物’。我自然倾向于第二种解释。”尽管我们不懂古斯堪的那维亚语，但是，我们还是不揣冒昧地提出另一种解释。我们认为，此处的表述显然对应于古语所谓“接受是被接受的”（recevoir est reçu）之类的说法。这就是说，该句想要表明访问者与被访者的心态。双方都被假定要表现出殷勤之意，送出礼品时就好像这些馈赠根本不需要回报似的。但是，毕竟还是接受了客人的赠礼或主人的回礼，因为礼品不仅是财物，也是强化双方契约的一种方式。

在我看来，我们甚至可以进一步澄清其中的古意，这些诗句的结构全都一样，既诡异而又明确。每一节都有一个律法性的古谚作为核心：“岂能推辞接受礼物”（39），“互赠礼物才是朋友”（41），“以礼物报答礼物”（42），“吝啬鬼总是怕礼物”（48），“送礼总归要求回报”（145），等等。这真可谓是至理名言的集锦，而且每条箴言或规则又被加上了一些阐发性的评述。因此，我们这里所触及的，不仅仅是极其古老的法律，而且还有极其古老的文学。

要用礼物报答礼物；
应抱笑容
面对笑容
狡诈正好回复谎言。

44　你知道，如果你有一个
令你信赖的朋友
而你又想有一个好的结局，
那就要让你们的灵魂交融
还要交换礼物
并且要常来常往。

44　但如果你还有一个
信不过的朋友
而你也想有一个好的结局，
那就要向他多进美言
同时不可报以真心
而要用狡诈回复谎言。

46　因此对于那个
你并不信赖的人
那个你怀疑他情感的人，
要笑脸相迎
但却不说真心话：

得到什么礼物就还他什么礼物。
48 那些勇敢慷慨的人
拥有最美好的生活；
他们没有一点担心。
而懦夫什么都怕；
吝啬鬼总是怕礼物。

卡昂(Cahen)先生还向我们推荐了第145节：

145 (为诸神)献祭太多：
不如不做祈祷(请求)
送礼总是等着回报。
不呈送祭品
比过分牺牲要好。

提纲

这就是我们的主题。在斯堪的那维亚文明和其他为数甚多的文明之中，交换(échange)与契约(contrat)总是以礼物的形式达成，理论上这是自愿的，但实际上，送礼和回礼都是义务性的(obligatoire)。

本文只是一项大型研究的一个片断。多年以来，我一向致力于研究所谓原始社会或古式(archaïque)社会的各个分部(section)或次群体(sous-group)之间的契约法律制度(régime du droit contractuel)和经济呈献(prestation)[①]体系。这其中涉及大量的、本身极其复杂的事实。而所有这些事实又交融在一起,共同形成了先于我们的社会,乃至远古(protohistoire)社会的社会生活。这些“总体的”社会现象(phénomène social total,我们建议以此名之),能够同时绽然展现出全部各种制度:宗教、法律、道德和经济。前三者同时兼为政治制度和家庭制度,而经济制度则确立了特定的生产方式与消费方式,或者毋宁说确立了特殊的呈献方式与分配方式。而这还没有算上这些事实所达成的美学现象与这些制度所展现的形态学现象。

面对如此复杂的课题,在如此多样且不断变动的社会事实中,我们在此只打算考察一项深刻但可单独提出来讨论的特点:这些所谓的自愿的呈献,表面上是自由的和无偿的,但实际上却是强制的和利益交关的。即使在伴随交易(transaction)而来的赠礼中,只有虚假、形式主义和社会欺骗,并且追根究底存在着义务和经济利益,但它们所套上的形式也几乎总是礼品或慷慨馈赠的礼物。

① “prestation”(呈献)一词来自拉丁语的“præstare”,基本义是“提供、给予”,但其用义却十分丰富和广泛。例如,在法律中,它指义务性的给付,即为了做出补偿而必须付出的财物或劳务;同时,它还指劳役或财物形式的养路捐,由国家、军队等集体权威所发放的津贴或补助,运动员、艺术家、演说家在公众面前的表演,战败国根据条约向战胜国交纳的实物赔偿,等等;此外,它还指属臣向领主交纳的贡赋、新郎应向女家提供的财物或劳务,以及这种贡献所呈现出的尊敬、服从、爱慕,进而又引申为宣誓,即呈付自己的忠诚。后文中我们将会看到,在莫斯所描述的古式社会中,能够找出与上述诸项意涵相对应的各种事实。因此,这个词可以看作是一个兼有该词的种种含义的术语,体现了赠礼作为一种“总体的社会现象”的复杂意义。对于呈献的回报“contre-prestation”我们译作“回献”。——中译注

不过，尽管就交换（亦即社会分工本身）的必要形式这一方面而言，我们会详尽地提到与之相关的种种原则，但本文也仅限于深入地研究其中之一。在后进社会或古式社会中，是什么样的法律与利益规则，导致接受了馈赠就有义务回报？礼物中究竟有什么力量使得受赠者必须回礼？我们希望能够通过大量事实回答这一问题，同时也为所有相关问题的研究指明探索的方向。读者还将看到我们会提出什么样的新问题：它们有些涉及契约性道德的恒常形式，亦即物权（droit réel）到今天仍然附属于个人权利（droit personnel）的方式；有些则涉及过去一直支配着或至少部分地支配着交换的形式与观念，而这些形式与观念目前仍然在一定程度上是对个人利益观念的补充。

由此，我们的研究要达成两项目标。一方面，对于处在我们外围或前于我们的社会中的人类交易的本质，我们将得出某种考古学的结论。我们将描述这些社会中的交换现象与契约现象。这些社会并非如同人们所认为的那样没有经济市场——因为市场是一种人类现象，在我们看来，市场并不外在于任何已知的社会——然而这些社会的交换体制与我们不同。在这些社会的交换与契约现象中，我们将会观察先于商业制度，也先于货币这种最重要的商业发明的市场；我们要弄清，在我们所谓的契约或销售的现代形式（如闪米特人［Sémite］[①]的、古希腊的、希腊化时代的或罗马式的

① 简称闪族人，原指西亚地区的古代巴比伦人、亚述人、希伯来人和腓尼基人等，近代主要指犹太人。——中译注

契约与销售）和记名货币出现之前，市场是如何运作的。我们也将观察在这些交易中起作用的道德与经济。

同时，既然我们认为这种道德与经济在我们的社会中仍然深刻而持久地发挥着作用，既然我们相信从中能够发现建构我们社会的一方人性基石，那么，就应该能够从中推导出一些道德结论，以解答我们的法律危机与经济危机所引发的某些问题。在这方面，我们会有留意。归根结底，这篇有关社会史、理论社会学、道德结论和政治经济实践的论文，旨在以新的方式再次提出那些历久弥新的问题[①]。

方法

我们遵循一种严谨的比较方法。首先，就如同一直以来的做法，我们所研究的对象仅限于被选取的特定范围：波利尼西亚（Polynésie）[②]、美拉尼西亚（Mélanésie）[③]、西北美洲和几种主要的

① 我没能查考 Burckhard，*Zum Begriff der Schenkung*，p. 53 及其下文。

但是，在盎格鲁-撒克逊法的问题上，我们将要澄清的事实已经被波洛克和梅特兰敏锐地感觉到了。他们在《英国法律史》一书中写道："礼物（gift）这个宽泛的词，涵盖了售卖、交换、抵押品和租约等含义"（t. II，p. 82，并参见 p. 12）；"任何不需报偿的礼物都不具有法律的效力"（pp. 212—214）。

此外，还可以参见 Neubecker 关于日耳曼人嫁妆的论述，*Die Mitgift*，1909，p. 65 及以下诸页。

② 太平洋中在国际日期变更线以东，包括夏威夷群岛、萨摩亚群岛、汤加群岛、新西兰等在内的分布于广大海域内的岛群。——中译注

③ 太平洋中包括新几内亚群岛、特罗布里恩群岛、新喀里多尼亚群岛、斐济群岛等在内的岛群。——中译注

法律。其次，由于涉及语汇和观念，很自然地，我们所选取的要讨论其法律的社会，只限于那些存在文献和语文学研究而让我们得以进入其意识的社会，这就进一步限制了我们比较的范围。最后，每项研究都涵盖了我们必须加以描述那些体系，但同时亦兼顾到它们的整体性；因此我们抛弃了持续比较法（comparaison constante），因为那种做法将所有事物都混在一起，让制度丧失其所有地方色彩，让文献丧失其所有风味[①]。

呈献，礼物与夸富宴

本文是达维（Davy）与我长期以来对契约的古代形式所做的系列研究的一部分[②]。在此，有必要对这一工作做一小结。

无论是在我们的这个时代之前，还是在原始或低等的名义下被混为一谈的种种社会之中，似乎从未存在过所谓的自然经济（Economie naturelle）[③]。可是，由于一种奇怪但却是经典的谬误，人们竟然会选择库克（Cook）[④]所记载的波利尼西亚人的交换和以

① 注释和那些较为枯燥的地方只有对这方面的专业人士来讲才是必不可少的。

② Davy，Foi jurée（*Travaux de l'Année Sociologique*，1922）；参见 Mauss，Une forme archaïque de contrat chez les Thraces，*Revue des Etudes greques*，1921 中的引用书目；及 R. Lenoir，L'Institution du Potlatch，*Revue Philosophique*，1924。

③ F. Somlo 在 *Der Güterverkehr in der Urgesellschaft*（Institut Solvay，1909）一书中对这类事实有很好的讨论与概括（p. 156），从而与我们将要展开的研究取径相同。

④ 指库克船长（Captain James Cook，1728—1779），英国航海家和探险家。他曾三次远航，周游世界，尤其对波利尼西亚群岛的民族生活和工艺品有十分详尽的记述。——中译注

物易物(troc)的行为作为这种经济的典型[①]。然而，通过以下的研究我们将会看到，正是这些波利尼西亚人，他们在法律和经济方面与自然状态的差距是何其之大。

在落后于我们社会的经济和法律中，人们从未发现个体之间经由市场达成的物资、财富和产品的简单交换。首先，不是个体而是集体之间互设义务、互相交换和互订契约[②]；呈现在契约中的人是道德的人(personne morale)，即氏族、部落或家庭，它们之所以会成为相对的双方，或者是由于它们是同一块地面上的群体，或者

① Grierson，*Silent Trade*，1903，已经为消除这种成见提出了必要的论证。von Moszkowski(*Vom Wirtschaftsleben der primitiven Völker*，1911)亦然，不过，他把偷窃当成了原始的行为，混淆了偷窃与拿取的权利。在 W. von Brun，*Wirtschafts organisation de Maori* (*Beitr.* de Lamprecht，18)，Leipzig，1912 中，可以找到对毛利人(Maori)事实的很好说明，其中还有一章专门论述交换。关于原始民族经济的最近的一部著作是 Koppers，Ethnologische Wirtschaftsordnung，*Anthropos*，1915—1916，pp. 611—651，pp. 971—1079；其论点表述尤其精彩，但余者有些模棱两可。

② 在最近发表的一篇文章中，我们指出，澳洲不再只有氏族(clan)或胞族(phratrie)间的呈献，而是已经出现了在部落(tribu)间进行的呈献，这种呈献尤其是在有人死亡的时候发生。在北地(territoire nord)的卡卡杜人(Kakadu)人中，在出殡两次后还有第三次丧葬仪典(cérémonie funéraire)。在这个仪典上，人们要进行一种司法调查，以便至少通过虚拟的方式，确定谁是施加魔法的凶手。但与大多数澳洲部落不同的是，他们并不采取任何族间复仇的行动。他们只把长矛聚在一处，然后确定他们在交换中想要得到的东西。第二天，他们把这些长矛拿到另一个部落，比如说乌莫留部落(Umoriu)，拿到完全理解这一行动的目的的营地。卡卡杜人会把他们的长矛依据所有者分成若干堆，这样根据预先有所默契的代价，乌莫留人就会把卡卡杜人想要的东西分别放在这一堆堆长矛对面，于是那些东西便被带回卡卡杜部落(Baldwin Spencer，*Tribes of the Northern Territory*，1914，p. 247)。Baldwin 爵士指出，尽管我们对于个中究竟尚不十分清楚，但这些东西有可能会被用来重新换回长矛。但是，这种葬礼与交换之间的联系却使他感到难以理解，他说“连土著也不明白”。其实，这种习俗是完全可以理解的。这实际上是某种常规的司法和解，它取代了族间仇杀，并成为部落间市场的发端。这种物物交换，同时也即是和平担保的交换，是丧期保持团结的交换，这和澳洲通常发生在由于家族联姻而形成的氏族之间的交换并无二致，只是这一习俗又扩展到了部落之间而已。

是经由各自的首领作为中介，抑或是二者兼而有之[①]。其次，它们所交换的，并不仅限于物资和财富、动产和不动产等等在经济上有用的东西。它们首先要交流的是礼节、宴会、仪式、军事、妇女、儿童、舞蹈、节日和集市，其中市场只是种种交换的时机之一，市场上的财富的流通不过是远为广泛、远为长久的契约中的一项而已。第三，尽管这些呈献与回献（contre-prestation）根本就是一种严格的义务，甚至极易引发私下或公开的冲突，但是，它们却往往透过馈赠礼物这样自愿的形式完成。我们建议把这一切称为**总体呈献体系**（système des prestations totales）。这种体制的最纯粹的类型，以澳洲或北美的部落中的两大胞族的联盟为代表。在这种联盟中，仪式、婚姻、财物的继承、权利和利益的关系、在军事和宗教上的地位，所有这一切，都是互补性的，并且有赖于部落两大分支的合作。例如，游戏尤其受到胞族关系的影响[②]。而当西北美洲的特林基特人（Tlinkit）和海达人（Haïda）说“两个胞族互致敬意”时[③]，这句

① 甚至迟至品达（Pindare，古希腊抒情诗人，约公元前6—前5世纪——中译注）时期的一首诗还说：“年轻的女婿先饮为敬”（νεανίᾳ γαμβρῷ προπί νων ο ἴκοθεν ο ἴκαδε），*Olympique*，VIII，4。整个章节都反映了我们行将描述的那种法律状态。馈赠、财富、婚姻、荣誉、恩惠、联盟、会宴、祝饮等等主题，甚至包括婚姻引起的忌妒，全都在诗篇中得到了生动的再现，值得玩味。

② 一个突出的例子是奥马哈人（Omaha）中的球赛规则。Alice Fletcher 和 La Flesche，Omaha Tribe，*Annuel Report of the Bureau of American Anthropology*，1905—1906，XXVII，p. 197，p. 366。

③ Krause 在 *Tlinkit Indianer*，p. 234 及以下诸页中已经很好地描述、展示了其节日、仪式与契约的特色，只是没有将其名之为“potlatch”。Boursin 在 Porter，Report on the Population，etc.，of Alaska，in *Eleventh Ceusus*（1900），pp. 54—66 中，及 Porter 在该书 p. 33 都详述了“potlatch”相互炫耀的特点，并且为其命了名。不过，对此论述最为精到的则是 Swanton，Social Conditions，etc.，of the Tlingit Indians，*Ann. Rep. of the Bureau of Amer. Ethn.*，1905，XXVI，p. 345，etc.。读者还可参见我们的考察：*Année Sociologique*，t. XI，p. 207 及 Davy，*Foi jurée*，p. 172。

话本身就明确地表达了这种规矩的性质。

在特林基特和海达这两个部落及其所在的地区中，有一种十分典型、高度发达而又相当罕见的总体呈献体系，我们称之为夸富宴（potlatch）[①]。和很多名词一样，“夸富宴”这个钦诺克（Chinook）[②]词汇被美洲的作者借用以后，已经成为了从温哥华（Vancouver）到阿拉斯加（Alaska）一带的白人与印第安人所通用的说法了。“夸富宴”的本义是“供养”和“食用”[③]。这些部落生活在岛屿、海岸或落基山脉（Rocheuses）与海岸之间，极其富足，一到冬天便用接二连三的节日、宴庆和集市来打发时间，这些活动同时

① 该词的中文译法有“散财宴”、“夸富宴”等。实际上，莫斯曾经明确指出，“potlatch”就是“宴庆”（fête）。他批评把该词解释作“财富之分配”（distribution de propriété）的做法容易造成误解，使人以为这只是一种经济现象。同样，“散财”、“夸富”等修饰词也都难免造成词义的偏狭。正如我们在下文中将要看到的那样，“potlatch”是在出生贺礼、婚礼、成人礼、葬礼、建房乃至文身、造墓等场合都会发生的聚会宴庆，其间有以氏族、家族等集体为单位的互动、交换和财物展示等等，涉及社会生活的经济、法律、宗教、艺术等诸多方面。考虑到习惯上的因素，同时也考虑到夸耀、展示和竞比财富的活动的确是“potlatch”的重要内容，所以本文仍采用了“夸富宴”的译法，只要读者能够注意到这个词所指的是诸种社会事实的混合（syncrétisme）也就可以了。参见 Mauss，Compte rendu de J. R. Swanton，原载于 *Année Sociologique*，II，1910，收入 *Œuvres*，t. 3，Paris，Minuit，1969。——中译注

② “钦诺克”指的是哥伦比亚河口北岸的印第安人部落及其语言。——中译注

③ 关于“potlatch”一词的意思，可参见 Barbeau，*Bulletin de la Société de Géographie de Québec*，1911；Davy，*Foi jurée*，p. 162。不过我并不认为他们的说法就是该词的本义。另外，博厄斯（Boas）指出，“potlatch”一词来自夸扣特尔语（Kwakiutl）而非钦诺克语，真正的含义是“供食者”（Fedeer），其字面上的意思是“饱餐之处”（place of being satiated），见 Kwakiutl Texts，Second Series，*Jewup Expedit.*，vol. X，p. 43，n. 2；并请参见该书 vol. III，p. 255，p. 517。当然，“potlatch”的赠礼和食物这两个含义并不矛盾，至少从表面上看，他们所呈献的基本上都是食物。有关这一点请参见本文第一章的有关讨论。

也就是整个部落的盛大集会。聚会将依据部落内的等级团体和秘密会社加以组织，而这些群体又常常与氏族相混同。总之，氏族、婚礼、成年礼、萨满仪式、大神膜拜、图腾膜拜、对氏族的集体祖先或个体祖先的膜拜，所有这一切都纠结在一起，形成了一个由仪式、法律呈献与经济呈献等组成的错综复杂的网络，而人群中、部落中、部落同盟中乃至族际间的政治地位也在其间得到了确定[①]。但是，尤其值得一提的是，竞争与对抗的原则贯穿于所有这些仪轨。一方面，人们甚至会发生争斗，甚至会导致参与争斗的首领或显贵丧命；另一方面，人们为了压过与之竞富的首领及其盟友（往往是那位首领的祖父、岳父或女婿），甚至会不惜将自己积攒下来的财富一味地毁坏殆尽[②]。这种约定虽然以首领为中介，但却是整个氏族承担一切，承担它的一切所有和一切所为，所以在这个意义上，我们说这是一种总体的呈献（prestation totale）[③]。但是，这种呈献使首领处在一种极其突出的竞技状态。它在本质上是重利而奢侈的，人们聚在一起观看贵族间的争斗，也是为了要确定他们的等级，这一等级将关乎整个氏族最终收益。

---

① 关于夸富宴的法律方面的研究，有 Adam 自 1911 年起在 *Zeitschr. f. vergleich. Rechtswissenschaft* 上发表的一系列文章，及其在 1920 年在献给 Seler 的纪念文集 *Festschrift* 中的文章，还可参见 Davy 在 *Foi jurée* 中的论述。至于夸富宴中的宗教方面和经济方面，也与法律方面一样重要，也应该加以深入的研究。事实上，相关人物的宗教本质与被交换或被毁坏的事物全都关乎契约的性质、影响契约的价值。

② 海达人称之为“杀死”财富。

③ 参见 Hunt 在 Boas，Ethnology of the Kwakiutl，*XXXVth Annual Rep. of the Bureau of American Ethn.*，t. II，p. 1340 的撰文，对于氏族如何将为夸富宴准备的贡奉献给首领，该文的描述很有意思，其中的谈话尤其重要。首领特意说道：“这不是用我的名义，而将用你们的名义。将来人们会说是你们为夸富宴奉献了财产，而你等之美名亦会在各个部落中传扬”（p. 1342，1. 34 及以下）。

对于这种制度，我们建议保留“夸富宴”的名称，同时，我们也提出一个更通顺、更精当、不过字数也更多的命名：竞技式的总体呈献(prestation totale de type agonistique)。

迄今为止，除了西北美洲和北美洲的一些部落[①]以及美拉尼西亚部落和巴布亚(Papouasie)部落[②]以外，我们几乎还没有在别处发现这种制度的例子。在非洲，在波利尼西亚和马来亚，在南美，在北美的其余地方，交换的基础都是氏族与家庭，此类交换看来是更为基本的一种总体呈献。与西北美洲人和美拉尼西亚人的毁弃财富、激烈竞争相对的，是那种相当温和的争强好胜。参与者只是媲美各自的礼物，例如我们在新年赠礼、筵席、婚礼乃至是否受邀等方面都会有所攀比，同时正如德国人所说，我们自己也感到必须要有所回报(revanchieren)[③]。但是，更为深入的研究表明，在这两种交换之间，还存在着数目可观的中间形式。我们已经在古代印欧世界中发现了不少这类中间形式，其中要属色雷斯人(Thraces)的交换尤其典型[④]。

① 实际上，夸富宴超出了西北美洲那些部落的范围，尤其值得注意的是阿拉斯加的爱斯基摩人(Eskimos)的“索求节”(Asking Festival)，不应把这种活动看作是单纯地向邻近印第安部落借东西。参见后文。

② 参见我们发表于 *Année Sociologique*, t. XI, p. 101, Xii, pp. 372—374 和 *Anthropologie*, 1920 (C. R. des séances de l'Institut françai d'Anthropologie)上的文章。另外，Lenoir 提到了南美有关夸富宴的两个明确实例(Expéditions maritimes en Mélanésie，载于 *Anthropologie*, sept. 1924)。

③ Thurnwald 在其 *Forschungen auf den Salomo Inseln*, 1912, t. III, p. 8 使用了这个词。

④ *Rev. des Et. grecques*, t. XXXIV, 1921.

上述类型的法律和经济涉及规则与观念等多个主题。但在诸种精神机制中，最为重要者，显然是迫使人们对所受馈赠必须做出回报的那种机制。而在波利尼西亚，这种约束的道德理由和宗教理由表现得最为明显。通过对波利尼西亚人的研究，我们将会清楚地了解到是什么力量促使人们回报所收到的礼物，亦即履行实物的契约。

第一章 用于交换的礼物与回礼的义务(波利尼西亚)

一、总体的呈献,男方财产与女方财产(萨摩亚)

长久以来,对于契约性赠礼制度的研究似乎均未发现在波利尼西亚有确切意义上的夸富宴。在波利尼西亚的诸社会中,与之最为近似的制度就是“总体呈献”制度,亦即使诸氏族共有其妇女、男人、子女和仪式等等的氏族之间的长期契约制度。从已有的研究来看,虽然萨摩亚人(Samoa)的氏族首领在结婚时有相互交换文饰草席的特殊习俗,但即使就此而言,其事实也都没有超出“总体呈献”的层次[①]。对峙、破坏和打斗这些在美拉尼西亚不可或缺的要素,在波利尼西亚却似乎没有。况且过去所研究的事例太少,我们也很难轻下结论。

但实际上,萨摩亚人的契约性赠礼制度远远不止于婚姻。子

① Davy 在其 *Foi jurée*, p. 140 中已经就婚姻及其与契约的关系研究了这类交换。我们将会看到,这种交换其实还涉及其他方面。

女出生①、割礼②、患病③、少女进入青春期④、丧葬仪式⑤、贸易⑥等事件，均会伴有赠礼的发生。

同时，可以确凿地讲，在萨摩亚人的赠礼制度中，也存在着严格意义上的夸富宴的两大基本要素：一是荣誉、威望和财富所赋予的“曼纳”(mana)⑦；二是回礼的绝对义务，如不回礼便会导致“曼纳”、权威、法宝以及本身便是权威的财富之源的丧失⑧。

---

① Turner, *Nineteen years in Polynesia*, p. 178; *Samoa*, p. 82 及以下诸页；Stair, *Old Samoa*, p. 175。

② Krämer, *Samoa Inseln*, t. II, p. 52—63.

③ Stair, *Old Samoa*, p. 180; Turner, *Nineteen years in Polynesia*, p. 225; *Samoa*, p. 142.

④ Turner, *Nineteen years in Polynesia*, p. 184; *Samoa*, p. 91.

⑤ Krämer, *Samoa Inseln*, t. II, p. 105; Turner, *Samoa*, p. 146.

⑥ Krämer, *Samoa Inseln*, t. II, p. 96, p. 363. “malaga”(参见新几内亚的“walaga”)这种贸易远征(expédition)与夸富宴有十分相近之处，夸富宴其实就是美拉尼西亚邻近群岛所特有的远征。Krämer 即用“Gegengeschenk”一词来形容我们下文将要谈到的“oloa”和“tonga”的交换。此外，不要因为 Rivers 和 Elliot Smith 一派英国民族志学者或者以博厄斯为首的美国民族志学者的过甚其词的说法，就误以为美洲的夸富宴制度只是一系列借取行为，不过，这种制度在很大程度上确实要求人们出行。特别是当岛屿之间、港口之间的贸易比较兴旺的时候，在这种相距甚远、耗时甚久的旅程中所流转的不会只是物品，还一定会有交换的方式。马林诺夫斯基在我们下文将要援引的著作中对这一事实深有感触。另可参见 R. Lenoir 在 Expéditions maritimes en Mélanésie, *Anthropologie*, septembre 1924 中对西北美拉尼西亚的某些此类制度的研究。

⑦ 毛利人的各个氏族在这方面相互竞赛的例子是常常被提到的，特别是在节宴中的竞富。例见 Smith, *Journal of the Polynesian Society*(下文中简写作 J. P. S.), XV, p. 87 及 p. 59, n. 4。(“曼纳”是波利尼西亚人对非人格灵力的称呼，并参见第 17 页注释①。——中译注)

⑧ 在此，虽有夸富宴的两大要素，但我们仍不说它是确切意义上的夸富宴，原因在于萨摩亚的案例中缺少高利息回献的特色。不过，我们将会看到，在毛利人的法律中，不回礼将会导致丧失曼纳，或像中国人所说的丢“面子”(face)；而萨摩亚人的礼尚往来也是如出一辙。

特纳(Turner)告诉我们:"在庆贺子女出生的宴会过后,由人们在接受的同时也回赠了奥拉(oloa 男方财产,bien masculin)和通家(女方财产,bien féminin/utérin),所以夫妻二人丝毫没有比先前更为富有。但是,大家为祝贺他们儿子的出生而聚在一处,这本身就会使他们有一种深受尊敬的满足。"①另一方面,这种赠礼可以是强制性的、经常性的,而没有其他的回献,除非是由法权状况所致。例如,萨摩亚人会把他的小孩送给他的姐姐(妹妹)、姐(妹)夫(即孩子的姑父)养育,那么这个小孩本身也被叫作"通家",也就是女方的财产②。而这个小孩"是财物交流的渠道,通过他,通家便还会源源不断地从其出生的家庭流向养育他的家庭。另外,对于孩子的父母来说,只要孩子活着,他便始终是他们获得其养父母的外家财产(oloa)的手段""……这种[由自然的关联所造成的]牺牲系统性地促成了本家与外家财富的交通。"③要言之,孩子作为女方财产,是女家与男家交换财产的手段。显然易见,孩子在其姑父家成长,就有在那里生活的权利,于是乎对其姑父家的财产便会享有一般权利。这种"寄养"制度,十分接近美拉尼西亚地

① Turner, *Nineteen years in Polynesia*, p. 178; *Samoa*, p. 52. 而在北美的夸富宴上,破财与荣誉则是根本主题,参见 Porter, *11th Census*, p. 34。

② Turner, *Nineteen years in Polynesia*, p. 178;他在 *Samoa*, p. 83 中说小孩是被"收养"(adopé)的,他搞错了。确实,这是一种"寄养"(fosterage)的习俗,是一种在出生的家庭之外的教育,确切地讲,这种"寄养"只是回到女家,因为孩子是在其父亲的姐妹家长大的,事实上也就是在他的姑父家长大的。不要忘记波利尼西亚正是实行女系(utérine)、男系(masculine)二元亲属分类的地方。参见我对 Elsdon Best, *Maori Nomenclature* 的书评,载于 *Année Sociologique*, t. VII, p. 420 及涂尔干(Durkheim)的观察, *Année Sociologique*, t. V, p. 37。

③ Turner, *Nineteen years in Polynesia*, p. 179; *Samoa*, p. 83.

区的外甥对舅舅的财产享有一般权利的制度[①]。所以,只要加上对峙、打斗和破坏等内容,它也就等同于夸富宴制度了。

下面再进一步讨论一下"奥拉"和"通家",尤其是后者。"通家"指的是已婚妇女可以自由处理的永久性财产,特别是那些婚席[②],也包括女孩子在结婚时得到的饰物和护身符,总之都是些陪嫁的东西;它们都由妻子带到新组建的家庭中,而男方也要有所回报[③]。"奥拉"[④]指的是丈夫带来的那些东西,其中多是工具,基本上都是动产;而这个词现在也被用来指称来自白人的东西[⑤],显然这是最近才引申出的含义。我们不必太在意特纳的翻译,他把"奥拉"译成"外来的"(foreign),把"通家"译成"本有的"(native)。这

① 见我们对斐济语"vasu"的讨论,Procès-verb. de l'I. F. A.,载于 *Anthropologie*,1921。

② Krämer,*Samoa Inseln*,见 *toga*,t. I,p. 482;t. II,p. 90.

③ Krämer,*Samoa Inseln*,t. II,p. 296;参见 p. 90(*toga*=*mitgift*);p. 94,*oloa* 与 *toga* 的交换。

④ Krämer,*Samoa Inseln*,t. I,p. 477. Violette,*Dictionnaire Samoan-Franais* 中对"toga"的解释相当精准:"本家的财富,包括精美的草席和 oloa,亦即房屋、小艇、布料、燧石等财产"(p. 194,col. 2);它与"oa"相对,后者指的是一切外来的财富、物资。

⑤ Turner,*Nineteen years in Polynesia*,p. 179,参见 p. 186。Tregear,*Maori Comparative Dictionary*(toga 一词,见 taonga 条),p. 468;混淆了名为"toga"的财产和名为"oloa"的财产,这显然是一处疏忽。

Le Rev. Ella,Polynesian native clothing,*J. P. S.*,t. IX,p. 165 中是这样描述"ie tonga"(草席)的:"它们是土著们的主要财富;在财产交换中、在婚姻中或在需要表达特殊礼敬的场合中,它们曾经被用作货币。人们常常把这些草席收藏在家,作为'heirloms'(替代财产)。有很多古旧的'ie'相当知名,而那些曾经属于某个显赫家族的 ie 就更加倍受珍视了",等等。参见 Turner,*Samoa*,p. 120。我们将会看到,在美拉尼西亚,在北美,在我们的民俗中,都存在同样的情况。

种译法即便不能说是毫无意义的，至少也是不准确和不完整的；因为可以证实，有些被称作“通家”的财产与土地[①]、氏族、家庭及个人的关系，反而要比某些“奥拉”更为紧密。

但是，如果我们把观察的视野再拓宽一下，“通家”观念立刻便会呈现出更为丰富的意涵。在毛利人、塔希提人（tahitien）、汤加人（tongan）和曼加雷瓦人（mangarevan）中，这个词可以泛指一切确切意义上的财产，一切能够使人富裕、有权力、有影响的东西，也指一切可以交换、可以作为补偿物的东西[②]。这往往都是些珍宝、护符、纹章、草席和圣像，但有时候也指传统、膜拜和巫术仪式。现在，让我们再来讨论一下财产—护符（propiété-talisman）的观念，因为可以肯定，这一观念在马来—波利尼西亚世界，甚至整个太平洋地区都是很普遍的[③]。

二、礼物之灵（毛利人）

对财产—护符的考察使我们得出一个极其重要的发现：至少在理论上，从毛利人的法律和宗教的角度而言，“通家”与个人、氏

---

① Krämer, *Samoa Inseln*, t. II, p. 90, p. 93.

② 有关塔希提语，参见 Tregear, *Maori Comparative Dictionary* 中的 taonga 词条下的内容：tataoa，赠给财产；faataoa，补偿、赠给财产。有关马克萨斯群岛（Marquises），参见 Lesson, *Polynésiens*, t. II, p. 232, taelae 及“拿取馈赠”（tiau tae-tae），即所赠给的礼品、“礼物，拿出本地的财物以获得外来的财物”。Radiguet, *Derniers Sauvages*, p. 157 指出这个词的词根是“tahu”。

③ 有关这方面，参见 Mauss, Origines de la notion de Monnaie, *Anthropologie*, 1914 (Procès-verbaux de l'*I. F. A.*)；其中引用了除尼日利亚和北美以外的几乎全部实例。

族和土地息息相关;"通家"是毛利人的"曼纳"的载体,承载着其所具有的巫术力、宗教力和精神之力。格雷(Grey)爵士[①]和戴维斯(Davis)[②]都曾有幸采集到的一句谚语,说"通家"被祈请去消灭接受它的那个人。这说明,一旦法律,尤其是回报的义务没有被履行,"通家"中便含有这种破坏的力量。

故友赫茨(Hertz)早就洞悉到了这一重要的事实。以一种感人的无私,他把此事记在卡片上,专门写给我和达维:科兰索(Clenso)说[③],"他们有一种交换制度,或者毋宁说是对于送礼必须要有所交换或回报的制度。"例如,用干鱼交换腌制禽肉或者草席[④]。所有这些部落间的交换或"交好家族间的交换不需要任何明确的规定"。

此外,我还在赫茨的卡片中发现了一段关于"豪"(hau)的笔记,其重要意义是我和达维都视而未察的:

"豪"指的是事物中的灵力(esprit),尤其是丛林及林中猎物的灵力。为贝斯特(R. Elsdon Best)提供了很多重要资料的毛利人哈那皮里不曾料想,他会完全出于偶然地帮助我们找到了问题的关键所在[⑤]。他说:"我来告诉你们什么是豪……豪不是吹来吹去

---

① G. Grey, *Proverbs*, p. 103(法译本)。

② Davis, *Maori Mementoes*, p. 21.

③ *Transactions of New-Zealand Institute*, t. I, p. 354.

④ 根据毛利人本民族的传统,新西兰的部落在理论上分为渔人、农人和猎人等部落,它们经常交换各自的产品。参见 Elsdon Best, *Forest-Lore*, *Transact. N.-Z. Inst.*, vol. XLII, p. 435。

⑤ "hau"这个词和拉丁文的"spiritus"一样,兼指风和灵魂,更确切地说,至少在某些情况下,它指的是非生物和植物中的灵魂与力量。同时,曼纳(mana)一词专用于人和精灵,与美拉尼西亚语相比,曼纳在波利尼西亚语中往往不用于事物。

的风。根本不是。比如说你有一件什么东西（taonga），你把它送给了我；你送我的时候，也不必说它值多少[①]，我们这不是在做买卖。但是，当我把它送给了另一个人以后，过了一段时间，他就会想好要回报给我某样东西作为偿付（utu）[②]，并把这样东西（taonga）馈赠给我。可是，他给我的这份通家是你给我而我又转赠于他的那份通家的灵力（豪）。我应该把因为你给我的通家而得到的通家还给你。我要是留下了这份 taonga，那将是不‘公正的’（tika），这份通家会很糟糕（rawe），会令人难受（kino）。我必须得把它们给你，因为它们是你给我的通家的豪。这份通家如果被我自己留下，它会让我生病，甚至丧命。这就是豪，这就是个人财产的豪、通家的豪、丛林的豪。就是这样（Kati ena）。”

这份资料很值得讨论。毛利人虽然还浸润在诸如“秘屋”（maison des secrets）之说等尚不精细的神学和司法精神之中，但其思想有时也会令人惊讶地明晰。在上述对“豪”的描述中只有一点模糊之处，这便是第三者的介入。但是，要想很好地理解这位毛利人法学家，只需这样说也就足够了：“通家以及所有严格意义上的个人财产都有豪，即一种精神力（pouvoir spirtuel）。你给了我一份通家，我又把它给了第三者；然后那个人又还我一份通家，这是我给他的礼物中的豪促成的；而我则必须把这份东西给你，因为我所还给你的东西，其实是你的通家造成的。”

如此阐释，不仅弄清了其中的观念，而且表明，这种观念是毛

① “utu”一词说的是复仇者因流血、补赔、偿付、责任等得到了满足。它也指代价。这是一个道德、法律、宗教与经济的复合概念。

② He hau。此处所依据的是贝斯特的节译。

利人法律的主导观念之一。在被接受和被交换的礼物中，导致回礼义务的，是接受者所收到的某种灵活而不凝滞的东西。即使礼物已被送出，这种东西却仍然属于送礼者。由于有它，受礼者就要承担责任，也正是通过它，物主便能控制盗窃者[①]。"通家"中活跃着来自其丛林、乡野和土地的"豪"，所以"通家"的确是"本有的"(native)"通家"[②]：因为"豪"始终追随着它的主人。

"通家"不仅追随着它最初的受赠者，也追随着第二个、第三个乃至经手的每一个人[③]。但归根结底，"豪"却想要回到它的诞生

① 赫茨为了写好其 *Péché et l'Expiation* 中的一段，已经收集了这方面的大量事例。这些事实证明，对偷盗的处罚完全是曼纳的巫术或宗教性后果，亦即是物主对被偷物所具有的权力造成的；同时也因为，被偷物萦绕着塔布(tabou)，标有物主的标记，故而充满了灵力"豪"。正是"豪"对偷盗者实施报复，使之被"豪"占据、充溢，导致其死亡或迫使其归还原物。在我们即将出版的赫茨的一本著作中即有关于"豪"的一些段落，读者将会从中找到这类实例。

② 赫茨书中关于"mauri"的资料，亦是我们此处论证的一例。这些"mauri"是护身符，同时也是庇护地，是圣所，氏族祖先的灵魂"hapu"、氏族的曼纳和氏族土地的"豪"都栖居其中。

在这方面，贝斯特的材料值得加以探讨，尤其是涉及"hau whitia"和"kai hau"的部分。参见 Spiritual Concepts，*Journal of the Polynesian Society*，t. X，p. 10(毛利文本)和 t. IX，p. 198。在此我们不便深究，但我们认为，贝斯特把"hau whitia"译作"被转移的(avered)的豪"似乎是正确的。因为盗窃罪，或不偿付、不回献的过错，都恰恰是一种对灵魂的侵占，正如拒绝交易或拒绝送礼即是对豪的侵占一样(人们对这种情况和盗窃并不加区分)。相反，把"kai hau"当作是"hau whitia"的同义词却是不恰当的。其实"kai hau"指的是吃灵魂的行为，和"whanga hau"同义，参见 Tregear，Maori Comp. Dict.，"kai"和"whangai"词条。但二者也不是完全相同。因为"kai"一词所指的食用，暗含食物共享的制度以及在此制度下的拖欠之错。另外，"豪"本身也指这样一种观念。Williams，Maori Dict.，p. 23 在该词条中说："豪，为表示对所收礼物的感激所做的回赠"。

③ 我们也注意到"kai-hau-kai"这一独特的表达，见 Tregear，*Maori Comp. Dict.*，p. 166："对一个部落提供给另一个部落的食物做出回赠；宴庆(南岛)"。这是说，这种馈赠或宴会其实是最初的赠礼的灵魂又回到了它的出发点："食物即是食物的豪"。在这种制度和观念中所全然混同的那些原则，在我们欧洲的语汇中相反却是泾渭分明的。

处，回到它的氏族与丛林的圣所，回到它的主人那里。“通家”以及它的“豪”（它本身有时是某种个体①），会依次附着在这些使用者身上，直至他们以宴席或馈赠的方式，各自回报以等值或更高价值的“通家”、财产，抑或劳动与贸易，而这种回报又赋予他们一种相对于原来的赠与人的权威和权力，因为后者已经变成了新一轮赠与关系中的受赠人。这便是在萨摩亚和新西兰的财富、贡品和礼物的义务循环中起支配作用的主要观念。

这类事实，对于我们理解波利尼西亚社会现象中的两种重要制度（它们在波利尼西亚以外也存在）颇有启发。第一，我们已经把握了事物的流通所产生的司法关联（lien）的本质。稍后我们还将回到这一点上来，我们将会表明这类事实对于一般的义务理论的意义所在。但是目前，就毛利人的法律而言，显而易见的是：法律关联，亦即由事物形成的关联，乃是灵魂的关联，因为事物本身即有灵魂，而且出自灵魂。由是观之，馈赠某物给某人，即是呈现某种自我。第二，由此，礼物交换的性质，以及“夸富宴”等我们所

① 事实上，“通家”赋有个体性，这种个体性甚至外在于由它和它主人的关系而形成的“豪”。它们各有其名。根据一份详细的清单（Tregear, *Maori Comp. Dict.*, p. 360，见 pounamu 条，其内容取自科兰索的资料），这些名字只限于以下这些范畴：“pounamu”，即那些著名的玉，是氏族首领们的圣物，通常是极罕见、极具个性而且精雕细刻过的“tiki”；还有各种各样的编席，其中有一种像萨摩亚人的席子那样绘有纹章，名为“korowai”（这是唯一能让我们联想到萨摩亚语“oloa”的毛利语，此外我们尚未在毛利语中找到任何一个对应于“oloa”的词）。

在一份毛利文献中，“Karakia”也被叫作“taonga”，这是一种由每个人自己命名的巫术咒语，被看作是一种可以转交的符咒，见 *Journal of the Polynesian Society*, t. IX, p. 126（法泽本之第 133 页）。

说的总体呈献的性质也就更加清楚了。顺理成章，我们就能够明白，在这种观念体系中，所要还给他人的东西，事实上是那个人本性或本质的一部分；因为接受了某人的某物，就是接受了他的某些精神本质、接受了他的一部分灵魂；保留这些事物会有致命的危险，这不单单是因为这是一种不正当的占有，还因为该物在道德上、在物质上和精神上都来自一个人，这种本质，连同食物[①]、财物、动产或不动产、女人或子嗣、仪式或圣餐，都会使占有者招致巫术或宗教的作用。此外，这些被赠与的事物并不是消极的。它们是活跃的，并且往往是个体化了的，它们会力争返回赫茨所说的"老家"(foyer d'origine)，或努力为它们的氏族和乡土争得等价的替代品。

三、补充议题：给予的义务与接受的义务

为了充分理解全面呈献制度暨夸富宴制度，我们还要阐明另外两个补充环节。因为，总体的呈献不仅包含了回礼的义务，而且还意味着另外两个同样重要的义务：送礼的义务和收礼的义务。我们相信，关于上述三重义务的复合论题的完整理论，能够为波利尼西亚诸氏族间的这类契约提供彻底圆满的解释，但就目前而言，我们仅限于点明处理这一主题的方式。

我们轻易便能找到大量关于接受的义务的实例。因为无论是一个氏族、一个家庭、一个团体，还是一个人，作为主人，他们都免不了要

---

① Elsdon Best, Forest Lore, *Journal of the Polynesian Society*, t. IX, p. 449.

表示出好客的热情[①],免不了要接受礼物,免不了要进行交易[②],免不了要通过交换妇女或歃血缔结联盟。达雅克人(Dayak)甚至从中发展出了一套完整的法律和道德体系,在那里,人们只要在别人吃饭的时候在场,或是看到了准备饭食的过程,就有义务分享一餐[③]。

给予的义务也同样重要。对该义务的研究有助于理解人是如何成为交换者的。我们仅举数例加以说明。拒绝赠与[④]、不做邀

① 在此真应该研究一下毛利人用"轻视 Tahu"这个生动的字眼对其事实体系所做的分类。这方面的主要文献见诸 Elsdon Best,Maori Mythology,载于 *Jour. Pol. Soc.*,t. IX,p. 113。"Tahu"是食物的标记式的(emblématique)通名,也是一种拟人化的名称。所谓"不轻视 Tahu"(Kaua e tokahi ia Tahu)的说法,就相应地用于那些拒绝人家所提供的食物的人。若要讨论毛利地区对食物的信仰,那未免会离题太远,这里我们仅指明一点,即这种神,这种食物的位格(hypostase),与其植物之神与和平之神 Rongo 相当。这样,我们对以下这些观念的联想就变得容易理解了:好客,食物,共享,和平,交换和法律。

② 参见 Elsdon Best,Spiritual Concepts,*Journal of the Polynesian Society*,IX,p. 198。

③ 参见 Hardeland,*Dayak Wörterbuch* 中 indjok、irek、pahuni 诸条,t. I,p. 190,p. 397a。对关于该项制度的比较研究可以扩展到马来亚、印度尼西亚、波利尼西亚等广大地区的文明。唯一的困难在于辨识这种制度。试举一例:Spencer Saint-John 以"强制交易"(commenrce forcé)一词来描述文莱(Bornéo)的贵族向米沙鄢人(Bisaya)征收贡品的方式,贵族们先送给米沙鄢人一些织物作为礼物,然后要他们在数年间以高利偿还(*Life in the forests of the far East*,t. II,p. 42)。这种错误源自已经开化的马来人本身,他们采借了其较不开化的兄弟民族的习俗,但却并不了解这些习俗。我们在此不必把印度尼西亚的这类事实都一一列举出来了(更深入的研究参见我对 M. Kruyt,*Koopen in Midden Celebes* 一书所做的书评)。

④ 在南岛,未请人参加战舞是一种罪过,称之为"puha"。参见 H. T. de Croisilles,Short Traditions of the South Island,*J. P. S.*,t. X,p. 76(注意,"tahua"则是指作为礼物的食物[gift of food])。

毛利人的主客礼仪包括:一种义务性的邀请,对这种邀请不应拒绝,而主人也不会再次恳求;客人要直入接待室(接待的地方根据地位而定),不能旁顾四周;主人要奉上特意准备的饮食,并且谦恭地陪候;分手时,远来的客人会得到一份路上享用的礼物(Tregear,*Maori Race*,p. 29),参见后文中印度人的同样的待客仪式。

请，就像拒绝接受一样[①]，无异于是宣战；因为这便是拒绝联盟与共享(communion)[②]。而且，给予也是出于迫不得已，是因为受赠者对属于赠与者的东西拥有某种所有权[③]。这种所有权被表述、被设想成一种精神的关联。例如，在澳大利亚，女婿的所有猎物都属于他的岳父、岳母，而且他在他们面前不能吃任何东西，就是因为害怕他们的呼吸使他的食物染毒[④]。上文我们已经讲到了在萨摩亚作为“通家”的侄儿所拥有的这类权利，这与斐济人侄子(vasu)的状况完全类似[⑤]。

---

① 正如收、授的馈赠要相互对应、对等一样，这两条规则事实上是密不可分的。有一条谚语便说明了这种赠和取的纠缠，泰勒(Taylor，*te ika a maui*，p. 132，谚语 No. 60)近似地译作：“东西在生的时候要是被看到，烧熟以后便会被拿走。”也就是说，“最好在食物半生不熟的时候就把它吃掉，否则等烧熟以后，别人来了就得和他们一起分享。”

② 根据传说，首领 Hekemaru(意为“Maru 之错”)如果未被其他村落看到并招待，便会拒绝接受“食物”(la nourriture)。如果他这一行人已经走过却未被注意到，而后人们又追来请他和他的随行者回转脚步，去分享一餐，他便会回答说，“食物不会跟随在他背后”。他的意思是说，提供给“他神圣的后脑”的食物(也就是说他已经走出了这个村庄的范围)对于食物的提供者会有危险。从而便有了这样一句谚语：“食物不会跟在 Hekemaru 的背后”(Tregear，*Maori Race*，p. 79)。

③ 在图鲁(Turhoe)部落，人们曾对贝斯特谈到过这种神话和法律的原则(Maori Mythology，*J. P. S.*，t. VIII，p. 113)。“当一位著名的首领要访问某一个地方时，‘他的曼纳会在他前面先到’。那个地区的人打猎捕鱼，备制佳肴，但却会一无所获；‘这是我们先已出发的曼纳’使所有的动物、所有的鱼都见不到了，‘我们的曼纳已经把它们都赶走了’，等等。”(接下来是一段对霜、雪的解释，说“Whai riri”[对水犯下的罪]使食物离人远去。)事实上，这段有些含混的评论，说的是在猎手们的“hapu”的地域内，没有对另一个氏族的首领做出必要的接待，这样，他们犯下了“kaipapa，即对食物犯下的错”，从而毁掉了他们的渔猎收获，失去了他们的食物。

④ 例见阿兰达(Arunda)、翁马杰拉(Unmatjera)、凯蒂什(Kaitish)等部落，Spencer 和 Gillen，*Northern Tribes of Central Australia*，p. 610。

⑤ 关于“vasu”，主要可参考一份较早的文献：Williams，*Fiji and the Fijians*，1858，t. I，p. 34 及以下诸页。并可参见 Steinmetz，*Entwickelung der Strafe*，t. II，p. 241 及以下诸页。这种侄子的权利只对应于家庭共产制度。不过，该项权利也是其他一些权利的体现，比如父母由联姻而取得的权利和人们通常所说的“合法窃取”(vol légal)的权利。

综上所述，对应于馈赠和接受的权利和义务，还存在着一系列关于享用和回报的权利与义务。但是，只要我们明白，事物之间有一套精神的关联，事物在某种程度上出于灵魂，而个体与群体在某种程度上又都被当作事物来对待，那么，这些紧密纠结在一起的对称而又对立的权利与义务也就不矛盾了。

而且，所有这些体制，全都表明了同一个事实、同一种社会制度和同一种特定的心态，即一切——食物、女人、儿童、财物、护符、土地、劳动、服务、圣职和品级——都是可以转让和移交的。这些进出来往，便意味着无论在氏族之间、个体之间，还是在品级之间、性别之间和世代之间，都存在着一种既关涉物也关涉人的精神方面的持续交换。

四、述评：给人的馈赠和给神的馈赠

这一部分将要探讨的主题是：着眼于诸神和自然而送给他人的礼物在赠礼的经济和道德中扮演了什么样的角色。我们尚未完成必要的普遍研究以展示其重要性，另一方面，这里所呈现的事实有些也超出了我们前面所划定的区域范围。此外，对于其中鲜明的神话色彩，我们还理解得很不够，还不能做出抽象的概括。因此，本文仅限于指出某些迹象。

在东北西伯利亚的诸社会中[①]，在西阿拉斯加的爱斯基摩

① 见 Bogoras，The Chukchee，*Jesup North Pacific Expedition*；*Mem. of the American Museum of Natural History*，New York，vol. VII。送礼、收礼、回礼的义务和好客的习俗在沿海的楚克奇人（Chukchee）中，要比在驯鹿（Reene）楚克奇人中更为显著。参见 Social Organization，*ibid.*，p. 634，637。参见“宰杀和献祭驯鹿的规则”，Religion，*ibid.*，t. II，p. 375：邀请的义务，受邀者要求其所欲之物的权利和他送礼的义务。

人[①]以及白令(Behring)海峡亚洲一侧沿海的诸社会中,夸富宴[②]所产生的效果,不仅涉及那些互比慷慨的人,那些被交换、被消耗的物,涉及那些与竞赛者同名从而也参与了夸富宴的先人亡魂,而且也涉及自然。人们相信,相互交换礼物并与"同名者"(name-sakes)和以各种精灵的命名的人交换礼物,能够促使死者、诸神、事物、动物以及自然的种种精灵"对他们慷慨大方"[③]。所以他们说,交换礼物能够带来丰厚的财富。内尔森(Nelson)[④]和波特(Porter)[⑤]对夸

① 给予的义务是爱斯基摩人的突出特征。参见拙文 Variations saisonnières des Société eskimo,*Année Sociologique*,t. IX,p. 121。最近出版的一本爱斯基摩文著作包含有这类教导人们要慷慨大方的故事。Hawkes,The Labrador Eskimis,*Can. Geological Survey*,*Anthropological Series*,p. 159。

② 我们曾经认为(Variations saisonnières des Société eskimo,*Année Sociologique*,t. IX,p. 121),阿拉斯加的爱斯基摩人的节日是由爱斯基摩人自己的一些内容与采借自印第安人夸富宴的某些成分组合而成的。但是在我写完那篇文章以后,楚克奇人的夸富宴以及送礼的习俗已经被确认和西伯利亚的考雅克人(Koyak)相同,正像我们即将看到的那样。顺理成章,美洲的印第安人接下来又会采借他们的习俗。而且,还应该考虑到 Sauvageot 先生关于爱斯基摩语起源于亚洲的假设,这个假设合情合理,它肯定了考古学家和人类学家对爱斯基摩人及其文化起源的一贯看法。另外,各方面都显示,与东部和中部的爱斯基摩人相比,西部的爱斯基摩人较未变质,越接近西部,在语言和民族上都越接近其根源。目前,这种论点似乎已被 Thalbitzer 先生所证实。

由是而论,便可以更为肯定地说,东部的爱斯基摩人的夸富宴由来已久。而在西部的节日中,却有某些相当特殊的图腾和面具出现,其中一部分明显来自印第安人。至于夸富宴为什么会在东部和美洲北极地区中部的爱斯基摩人中消失,我们无法找到适切的解释,只能姑且归结为东部爱斯基摩社会的衰落。

③ Hall,*Life and Esquimaux*,t. II,p. 320. 尤其引人注目的是,这种说法不是发现在阿拉斯加的夸富宴中,而是发现于中部的爱斯基摩人中,而后者却只有全体共享的冬季节期和礼物的交换。这证明夸富宴的观念已经超出了其制度的本来界限。

④ Nelson,Eskimos about Behring Straits,*XVIIIth Ann. Rep. of the Bur. of Am. Ethn.*,p. 303及以下诸页。

⑤ Porter,Alaskan,*XIth Census*,p. 138,p. 141,另尤可参考 Wrangell,*Statistische Ergebnisse*,*etc.*,p. 132。

富宴有过详细的记录，描述了这种节期对死者以及爱斯基摩人所捕猎的鲸类、鱼类、野兽等猎物的影响。那些盎格鲁探险捕猎者生动地称之为发出“节日邀请”（Inviting in festival）的“索求节”（Asking Festival）[①]。这种节庆通常会打破冬季各个村落间的界限。其对自然的作用，在最近的一本关于爱斯基摩人的著作中也得到了充分的强调[②]。

亚洲的爱斯基摩人甚至还发明了一种机关，他们把一个挂有各色食物的转轮安装在一种彩杆上，杆顶再挂上一个海象头。这根杆子即是举行仪典的帐篷的中轴，它一部分伸出帐篷之外，一部分在帐篷之内，由另一个转轮带动，使外面的转轮随着太阳的运动

① 见 Nelson。并参见 Hawkes, *The Inviting-Feast of the Alaskan Eskimos*, *Geological Survey*. Mémoire 45. *Anthropological Series*, II, p. 7。

② 见 Hawkes, *The Inviting-Feast of the Alaskan Eskimos*, *Geological Survey*. Mémoire 45. *Anthropological Series*, II, p. 7; p. 3; p. 9 中对这种节期的描述：Unalaklit 对 Malemiut。这一系列复杂活动的最具特色的一个地方，是在第一天里那一连串喜剧性的赠送以及他们所送的礼物。如果一个部落逗笑了另一个部落，他们就可以向后者要他们所想要的一切东西。最好的舞者会得到最有价值的馈赠，见 pp. 12—14。这是仪式表现（représentation rituelle）的一个非常明了但也非常罕见的例子（我未在澳洲和美洲发现其他案例），不过它所表现的神话主题却是十分常见的，即当嫉妒之灵发笑时，它原来所掌握的东西便把持不住了。

“节日邀请”的仪式以一个“angekok”（萨满）对人类精灵“inua”的拜访告终。这个萨满带着 inua 的面具，宣称 inua 们对舞蹈很满意，它们将会送猎物来。参见 Jennes, Life of the Copper Eskimos, *Rep. of the Can. Artic Exped.*, 1922, vol. XII, p. 178, n. 2, “送给海豹的礼物”。

其他有关对礼物的权利的内容也都有了充分的发展，例如 näskuk 首领就没有权利拒绝任何馈赠或食物，无论那些东西是多么稀奇古怪，否则便会始终遭人鄙薄，见 Hawkes, *The Inviting-Feast of the Alaskan Eskimos*, p. 9.

Hawkes 认为 Chapman 在 *Congrès des Américanistes de Québec*, 1907, t. II 中所描述的“Déné（Anvik）”节是印第安人向爱斯基摩人采借来的，其理由相当充分。

旋转。这种方式把所有的相关主题融为一处，表现得真可谓天衣无缝①。

楚克奇人②和西伯利亚东北端的考雅克人也显见有此类活动。二者均有夸富宴，但在沿海的楚克奇人中，强制的或自愿的礼物交换更显突出，这一点类似于与之邻近的尤伊特人（Yuit）和我们前面讲到的爱斯基摩人。楚克奇人的礼物交换发生在旷日持久的“感恩仪典”（Thanksgiving Ceremonies）③期间，在冬季，这种感恩仪式要在每家每户相继举行，连绵不断。残余祭品将被丢入大海或散落风中；这表明它们又回到了它们的发源地，并会带着今年所捕杀的那些猎物在明年再度归来。约瑟逊（Jochelson）曾指出考雅克人也有这一类节日，尽管他本人只参加过鲸鱼节④，其他都没有参加过，但这些节日中的献祭体系显然十分成熟⑤。

博格拉斯（Bogoras）把这种节日和俄罗斯的“科利亚达（Koliada）”习俗联系起来不无道理⑥。在“科利亚达”节，孩子们戴着面具，挨家挨户地要鸡蛋、要面粉，谁都不敢拒绝他们。我们知道，这种习俗遍及欧洲⑦。

---

① 见 Bogoras, *The Chukchee*, t. VII (II), p. 403 图。

② Bogoras, *The Chukchee*, p. 399—401.

③ Jochelson, The Koryak, *Jesup North Pacific Expedition*, t. VI, p. 64.

④ Jochelson, The Koryak, *Jesup North Pacific Expedition*, t. VI, p. 90.

⑤ 参见 Jochelson, The Koryak, *Jesup North Pacific Expedition*, t. VI, p. 98, “This for Thee”。

⑥ Bogoras, The Chukchee, p. 400.

⑦ 有关此类习俗，参见 Frazer, *Golden Bough* (3e éd.), t. III, pp. 78—85, p. 91 及以下诸页。并请参见后文。

上述这两种契约与交换——人与人之间、人与神之间的契约与交换——的关系，揭示了献祭理论的一个侧面。如果在某些社会中，人们相互间举行这类契约的和经济的仪式，但人只是某种戴着面具的化身，他们通常具有萨满的性质，或者被他所用来命名的那个同名神灵所附身——其实他们不过只是那些神灵的代表，那么，我们现在就能够透彻地理解其中的献祭了[①]。因为，这种交换和契约不单单涉及人和物，而且还涉及与之或多或少有所关联的神圣的存在[②]。这一点在特林基特人的夸富宴、海达人的两种夸富宴中的一种，以及爱斯基摩人的夸富宴中都非常明了。

此种演进十分自然。人们最早与之具有契约关系的一类存在者首先是亡灵和诸神。人们不得不与之订约，而且，就其定义而言，之所以有这二者，就是为了人们能够与之订立契约。的确，它

① 有关特林基特人的夸富宴，参见本书第二章第三节。这是北美所有夸富宴的基本特点。不过，这种特点并不能一望而知，因为其仪式太具图腾色彩，以至于人们只注意到仪式对神灵们的影响，而不易注意到仪式对自然的影响。但在楚克奇人和爱斯基摩人在白令海峡中的圣劳伦斯(Saint-Lawrence)岛上所进行的夸富宴中，这一特点就明朗得多了。

② 参见 Bogoras，*Chukchee Mythology*，p. 14，1. 2 中的一个夸富宴神话。一个萨满对另一个萨满说“你将如何回答”(What will you answer)，意思是说“用什么来回赠”(Give as return present)。这场对话最终导致了争斗，但随后他们又达成了契约；他们交换了巫刀和巫术项圈，继而交换了他们的神灵(也就是他们的巫术帮助者)，然后交换了他们的身体(p. 15，1. 2)。但是，他们却未能成功地交换他们的起飞和降落，因为他们忘记了交换手镯和流苏(tassel)，即“我的行动指引”(my guide in motion)：p. 16，1. 10。最后，他们交换了巫术技法。由此可见，所有这一切东西都具有和精灵本身一样的精神价值，它们即是神灵。

们才是世界上的事物与财富的真正所有者[①]。与它们交换是先务之急,不与它们交换便可能大难临头。但从另一方面来讲,与它们进行交换也是最方便和最有把握的。对牺牲的破坏,目的正就是为了确保这份牺牲能够成为必须回报的献礼。在西北美和东北亚的各种形式的夸富宴中,都有这种毁坏的主题[②]。杀掉奴隶,点燃珍贵的油膏,把铜器丢入大海,甚至放火烧掉豪宅,都不仅仅是为了显示实力、富有和不加计较,而同时也是为了献祭神灵。而实际上,这些神灵在世的化身、以神灵的名字命名的人以及与神灵相通的人也就被认为是那些神灵。

但还有另一个主题,不仅不需要人来支撑,而且可能也和夸富宴一样古老,即相信要向神购买,神会以应有代价回报所献之物。这种观念,大概要数西里伯斯人(Célèbes)中的托拉查人(Toradja)体现得最为典型了。克鲁伊特(Kruyt)说[③],"那里的物主必须向神灵'购买'对'他的'(其实应该算是'神灵们的')所有物进行处置的权力"。在砍伐"他的"树林之前,在耕作"他的"土地之前,在奠立"他的"房屋的桩柱之前,都要偿付诸神。尽管购买的观念在

① 见 Jochelson, Koryak Religion, *Jesup. Exped.*, t. VI, p. 30。夸扣特尔人(Kwakiutl)有一首神灵之舞的颂唱(出自冬季萨满仪典)论及这一主题:

你们把另一个世界的一切都带给了我们,神灵!你们攫去了人的感觉

你们已知晓我们的饥饿,神灵!……

我们将从你们那里得到很多!

等等。见 Boas, *Secret Societies and Social Organization of the Kwakiutl Indians*, p. 483。

② 参见 Davy, *Foi jurée*, p. 224 及以下诸页,并参见本书下文。

③ Kruyt, *Koopen in midden Celebes. Meded. d. Konink. Akad. v. Wet.*, Afd. Letterk. 56; série B. N°5, pp. 163—168, pp. 158—159.

托拉查人的民事和商业传统中还很不发达[①]，但是要向神灵和诸神购买的观念倒是根深蒂固。

关于我们在下一章即将描述的那些交换形式，马林诺夫斯基曾指出，在特罗布里恩(Trobriand)群岛也有同一类事实。人们为了祛除一种附于蛇蝎尸体之上的恶灵“蝻猧(tauvau)”，要向它呈现一件“外罡”，即能够用于库拉(kula)[②]交换的宝贝、饰品、护符或者财物。这种礼物对该神灵的精神会起到直接的作用[③]。另外，在“米拉-米拉(mila-mila)”节[④]，即为死者举办夸富宴期间，要呈送两种“外罡”给神灵，一种是库拉“外罡”，另一种被马林诺夫斯基称为“永驻外罡”(vaygu'a permanents)[⑤]，放置“外罡”的案台和首领所用的案台一样，那是献给善灵的。它们会把这些珍宝的影子带到死者之乡[⑥]，在那里，死者们会相互竞富，就像处在盛大的库拉中的活人一样[⑦]。

① Kruyt, *Koopen in midden Celebes*，提要中的第3页和第5页。

② “库拉”是英国人类学家马林诺夫斯基在特罗布里恩群岛的美拉尼西亚人中所发现的交易形式，交易物主要是贝壳项链和手镯，这些项链与手镯会在方圆几百英里的范围循环流通，故又称“库拉圈”(kula ring)。详见本书第二章，第二节。——中译注

③ Malinowski, *Argonauts of the Western Pacific*, p. 511.

④ Ibid., p. 72, p. 184.

⑤ Ibid., p. 512(它们不是义务性交换的对象)。参见 Baloma, Spirits of the Dead, *Jour. of the Royal Anthropological Institute*, 1917。

⑥ 一个关于 Te Kanava 的毛利神话(见于 Grey, *Polyn. Myth.*, Ed. Routledge, p. 213)讲述了神灵如何摄取献给它们的“pounamu”宝玉(亦即“taonga”)的影子。在 Mangaia(见于 Wyatt Gill, *Myths and song from the South Pacific*, p. 257)也有一个神话如出一辙，只不过换成了红色螺钿项链，同时还讲到了他们如何赢得了美丽的 Manapa 的好感。

⑦ Malinowski, *Argonauts of the Western Pacific*, p. 513. 马林诺夫斯基对其事例的独特性的描述略显夸张(p. 510 及以下诸页)，其实它们与特林基特人或海达人的夸富宴相同。

冯·奥森布鲁根(von Ossenbruggen)不仅是一位理论家，同时也是一位出色的考察者。他在特罗布里恩群岛生活过，注意到了这种制度的另一特点[①]：给人及给神的礼物目的也在于购买平安。人们以此来避免恶灵，或者更一般地说是避免不好的影响，甚至包括那些非人格化的不好的影响。因为别人的诅咒会使嫉妒之灵得以进入，会有致命之害，会让那些不好的影响发挥作用；而对别人的所犯下的失误也会招惹那些恶灵或是不祥之物。冯·奥森布鲁根还以此来解释中国婚礼行列的撒钱习俗，甚至以此来解释聘礼。这种看法很有意趣，由此可以把握一系列事实[②]。

于是，我们便能够从这里着手建构有关献祭契约(sacrifice contrat)的理论和历史。这种契约，以上述那些制度为前提，同时，也使那些制度在很大程度上得以实现。因为在这种制度中，能够施与报的诸神就是为了以广大回报微薄的。

在两大宗教文本中都保有契约的庄严程式：拉丁文称之为"吾献而君予(do ut des)"，梵文称之为"汝施则我报(dadamise，dehi me)"[③]，这或许不是一种单纯的巧合。

---

① *Het Primtieve Denken, voorn. in Pokkengebruiken ... Bijdr. tot de Taal-, Land-, en Volkenk. v. Nederl. Indië*, vol. 71, pp. 245—246.

② Crawley, *Mystic Rose*, p. 386 已经提出了这样一类假设，Westermarck 也发觉了这一问题，并且开始去寻求证明，见 *History of Human Marriage*, 2e éd., t. I, p. 394 及以下诸页。但由于他并不了解总体呈献体系和更为发达的夸富宴体系是一回事，不知道其间的所有交换，包括妇女的交换与婚姻其实都只是该体系的一部分，所以他未能洞见深意。关于夫妇间赠送礼物以确保他们婚姻能够多有子嗣的做法，见下文。

③ Vâjasaneyisamhitā，参见 Hubert et Mauss, Essai sur le Sacrifice, p. 105 (*Année Sociologique*, t. II)。

补注：施舍

不过，稍晚一些，在法律和宗教的演进中，人又出现了，又一次成为了诸神和死者的代表——如果神和死人还存在的话。例如，苏丹(Soudan)的豪萨人(Haoussa)在"几内亚麦"成熟的时候便会热病流行。避免这种热病的唯一方式便是把这种麦子送给穷人[①]。此外，的黎波里(Tripoli)豪萨人在大祈祷(Baban Salla)期间，小孩子会造访各家(类似地中海和欧洲的习俗)，说："要我进来吗？……"主人会回答："噢，大耳朵野兔，给一点甜头就肯出力。"(意思是穷人很乐意为富人干活。)给孩子和穷人的这些礼物能够取悦死者[②]。豪萨人的这种习俗可能源自穆斯林[③]，也可能兼受穆斯林、黑人、欧洲人和柏柏人(Berbère)的影响。

总之，从中可以阐发出一种关于施舍(aumône)的理论。施舍一方面是礼物和财富的道德观念的结果[④]，另一方面则是献祭观念的结果。慷慨解囊是必须的，因为复仇女神会替穷人和诸神对那些过分幸运和富有的人加以报复，后者应该散掉他们的好运和财富。古老的赠礼道德变成了正义的原则，诸神与神灵们会赞赏人们把给它们的献礼和毁坏的无用的祭品散给穷人与儿童[⑤]。这

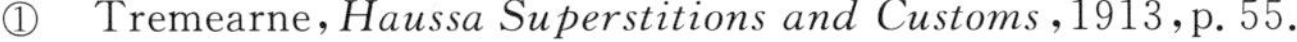

① Tremearne, *Haussa Superstitions and Customs*, 1913, p. 55.

② Tremearne, *The Ban of the Bori*, 1915, p. 239.

③ Robertson Smith, *Religion of the Semites*, p. 283. "穷人是神的客人。"

④ 马达加斯加(Madagascar)的贝兹米萨哈加人(Betsimisaraka)说，有两个首领，一个散尽了他的所有，另一个却什么也不分给别人，全都自己把持着；神给了那个大方的以财富，给了那个吝啬的以灭亡。见 Grandidier, *Ethnographie de Madagascar*, t. II, p. 67, n. a。

⑤ 有关施舍、慷慨、大方等观念，参见 Mestermarck, *Origin and Development of Moral Ideas*, I, chap. XXIII 中所收集的实例。

让我们想起了闪米特人的道德观念史。阿拉伯语"sadaka"[1]和希伯来语"zedaqa"一样，原本就是公正(justice)的意思，但后来则变成了施舍之意。我们甚至可以推断，慈善(charité)与施舍的教条便是在米书拿时代(l'époche mischnaïque)[2]，即耶路撒冷的"穷人"得胜之时诞生的，从那时起，它们伴随着基督教和伊斯兰教开始走向世界。正是在这个时期，"zedaqa"一词才改变了它的含义，因为在圣经中该词尚不具有施舍的意义。

于是从施舍便又回到了我们的主题：赠礼和回礼的义务。

以上资料和评论并不只具有地方民族志的意义，通过比较，它们可以得到扩展与深化。

波利尼西亚存在有夸富宴的基本要素[3]，尽管尚未发现一个完

① 关于"sadqâa"目前仍然保有的巫术意义，见下文。

② 应指公元2—3世纪左右。"米书拿"(mischnah/mischna/mishna)本指公元前后数世纪内流行的口传犹太律法，约在公元2世纪末、3世纪初结集，亦即《旧约》前五卷之律法书(Torah)的来源。313年，继承了犹太教传统、来自下层贫民的基督教被罗马帝国宣布为合法。——中译注

③ 我们不可能重做所有的调查，重读所有的文献；确实只有在研究完成以后，才能够提出问题。但是无须怀疑，把波利尼西亚民族志的分散资料重新组织起来以后，我们将发现其他一些夸富宴的重要痕迹。例如，波利尼西亚的食物展示节"hakari"(参见 Tergear, *Maori Race*, p. 113)和 Koita 美拉尼西亚人的同名节日"hekarai"(参见 Seligmann, *The Melanesians*, pp. 141—145 及以下诸页)在食物的陈列、积聚、堆放和分发方面，就有很多毫厘不爽之处。关于"hakari"，还可参见 Taylor, *Te ika a Maui*, p. 13; Yeats, *Anaccount of New Zealand*, 1835, p. 139，以及 Tregear, *Maori Comparative Dic.*, "Hakari"条。并参见 Grey, *Poly.*, *Myth.*, p. 213 (1885, édition populaire de Routledge)中的一个神话。这个神话对战神 Maru 的"hakari"做了描写，其中受赠者的庄严称呼与新喀里多尼亚人(néo-calédonienne)、斐济人和新几内亚人(néo-guinéenne)的节日中所用指称完全相同。还有一首颂歌，保存了针对用于"hikairo"(食物分发)的

整的制度[1]；但无论如何，在那里礼物交换是一项原则。不过，如果一味强调法律这一论题仅限于毛利人或波利尼西亚，那就显得有些迂腐了。我们不妨转换一下话题。我们至少能够表明，回礼的义务还有另外的延伸。同样，我们将会指出其他那些义务的扩展形式，我们还要证明，我们的解释适用于多种类型的社会。

（接上页）"Umu taonga"（taonga 炉）而形成的一套说法（见 E. Grey，*Konga Moteatea*，*Mythology and Traditions in New-Zealand*，1853，p. 132），我试译第二节如下：

从这里给我的通家
给我的通家，我把它们堆起来
我把它们堆向大地
我把它们堆向海洋
……堆向东方
……
给我的通家。

第一节描述的是石头"通家"。从而我们可以了解，"通家"观念在很大程度上都是这种食物节日的仪式所固有的。参见 Percy Smith，Wars of the Northern against the Southern Tribes，*J. P. S.*，t. VIII，p. 156（Te Toko 的 Hakari）。

① 即使假设夸富宴制度已经不见于目前的波利尼西亚社会，但在那些吸收了波利尼西亚移民的文明与社会中，或是在再移入波利尼西亚的移民区并将其取代的文明与社会中，夸富宴却还可能存在；而且在波利尼西亚人迁移之前，他们很可能有完整的夸富宴制度。事实上，夸富宴之所以在波利尼西亚的某些地方会消失，只可能有一个原因，这便是差不多各岛的氏族都发生了确定的等级分化，甚或围绕着一种君主政体集中起来；因为那样便缺少了夸富宴的一个主要条件，即等级的不稳定性，而首领间相互竞争的目的，正是为了确定的一时的等级。同样，我们之所以能够发现毛利人比其他各岛居民有更多的夸富宴迹象（或许是第二种形态的），恰恰是因为在那里，首领的管辖范围都要重新划定，于是各个氏族便要相互竞争了。

有关美拉尼西亚、美洲乃至萨摩亚人毁弃财富的行为，参见 Krämer，*Samoa Inseln*，t. I. p. 375 有索引中的"ifoga"条。对于毛利人的"muru"，即为了弥补过错而毁弃财物的做法，也可以从这一角度来进行研究。在马达加斯加，"Lohateny"关系同样也是古老的夸富宴的遗迹。根据这种关系，交易者可以相互侮辱，可以毁掉对方的所有东西。参见 Grandidier，*Ethnographie de Madagascar*，t. II，p. 131 及注释，pp. 132—133。

第二章　总体呈献体系的延伸：慷慨、荣誉与货币

一、慷慨的规则(安达曼群岛)[①]

首先，在施密特神父(Père Schmdit)所说的人类中为最原始的族群——俾格米人[②]中也有这种风俗。从1906年起，布朗先生便在安达曼(Andamans)群岛(北岛)观察到了此类事例。他以精彩的文字描述了在当地群体和来访者之间的热情好客，描述了便于进行自愿性或义务性交换的节日和市集(以赭石、海产品对换林产品，等等)："尽管这种交换很重要，但其实，当地的群体及家庭在

① 以下事实，均采自各地的民族志，但我们的目的并不是研究它们的关联。从民族志的观点来看，太平洋中一种文明的存在，毫无疑问能够部分地解释诸如美拉尼西亚和美洲的夸富宴的共同点，甚至能够解释亚洲北部和美洲北部的夸富宴的同一性。但是，本章开篇所讨论的俾格米人(Pygmée)却不能这么一概而论。而我们将要讲到的印欧的夸富宴的痕迹也不那么寻常。所以，我们并不打算考虑制度传播的模式。对于我们的案例而言，无论是讲采借说还是独创说，都太轻率又太危险。再者，我们所勾勒出的图景也只能说明我们知识贫乏或者无知。对我们而言，目前能够表明权利这一论题的性质及其广阔分布就已经足矣；至于该论题的历史，且待能者为之吧。

② *Die Stellung der Pyrgmäenvölker*，1910. 在这一点上，我们不同意P. Schmidt的看法，见*Année Sociologique*，t. XII，p. 65及以下诸页。

工具等方面都能够自给自足，他们的赠礼与较发达社会的贸易和交换目的不同。他们的目的首先是道德性的，主旨在于使参与交换的双方产生友好的感情。如果活动没有达到这个效果，那便是徒劳无功……"[①]

"任何人都不能随意拒绝别人的赠礼。无论男人还是女人，都力图表现得比别人更加慷慨大方。这是一种竞争，看谁能送出最多、最富有价值的东西[②]。"馈赠能够确定婚姻，使两家结成亲属。赠礼赋予两方面以相同的性质（nature），而对性质的认同又通过禁忌表现出来，即从最初定亲开始终其一生，双方亲属都既不能见面也不能交谈，但却要持续地交换大量的礼物[③]。事实上，这种禁忌表明了相互借贷的双方既亲密又彼此担心的关系。这很可能是一项原则，其证据是：同时参加过"食龟食豕"仪典的青年男女之间也规定有这种同时兼具亲密与疏远意味的塔布[④]，他们同样被迫要终生交换礼物。而在澳洲也存在着类似的事实[⑤]。布朗还指出，在久别重逢的仪式上，人们要用拥抱和流泪致意，而互赠礼物也有与之相同的作用[⑥]，从而大家情感相融，不分彼此[⑦]。

---

① *Andaman Islanders*，1922，p. 83："尽管那些东西被视作赠礼，但人们还是期待着收到某种价值相当的东西，一旦回礼与其所期待的不符，他们便会被惹恼。"

② *Andaman Islanders*，1922，p. 73，81；布朗先生还观察到这种契约活动是多么的不稳定，很多本来为了消除争吵的交换却反而会导致突然的争吵。

③ *Andaman Islanders*，1922.

④ 同上书。

⑤ 实际上，纳里涅里人（Narrinyeri）的"ngia-ngiampe"之"kalduke"关系与迪埃里人（Dieri）的"Yutchin"关系完全可以相提并论，对此我们后文还有讨论。

⑥ *Andaman Islanders*，1922.

⑦ 同上书。对于这种共享的显现、情感的认同及其所具有的既被迫又自由的特征，布朗先生已经做出了精彩的社会学的理论说明。还有另外一个相关的问题，我们提请读者留意：Expression obligatoire des sentiments，*Journal de Psychologie*，1921。

总之,归根结底便是混融(Mélange)。人们将灵魂融于事物,亦将事物融于灵魂。人们的生活彼此相融,在此期间本来已经被混同人和物又走出各自的圈子再相互混融:这就是契约与交换。

二、礼物交换的原则、理由与强度(美拉尼西亚)

与波利尼西亚人相比,美拉尼西亚人更好地保留或者说是发展了夸富宴[①]。不过这并不是我们的主题。但无论如何,对于赠礼制度以及该种形式的交换,美拉尼西亚人也比波利尼西亚人要保存和发展得好。前者的货币的观念就要比后者清晰得多[②],其体系一方面变得复杂了,但同时也变得明确了。

新喀里多尼亚

在李纳尔德(Leenhardt)所收集的关于新喀里多尼亚(Nouvelle-Calédonie)居民的特有文献中,我们不仅可以找到我们想要分析的观念,还能够找到对这种观念的表达。其中描述了"pilou-pilou"和各种宴庆、赠礼与呈献的体系,还包括货币体系[③],对此我

① 见前文。

② 可能有人会再钻研波利尼西亚人的货币问题,可参见第一章中对 Le Rev. Ella, Polynesian native clothing, *J. P. S.*, t. IX 中提到的萨摩亚草席的引述。大斧、玉、"tiki"、抹香鲸的牙很可能与大量贝壳及水晶一样,也都是货币。

③ 参见 La Monnaie néo-calédonienne, *Revue d'Ethnographie*, 1922, p. 328, 其332页尤其讲到葬礼所用的货币及其原则。并可参见 La fête du Pilou en Nouvelle-Calédonie, *Anthropologie*, p. 226及以下诸页。

们可以毫不犹豫地将其定性为夸富宴。司仪的庄严话语中的法定言辞就十分典型。在宴会上，当薯蓣被仪式性地呈现出来时[①]，司仪就说："如果有一些旧的 pilou 是我们未曾在 Wi 那里所面对者……这一块薯蓣便会落到那边，正如以往同样的薯蓣从其而来[②]……"意即事物自己又重新回来了。然后，还是在同一段讲话中，司仪会说，祖先的灵魂"给生者传下了他们的影响与力量"。"尔等所为之结果今日已现。世世代代均已现于其口。"还有另外一种用来刻画这种权利纽带的方式，同样也极其生动："我们的节日是走线之针，它缝合了屋顶的片片草秸，使其仅成为一盖，仅成为一语[③]。"意即同样的事物又重回，同样的线来贯穿[④]。其他一些作者也指出过这类事实[⑤]。

① 参见 La Monnaie néo-calédonienne，*Revue d'Ethnographie*，1922，p. 236—237；并参见 p. 250—251。

② 同上书，p. 247；并参见 p. 250—251。

③ La fête du Pilou en Nouvelle-Calédonie，*Anthropologie*，p. 263。参见 La Monnaie néocalédonienne，*Revue d'Ethnographie*，1922，p. 332。

④ 这一表达程式似乎属于波利尼西亚的司法象征体系。在 Mangaia 群岛，和平的象征就是一个"荫蔽甚佳的房屋"，在"牢牢扎好"的屋顶下，诸神与各个氏族都聚于其中。见 Wyatt Gill，*Myths and Songs of the South Pacific*，p. 294。

⑤ Le Père Lambert，*Moeurs des Sauvages néo-calédoniens*，1900，描述了很多种夸富宴：1856 年的一个夸富宴，第 119 页；一系列丧葬宴庆，第 234—235 页；一个二次安葬的夸富宴，第 240—246 页；他还了解到，一个首领因未能回报馈赠、未能回报夸富宴而惨败，作为惩罚，他受到了羞辱并被迫迁走，第 53 页；作者已经洞察到"一切馈赠都要求回报"，第 116 页；他使用了法语中常用的说法"回报"（un retour），如"合乎规矩的回报"；并讲到"回报"被富人展示出来，第 125 页。拜访别人时必须准备礼物。赠礼是婚姻的条件，第 10 页，第 93—94 页；礼物是不可收回的，而"回报要超过所收到的礼物"，特别是在对于"bengam"，即嫡亲堂表兄弟，第 215 页。第 158 页所讲到的馈赠之舞"trianda"是形式主义、仪式主义以及司法美学融合在一起的突出案例。

特罗布里恩

在美拉尼西亚世界的另一端，相应的制度也像新喀里多尼亚一样极其发达。特罗布里恩岛的居民便是该地区最为开化的种族之一。今天这些富庶的采珠渔人，在欧洲人到来之前，乃是制造陶器、贝币、石斧和其他珍宝的富有工匠，而且始终都是生意兴隆的商人和勇敢豪放的水手。马林诺夫斯基曾把他们比作伊阿宋（Jason）的伙伴，称之为“西太平洋上的亚尔古英雄（Argonaute）”[①]，这的确是名副其实。他的一本杰出的描述社会学著作对我们所感兴趣的主题涉入颇深，其中描述了名为“库拉”的部落间及部落内的整个的贸易制度[②]。不过，在同样的法律和经济原则的支配下的那些制度——如婚姻、有关死者的节日、成年礼，等等——还有待详述，所以我们这里的介绍也只是临时性的。不过基本事实还是清楚的[③]。

① 伊阿宋是希腊神话中的忒萨利亚王子，曾招集全希腊的英雄，乘坐大船“亚尔古”（Argo）远航海外觅取金羊毛。其随行者被称为“亚尔古英雄”。——中译注

② 参见 Malinowski，*Kula*，*Man*，juillet 1920，n°51，p. 90 及以下诸页；*Argonauts of the Western Pacific*，Londres，1922。

③ 在其书第 513 页和第 515 页，马林诺夫斯基过高地估计了他所描述的事实的新颖性。首先，“库拉”说到底只不过是一种部落间的夸富宴，其类型与美拉尼西亚的夸富宴基本相同，属于这一类型的夸富宴还有 Père Lambert 所描述的在新喀里多尼亚的那种出航、斐济人的大远航“Olo-Olo”等，参见 Mauss，Extension du potlatch en Mélanésie，载于 *Procès-verbaux de l'I. F. A.*，*Anthropologie*，1920。在我看来，“kula”一词的意义可能与其他那些同一类型的词有关，如“ulu-ulu”，参见 Rivers，*History of the Melanesian Society*，t. II，p. 415，p. 418；t. I，p. 160。但是，从某些方面来看，库拉并不像美洲的夸富宴那么典型，因为其岛屿较小，各岛上的社会也不及英属哥伦比亚那么富有强盛。在英属哥伦比亚，能找到部落间夸富宴的所有特点，甚至还能发现族际

库拉是一种大型的夸富宴,承载了部落间的大量贸易,波及特罗布里恩群岛的各个角落以及当特尔卡斯托(d'Entrecasteaux)群岛和昂福莱特(Amphlett)群岛的一部分。在这些地方,它直接或间接地影响到了所有部落,尤其是其中几个较大的部落,其中包括:昂福莱特群岛的多布(Dobu)部落、特罗布里恩的基里维纳(Kiriwina)部落、西纳基塔(Sinaketa)部落和基塔瓦(Kitava)部落,以及伍德拉克(Woodlark)岛的瓦库塔(Vakuta)部落。马林诺夫斯基并没有给出"kula"这个词的译义,但很可能该词想说的就是"循环"(cercle);的确,正是通过这种方式,所有这些部落,所有这些沿海远航、珍宝奇物、日用杂品、食物宴庆、有关仪式或性的各种服务、男人女人等等,才被纳入到一个循环[①]之中,并且围绕着这个循环在时间和空间上规则地运动。

库拉贸易是贵族式的[②]。它似乎是首领所专有的,这些首领都一身兼作大小船队的首长、商人、其随行者的受赠人(随行人员包括他们的子女、姻兄弟,这些人既是他们的亲戚也是他们的属民),同时,他们还是其所管辖的各个村落的首领。他们均以一种高贵的方式行事,表面上十分地慷慨与谦逊[③]。这和叫作"金瓦利"

(接上页)(international)的夸富宴,发生在海达人与特林基特人之间(Sitka 是他们所共有的一个市镇,而 Nass 河畔则是他们经常碰面的地方)、夸扣特尔人与贝拉库拉人(Bellacoola)及海尔楚克人(Heltsuq)之间、海达人与钦西安人(Tsimshian)之间,等等。这也是很自然的事情:交换的形式通常都是可以扩展的和族际的;在此和其他地方一样,交换形式很可能沿着在那些同样富裕、同样沿海的部落之间所开辟的商路扩展开去。

① 马林诺夫斯基喜欢称之为"库拉圈"(kula ring)。

② 同上书,正所谓"贵族之为自当高尚"(noblesse oblige)。

③ 同上书,其谦逊的说法有例如下:"这是我今天余下的食物,拿走吧,我已经把它带来了",此时所赠的东西是一个珍奇的项链。

的那种日用品的简单的经济交换迥然不同[1]。后者虽然也和库拉在相同的地方进行，也就是说，或在作为部落间库拉之聚会处的大型原始集市进行，或在部落内库拉的小市场中进行，但是，其间双方斤斤计较的讨价还价却恰恰是库拉所不屑为之的。如果一个人没有抱着必要的宽宏大度之心去做库拉，他就会被人说成是"像在做金瓦利"。至少从表面上看，库拉像西北美洲的夸富宴一样，由赠送和接受这两个方面构成[2]，而这次的受赠者就是下一次的赠与者。更有甚者，在大远航（Uvalaku）这种最完整、最庄严、最高贵、最富竞争性[3]的库拉中，所依据的规则竟和交换毫不相干，甚至于为了交换食物的那种赠与也不会发生，因为人们连吃的也不要。而另一方则是却之不恭，一概收下。但等到下一年，就轮到本次出访的部落作为东道主来接待这次被访部落的船队了，届时那些礼物便会得到更多的回报。

不过，在进行那些规模较小的库拉时，人们也会利用航海旅行来交换货物；贵族们自己也做生意，因为在库拉中会遇到众多的土著队伍，人们会恳求[4]、索要并交换大量物品，同时也会结成与库

---

① 马林诺夫斯基喜欢称之为"库拉圈"（kula ring）。在 187 页，马林诺夫斯基把库拉说成是"要付钱[作为回报]的一种庆典式的交换"，这纯粹是一种教示性的说法，是为了让欧洲人理解，因为"付钱"和"交换"都是欧洲的词。

② 参见 Primitve Economics of the Trobriand Islanders，*Economic Journal*，mars 1921。

③ "tanarere"仪式就是在 Muwa 海滩展示远航的收获，参见 Malinowski，*Argonauts of the Western Pacific*，pp. 372—375，及 p. 381（4 月 20—21 日），"多布人的 Uvalaku"。能拿出公认的最好的东西，便会被评价为最走运和最会做生意。

④ 参见 Malinowski，*Argonauts of the Western Pacific* 中介绍的 Wawoyla 仪式，pp. 353—354，wawoyla 巫术，pp. 360—363。

拉并存的各种关系。但是，库拉却始终是此行的目的，是这种联系的关键。

赠与所采取的形式极其庄严，接受赠与的一方对礼物假装表示出轻视与怀疑，直至它被丢在脚边以后才收下；而赠送的一方却表现出夸张的谦卑[①]：在螺号声中，他恭谨地献出他的赠礼，并为只能奉上自己所余的东西而表示歉意，然后把要送的东西扔在对手——亦是搭档——的脚边[②]。这时，螺号和司仪均以其各自的方式宣示这一转让的庄严。在此过程中，一切都力图凸显出慷慨、自由、自主以及隆重[③]。但实际上，这都是义务机制——确切地说是关乎物的义务机制——在发挥着作用。

这种交换—赠与的基本对象是“外�”，它是一种货币[④]。外罣

① 见第 34 页注释③。

② 见卷首及插页中的照片，并参见本节后文。

③ 我们提请读者，不妨把这种道德和《尼各马可伦理学》(*Ethique à Nicomaque*)中有关“大方”(μεγαλοπρεπεια)和“自由”(ελεθερια)的那些优美段落比较一下。

④ 关于货币概念的使用原则。虽然马林诺夫斯基先生反对(Primitive Currency, *Economic Journal*, 1923)，但我们仍坚持使用货币(monnaie)一词。马林诺夫斯基率先抵制对该词的滥用，并批评了塞里格曼(Seligmann)对术语的把握。他认为货币概念应该专用于那些作为辅助媒介的事物，它不仅是交换的手段，而且也是价值的计量单位。关于上述这些社会中的价值概念的使用问题，西米昂先生也曾向我提出过类似的异议。这两位学者的意见当然都有道理，但他们对货币和价值这两个词都是从狭义的角度来理解的。以他们的观点来看，只有有了货币，才会有经济价值；只有当珍贵的事物、凝练的财富或是它们的记号被实实在在地货币化之后——即被命名，去人格化，解除它与道德的、集体的或个体的人所具有的任何关系，而仅保留与铸造货币的权威当局的关系之后——才会有货币。但这其实只是我们应该在什么样的抽象界限内使用词语的问题。在我看来，这种定义仅适用于一种次级类型的货币：我们的货币。

所有社会在以金、铜或银作为货币之前，都有其他一些东西，特别是石子、贝壳和贵重金属等被用作交换与偿付的手段；事实上，今天在我们周围，仍有相当数量的社会在应用这种体系，这便是我们所要描述的对象。

(接上页)诚然,这些珍贵之物有别于我们在习惯上所认为的那种支付工具。首先,除了经济性质和价值以外,它们还尤其具有巫术性质,它们首先是一种护符,正如 Rivers、Perry 和 Jackson 等人所说的那样,是"赐命者"(life-giver)。其次,它们普遍在一个社会内部甚或在几个社会之间循环流通;然而,它们仍然附属于个人或氏族(罗马最早的货币就是氏族[gent]铸造的),附属于它们原先的所有者的个体性,附属于道德存在者(être moral)之间的契约。它们的价值仍然是主观的、个人的。例如,在美拉尼西亚,作为货币的成串贝壳的价值,仍旧是由给出者的手掌来测量的,参见 Rivers, *History of the Melanesian Society*, t. II, p. 527; t. I, p. 64, 71, 101, 160 及以下诸页。并请注意"Schulterfaden"这种表达方式,参见 Thurnwald, *Forschungen*, etc. , t. III, p. 41 及以下诸页, vol. I, p. 189, v. 15; *Hüftschnur*, t. I, p. 263, 1. 6, 等等。有关这类制度,我们还将看到另外一些重要的例证。此外,这些货币的价值也的确是不稳定的,它们缺乏作为计量单位、作为尺度的那种必要特征,例如它们的价格就随着用于交易的次数和规模而上下浮动。马林诺夫斯基就曾把在流通中身价倍增的特罗布里恩 vaygu'a 生动地比作王冠上的宝珠。同样,西北美洲的纹饰铜器和萨摩亚草席的价值便随着每一次夸富宴和每一次交换而增加。

但是,就两个方面而言,这些珍贵之物所具有的功能和我们社会中的货币是一样的,故而至少可以把它们归成一类。首先,这些珍贵之物具有购买力,而且这种购买力是可以被计算的。多少美洲铜器就得付出多少毯子,多少 vaygu'a 就对应于多少筐薯蓣。这里面存在着数量的观念,尽管数量的多少不仅不由权威当局来确定,而且还随着每次库拉或夸富宴而变动。其次,这种购买力也的确可以用于偿付。即使它只能在特定的有关联的个体、氏族和部落之间得到承认,但它同样也是公共的、正式的、确定的。马林诺夫斯基的朋友 Brudo 先生也像马氏一样在特罗布里恩居住了很久,他用 vaygu'a 来换渔人的珍珠,就像在欧洲用货币或是用特定的通货来交换一样。他可以毫无障碍地从一个货币体系过渡到另一个货币体系,故而交换才可能达成。Armstrong 对邻近特罗布里恩的 Rossel 岛的货币做了考察,其指陈翔实、言之凿凿,当然,如果他的理解有误,那我们便也会有同样的错误。见其 A unique monetary system, *Economic Journal*, 1924。

我们认为,在这方面,人类探索已久。首先,在第一阶段,人类发现,大多数具有巫术性或者是珍贵价值的东西历久不坏,于是便赋予了它们购买的权力;参见 Mauss, Origines de la notion de Monnaie, *Anthropologie*, 1914, 收入 *Proc. Verb. de l'I. F. A.* (但其实,这恐怕也还不是货币的最远古的起源)。继而,在第二阶段,在成功地使这些事物在部落内外流通以后,人类进一步发现这些购买工具可以用作计算财富和使财富循环流通的手段。我们正在描述的便是这一阶段。从这个阶段再发展下去,直到古代的闪族社会(对其他一些社会来说,这可能还不是很久以前的事),就到了第三阶段,这时候,人们便发明了使这些珍贵之物与群体和氏族(gen)相脱离的方式,并使之成为度量价值的可以分成两类：一类是"磨娲利(mwali)"，即由打磨后的贝壳制成的精美手镯，在那些重大场合中由该手镯的所有者或者是其亲属佩戴；一类叫作"素拉娲(soulava)"，是由西纳基塔的能工巧匠用漂亮的红色海菊蛤精雕细琢而成的项链。这些项链由妇女郑重佩戴[①]，男人只有在特殊情况下才会佩戴，比如临终的时刻[②]。但通常，这两类东西都是一种积蓄，人们都乐于拥有。制作、采集这些饰物，交易这两类可交换的珍宝，再加上日常用品的贸易，便是特罗布里恩岛居民的财富之源。

据马林诺夫斯基，这些外罣循环运动，生生不息："磨娲利"，即那些手镯，总是有规律地从西向东流转，而"素拉娲"则通常自东向西流动[③]。这两种方向相反的运动所流经的范围，包括特罗布里恩群岛、当特尔卡斯托群岛和昂福莱特群岛，以及伍德拉克、马歇

(接上页)恒久工具，甚至可能被用作普遍的或者理性的度量尺度。然后再继续发展下去。

因此，我们认为存在着先于我们货币的一种货币形式。这种货币可以是日常用品，如亚洲和非洲的铜条铁饼之类(这仅仅是个例子)；也可以是我们社会的古代乃至现今的非洲社会中的牛群(关于后者，可参见本书第三章第二节)。

该问题涉及甚广，我们在此只能对其中的一个方面稍加探讨。不过这些问题与我们的主题实在是密切相关，所以必须要弄清楚。

① Malinowski，*Argonauts of the Western Pacific*，插图 XIX。特罗布里恩的妇女似乎和西北美洲的"公主"或是其他某些人物一样，以某种方式专司展示那些用来炫耀的东西……当然也要展示"魅力"。参见 Thurnwald，*Forsch. Salomo Inseln*，t. I，p. 138，p. 159，p. 192，v. 7。

② 见下文。

③ Malinowski，*Argonauts of the Western Pacific*，p. 82，地图。参见 Kula，载于 *Man*，1920，p. 101。马林诺夫斯基并没有找到，至少是没有提到这种循环的神话原因或者是其他意义上的原因。但考证这一点非常重要。因为，如果是由于这些事物的某种定向，而趋于沿着一条源于神话的路径回到它的出发点，那么这跟波利尼西亚毛利人的"豪"的情况便惊人地相似了。

尔本尼特和图波图波诸岛，最后直至新几内亚的东南端，亦即手镯的原料出产地。而在那里，便又接上了塞里格曼所记述的来自新几内亚南马山（Massim-Sud）[①]的性质相同的大远航。

原则上，这种财富的记号的流通是持续不断、理所当然的。人们不应该把它们保存得太久、行事迟缓或是冥顽而不愿意脱手[②]；也不能把它们交给特定的合作者之外的人，不能不遵循特定的方向，即“手镯的方向”或“项链的方向”[③]。如果因为得到了某一首领的外罿而使整个共同体都备感荣耀，那么则应该而且也可以把它们保留到下一次库拉。在某些场合，比如说在准备丧葬宴庆“大s'oi”的时候，甚至允许只接受而不回礼[④]。只不过，宴席一开，所有这些礼物也就或被回报或被消耗了。因此，人们固然对所收到的礼物有一种所有权，但却是一种特殊的所有权。或许可以说，这种所有权含有我们的各种权利原则的特性，尽管我们这些现代人与之天悬地隔。它既是所有权也是所有物，既是抵押品也是租借物，既是出售物也是购得物，同时还是寄存物、托管物和受托须转交给第三者的物品：因为给你的条件就是要让别人来使用它，要转交给第三者，即所谓“muri muri”（远方的伙伴）[⑤]。这就是马林诺

① 有关这种文明与贸易，见 Selgmann，*The Melanesians of British New-Guinea*，chap. XXXIII 及以下。并参见 *Année Sociologique*，t. XII，p. 374；Malinowski，*Argonauts of the Western Pacific*，p. 96。

② 多布人就是“冥顽于库拉”（dur au kula）的，Malinowski，*Argonauts of the Western Pacific*，p. 94。

③ 同上书。

④ Malinowski，*Argonauts of the Western Pacific*，p. 502，p. 492.

⑤ “远方的伙伴”（remote partner）被认为是一系列“合作者”之一，犹如我们的银行客户（关于“muri muri”，见 Selgmann，*The Melanesians of British New-Guinea*，p. 505，p. 752）。

夫斯基所发现、观察和描述的经济、法律和道德的复合(complexus)，的确十分典型。

这种制度还有其神话、宗教和巫术的一面。外罣不是寻常之物，不单单是几块货币。每个外罣，起码那些最昂贵、最令人艳羡的外罣——其实其他那些外罣也有同样的魔力[①]——都有一个名字[②]，有一种人格，有一段历史，甚至是一段传奇。有些人甚至还取和外罣一样的名字。我们不能说它们是真正的膜拜对象，因为特罗布里恩人具有其特有的实证主义风格。但也不能不承认，外罣具有一种超常的和神圣的性质。拥有一件外罣是"令人笑逐颜开、欢欣鼓舞和身心舒畅的"[③]。持有者竟会把玩、欣赏达数小时之久。简单的接触就可以受益于由外罣传来的品性(vertu)[④]。人们把外罣放在垂危者的额上和胸前，并将其在他腹部摩擦，在他鼻尖舞动，而这便是临终之人的最大快慰。

不仅如此，契约本身也受到了外罣的这种性质的影响。而且，不单是手镯和项链，甚至所有的物资、饰品和武器，所有属于对家(partenaire)[⑤]的东西中，也都因之充溢着在契约中发挥作用的那

① 见对这些仪典用品的准确而范围广泛的考察，Malinowski，*Argonauts of the Western Pacific*，p. 89，p. 90。

② Malinowski，*Argonauts of the Western Pacific*，p. 504，成对的名字，p. 89，参见 p. 323 中的神话：在讲到 soulava 时人们倾听的方式。

③ 同上书，p. 512。

④ 同上书，p. 513。

⑤ 即交易伙伴，"partenaire"一词兼具"搭档"、"合伙人"与"对手"等意义。——中译注

种情感，甚至活跃着个人的灵魂[①]。有一段美轮美奂的歌诀（formule），即“大海螺之魔力”[②]歌诀，一旦诵出以后，就可以使“候选对家”着魔，诱使[③]其拿出念诵者应该要求和接受的东西。

[我的对家进入了兴奋状态[④]，][⑤]
他的狗进入了兴奋状态，
他的腰带进入了兴奋状态，

---

① Malinowski，*Argonauts of the Western Pacific*，p. 340，评论，p. 341。

② 关于对大海螺的使用，参见 Malinowski，*Argonauts of the Western Pacific*，p. 340，p. 387，p. 471，图 LXI。在每一次交易过程中，在每次共同进餐的庄严时刻，人们都要吹响海螺。有关海螺使用的历史与分布，可参见 Jackson，*Pearls and Shells*（Univ. Manchester Series，1921）。

在节宴和达成契约时使用喇叭或鼓的情况见于为数甚多的黑人社会（几内亚与班图人）中，亚洲社会、美洲社会、印欧社会等亦然。它和我们这里所探讨的法律和经济方面的论题相关，这种情况本身及其历史也是很值得研究的。

③ Malinowski，*Argonauts of the Western Pacific*，p. 340，Mwanita，mwanita. 参见关于基里维纳的文本中的前两句（第二句和第三句），p. 448。“mwanita”这个词是一首长诗的名字，而其中所说的“黑圈”就是海菊蛤壳项链，p. 341。诗中还有这样的祈祝召唤：“一起到那儿去啊。我将让你们一起到那儿去。一起到这儿来啊。我将让你们一起到这儿来。彩虹在那儿出现。我将使彩虹在那儿出现。彩虹在这儿出现。我将使彩虹在这儿出现。”马林诺夫斯基根据土著的说法，把彩虹仅仅当作一种先兆。但是，彩虹也可以用来形容螺钿质的多彩反光。“一起到这儿来啊”的说法可能是指有价值的东西会因契约而聚集起来。“这儿”和“那儿”的文字游戏仅通过两个极其简单的音素“m”和“w”就能够不断地再现，这样的文字游戏在巫术中十分常见。

接下来是开场白的第二部分：“我是独一无二的人，独一无二的首领”，等等。不过这一节不能单从字面来看，而要从其他的角度，特别是从夸富宴的角度来看才有意义。

④ 这个词译自“munumwaynise”，它是由“mwana”或“mwayna”重复而成的，意思是“渴望”（itching）或者“兴奋状态”（state of excitement），参见 Malinowski，*Argonauts of the Western Pacific*，p. 449。

⑤ 我觉得应该有这样一句，因为马林诺夫斯基明确说过（p. 340），魔法中的主要语句所指的就是交易对家进入了着魔的精神状态，在魔力的蛊惑下慷慨地拿出了礼物。

接着是："他的 gwara（对椰子和槟榔的塔布）[①]……；他的 bagido'u 项链……；他的 bagiriku 项链……；他的 bagidudu 项链[②]……，"都进入了兴奋状态。

另一个更具神话色彩[③]、更奇特但也是更普遍的歌诀，也表达了同样的想法。库拉对家有一个动物助手，这是一条鳄鱼，它将被念诵者召唤出来并给他带来项链（在基塔瓦部落带来的则是磨娲利）。

> 鳄鱼下来，带你的人来，把他推下 gebobo（小船的货仓）。
>
> 鳄鱼，带给我项链，带给我 bagiso'u，带给我 bagiriku……

此前在同一仪式中所用的歌诀召唤的是一种猛禽[④]。

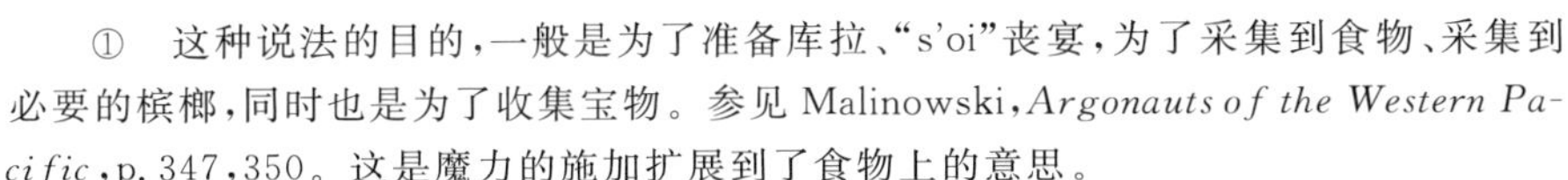

① 这种说法的目的，一般是为了准备库拉、"s'oi"丧宴，为了采集到食物、采集到必要的槟榔，同时也是为了收集宝物。参见 Malinowski，*Argonauts of the Western Pacific*，p. 347，350。这是魔力的施加扩展到了食物上的意思。

② 这些都是各种项链的名称。马林诺夫斯基在书中并没有对此做出分析。这些名称都是由表示"项链"的词根"bagi"（p. 351）再加上另一个词构成的。它们连同其他那些项链的专名被逐一诵出，于是这些项链全都中了魔法。

由于这是一个西纳基塔的库拉歌诀，而在西纳基塔，人们要留下手镯寻求项链，所以只说项链。基里维纳的库拉也采用类似的歌诀，不过由于在该库拉中人们想要的是手镯，于是所提到的便是各种各样的手镯的名字了。其他的歌诀也都以此类推。

歌诀的结论也十分有趣，不过得从夸富宴的角度来看才行："我去库拉（做我的生意），我去骗我的库拉（我的交易对家）。我去偷我的库拉，我去抢我的库拉，我去库拉令我的船儿满……我的名声如雷响。我的脚步似地震。"这个结句具有美洲的异域色彩。它与所罗门群岛的说法相似，参见下文。

③ Malinowski，*Argonauts of the Western Pacific*，p. 344，p. 345 的评论。歌诀的结尾也和我们刚才所引述过的一样："我去库拉"，等等。

④ 同上书，p. 343。并参见 p. 449，第一句还带有语法分析。

在刚刚介绍的这种针对合伙人或者说是订约人（在多布和基塔瓦部落，念诵者是基里维纳人）的魔力歌诀中，有一节[①]曾得到两种不同的诠释。其仪式耗时甚久，总是重复，目的是为了列举出一切库拉所摒弃和禁止的事情、一切与仇恨和战争有关的事物，因为要为朋友之间的交易祛邪。

你的愤怒，狗嗅出来了，
你的作战装扮，狗嗅出来了，
……

另一个版本说的是[②]：

你的愤怒，狗是温顺的，……

或者是：

你的愤怒如潮水退去，狗在玩；
你的气恼如潮水退去，狗在玩；
……

---

① Malinowski, *Argonauts of the Western Pacific*, p. 348。这一节在以下这段歌诀(p. 347)之后："你的愤怒，多布男人，（像大海一样）退了。"后面还是同样的话，但换成了多布女人。参见后文。多布女人是塔布，而基里维纳女人则与来访者交欢。咒语的第二部分也是这一类话。

② Malinowski, *Argonauts of the Western Pacific*, p. 348, p. 349.

应该这样理解："你的愤怒变得像玩耍的狗一样。"其本质是狗的比喻，狗站起来去舔主人的手，于是多布的男人或者女人便也应该也照着做。马林诺夫斯基说，第二种阐释比较烦琐，未免晦涩，但却显然是土著人本来的解释，这种解释也与我们所知道的其他一些情形相吻合："狗鼻子对鼻子地玩。当你提到狗这个词的时候，就像是等待已久的时刻来到了，那些宝贝也同样来（玩）了。我们已经给出了手镯，项链该来了，双方就要碰面了（就像凑过来互相嗅的狗一样）。"这种隐语式的表达的确漂亮。交易人之间可能具有的仇怨、魔力打破了外罣之间的隔离，这种种集体情感通过只言片语便表露无遗；人和宝物的相聚就像玩着的狗被唤过来了一样。

另一种象征性的表达讲的是"磨娲利"（手镯）和"素拉娲"（项链）结婚。前者是女性的象征，后者是男性的象征，项链走向手镯，就如同男性接近女性①。

这些丰富的隐喻的所指，其实与毛利人的神话的法律原则（jurisprudence）用另一套言辞所要表达的东西完全是一回事。从社会学的角度来看，这里再次出现了由事物、价值、契约以及其中所表现的人共同形成的混融②。

---

① Malinowski，*Argonauts of the Western Pacific*，p. 356，其中可能有一个关于方向的神话。

② 这里也可以采用列维-布吕尔（Lévi-Bruhl）所常用的词"参入、互渗"（participation）。但这个术语原本恰恰是指那些混淆与融合，特别是指司法上的视作同一以及与我们此刻所讲的这种融通的混合。我们这里只要把握原则就可以了，没有必要深究。（列维-布吕尔认为，在低级或原始社会中，人类思维没有我们的矛盾观念，常常把一种事物与另一种或另几种事物糅合在一起。此说可能受到中国"感应"说的影响。可参见 Lucien Lévi-Bruhl，*Les Fonctions mentales dans les société les société inférieures*，9e éition，Index par Madeleine Rivet，Paris，PUF，1951［1re édition，Paris，F. Alcan，1910］。——中译注）

遗憾的是，我们对于决定这些交易的法律规则很不了解。可能为马林诺夫斯基提供情况的那些基里维纳人对此尚无自觉，所以无从表述；但也可能特罗布里恩人对此一清二楚，有必要再加以询问。我们只掌握以下细节：外罿中的第一份礼物叫作“vaga”，义为“开礼”(opening gift)[①]，它打开了，或者说决定性地导致了受赠人的回礼。回礼被称作“yotile”[②]，它被马林诺夫斯基精当地译作“定礼”(clinching gift)，即“锁定”交易的礼物。回礼还有一个名称叫“kudu”，意即咬啮的牙，实实在在使事物被切断、分开的牙[③]。回礼是义务性的，是被期待的，而且要和收到的礼物相当。有时候，对回礼可以力取或是出其不意地取得[④]；如果回的“yotile”不当，则可以[⑤]借巫术来报复[⑥]，至少可以辱骂抱怨。如果有人没有能力回礼，必要时可以先回一个“basi”，意即仅仅刺破表皮，没有咬断，事情还没有完。这是一种表示尚有可待的礼物，一种延期利息；它只能暂缓对前赠与人的偿付，但并没有解除债务[⑦]，将来他

① Malinowski，*Argonauts of the Western Pacific*，p. 345 及以下诸页。

② 同上书，p. 98。

③ 在这个词中，可能还有作为古代货币的野猪獠牙的意象，同上书，p. 753。

④ 参见“lebu 习俗”，同上书，p. 319；“神话”，p. 313。

⑤ 激烈的抱怨(injuria)，同上书，p. 357；Thurnwald，*Forsch.*，I 中记有很多这类歌唱。

⑥ Malinowski，*Argonauts of the Western Pacific*，p. 359。人们曾提到一个著名的 vaygu'a：“很多人为它丧命。”至少，从多布的案例来看，“yotile”似乎总是 mwali，即手镯，交易的女性本原(principe)：“我们并不 kwaypolu 或 pokala 它们，它们是女人。”但在多布，人们只要手镯，所以上述事实也可能并没有什么其他的意涵。

⑦ 这里似乎存在着多种不同而又相互交融的交易制度。“basi”可能是一条项链，参见 Malinowski，*Argonauts of the Western Pacific*，p. 98，也可能是一只价值微薄的手镯。但是，人们也可以给了其他一些严格地讲并不属于库拉的东西当作“basi”，如用于制槟榔的石灰抹刀(指将生石灰、蒌叶、烟草和槟榔制成咀嚼物的工具。——中译注)、粗大的项链、磨光的大斧(beku)，p. 358，p. 481，这些也都作为货币参与其中。

还得送礼。所有这些细节都很值得琢磨，所有这些表达也都生动鲜明；但我们对所涉及的惩罚却还不了解。难道惩罚单纯是道德的[①]和巫术的？“冥顽于库拉”的个体仅是被轻视吗？抑或只是偶尔会被施以魔法？失信的对家不会丧失别的什么东西吗，比如说他的高贵血统，或者至少是在各首领中的排行？这些都是我们应该进一步研究的问题。

但从另一方面来看，这种体系可谓典型。除了我们后文将要讨论到的旧日耳曼法以外，就我们目前的观察以及我们现有的历史、法律和经济的知识而言，可以说很难再找到比马林诺夫斯基在特罗布里恩所发现的礼物—交换实践更清楚、更完整、更自觉而且又为观察记录者如此深刻领会的体系了[②]。

就其本质形式来说，库拉只不过是特罗布里恩的庞大的、涵盖了该群岛的经济生活和社会生活的全部的呈献与回献体系中的最庄严的一环。库拉似乎只是这种生活的高潮，其中又以族际库拉和部落间库拉最为突出。无疑，库拉仅为生存和大远航的目的之一，只有首领，特别是沿海部落而且往往只是某几个

① 这里似乎存在着多种不同而又相互交融的交易制度。“basi”可能是一条项链，参见 Malinowski，*Argonauts of the Western Pacific*，p. 98，也可能是一只价值微薄的手镯。但是，人们也可以给了其他一些严格地讲并不属于库拉的东西当作“basi”，如用于制槟榔的石灰抹刀（指将生石灰、蒌叶、烟草和槟榔制成咀嚼物的工具。——中译注）、粗大的项链、磨光的大斧（beku），p. 157，p. 359，这些也都作为货币参与其中。

② 马林诺夫斯基和杜恩瓦尔德（Thurnwald）的书都体现出了一个真正的社会学家所做观察的最高水准。另外，正是杜恩瓦尔德在 Buin 对“mamoko”（*Forsch. Salomo Inseln*，t. III，p. 40，ect.）和“Trostgabe”的观察才引起我们对这类事实的重视。

沿海部落的首领才能参与。它只是其他各种制度的集中和具体化。

首先，围绕着库拉的外罡交换，还存在其他各种形形色色的交换，从讨价还价到给付报酬，从诚恳的要求到单纯的礼节，从毫无保留的热情款待到缄默甚至害羞。一方面，除了纯粹的庆典式的、竞技式的①、隆重的大远航“uvalaku”以外，其他所有的库拉都是进行“金瓦利”即平常交换的时机，这些库拉并不一定非得在对家之间进行②。除了那些范围较窄的联合之外，在结盟部落的诸个体之间还存在着一个自由的市场。另一方面，在库拉对家之间，还要通过一条不间断的渠道送、还额外的礼物，而这种交易也是义务性的，也是库拉的必要条件。最初的礼物“vaga”是形成联合的条件，是这种联合的本原③，人们会全力以赴地用“心意”(sollicitoire)去恳求；为了这第一份礼物，人们会阿谀奉承尚未发生关联的未来对家，或者先送给他一些礼物④。虽然人们能够确定作为回礼的外罡亦即定礼“yotile”一定会还回来，但是却不能肯定对方一定会送开礼“vaga”，甚至也不能肯定那些“心意”会被接受。这种恳求礼物和接受礼物的方式是一种规则，其间的每一样礼物都有一个特

① Malinowski, *Argonauts of the Western Pacific*, p. 211.

② 同上书，p. 189，参见图 XXXVII 及 p. 100，“次级贸易”(secondary trade)。

③ Malinowski, *Argonauts of the Western Pacific*, p. 93.

④ 这些礼物似乎通称为“wawoyla”，见 Malinowski, *Argonauts of the Western Pacific*, pp. 353—354；pp. 360—361。并参见“woyla”，“企求库拉”(kula courting)，p. 439；在一个巫术歌诀中，详尽地举陈了未来的对家所可能拥有的东西，并说要由“woyla”的赠与者来决定它们的“沸点”(ébullition)。这些东西就是一系列礼物。

定的名称。在上述案例中，事先送出的礼物叫作“pari”[①]，在提供之前还要先把它们展示出来。另外一些的名称则意指所提供的事物的高贵性质和巫术性质[②]。一旦接受了这些供奉，就表明愿意参加游戏，乃至继续游戏。有些礼物通过名称就表达出了人们在接受之后所处的法律地位[③]，这些礼物一经接受，事情也就敲定了；它们通常是一些弥足珍贵的东西，如磨光的大石斧或者是用鲸骨制成的勺子。的确，接受了它们就得赠送“vaga”——人们所渴望的第一份礼物。但是，这时候双方还只算是半个对家。只有依据传统隆重行事，契约才算具备了完整的约束力。这种赠礼所具有的重要意义及其性质，源自于远航到达目的地的时候在可能的对家之间所发生的激烈竞争。人们都想在对方部落中找到最好的对家。这是事出有因的：因为这样形成的联合会使诸对家确立一种氏族关系[④]。

① 这是一个更一般的名称，义为“见面礼”(presentation goods)，见 Malinowski, *Argonauts of the Western Pacific*, p. 439, p. 205, p. 350。多布人所送的这种礼物叫作“vata'i”，参见 p. 391。歌诀中列举过这些“达礼”(arrival gifts)：“我的石灰锅，它沸腾了；我的勺子，它沸腾了；我的篮子，它沸腾了；等等。”(在第 200 页还有同样的主题和类似的表达)。

除了这些通名以外，还有一些专名用于各种特定的礼物和情境。西纳基塔人给多布人的食物供养(多布人给西纳基塔人的食物则不算)、锅、草席都有一个简单的名字叫“pokala”，意思相当于报酬、供奉等等。“pokala”和“gugu'a”都是“个人所属物”(personal belongings), p. 501，参见 p. 313, p. 270，放弃它们(“pokapokala”, p. 360)乃是为诱惑未来的对家，参见 p. 369。在这些社会中，人们对于个人所用之物与属于家庭或循环的持久之物——“财产”(properties)——的区分十分敏感。

② 例见 Malinowski, *Argonauts of the Western Pacific*, p. 313, buna。

③ 如那些“Kaributu”，见 Malinowski, *Argonauts of the Western Pacific*, p. 344, 358。

④ 土著人对马林诺夫斯基说：“我的对家就像我的族人(kakaveyoyu)一样。他们有可能和我对着干。但我的真正的亲属(yeyoyu)却像脐带一样，总会站在我这一边。”(同上书，p. 276)

为了做好选择，就要收买诱惑，使之着迷[①]。主要要考虑的是对方的地位[②]，而且必须捷足先登，比别人更好地达到目的。谁能招来最富有的人并与其大量交换，谁自然也就会成为最富有的人。竞争、对峙、炫耀、追逐富贵、贪图利益，这就是支撑着以上行为的各种动机[③]。

上述礼物是到达之后的礼物，与之对等的还有离开前的礼物（在西纳基塔部落称之为“talo'i”）[④]，放行的礼物。后者往往比前者还要贵重。这两者便已经构成了一种与库拉并存的呈献与高息回献的循环。

而在交易期间，自然还会有热情与食物的呈献，在西纳基塔部落还要呈献妇女[⑤]。此外，在整个库拉过程中，也穿插有各种附加的赠礼，而且这些礼物通常也是一定要还的。甚至可以认为，同样也要交换石斧[⑥]与加工后的猪牙[⑦]的“korotumna”交换体现了库拉的一种原始形式。

我们觉得，部落间的库拉完全就是某种更为普遍的制度的一

① 这体现了库拉巫术，即“mwasila”。

② 远航队的首领和船长实际上是优先考虑的对象。

③ 有一个有趣的 Kasabwaybwayreta 神话，集中体现了所有这些动机。它讲述了主人公是如何得到著名的“karakedakeda”项链，又如何使其库拉伙伴追赶不上的，同上书，p. 342。又见 Takasikuna 神话，p. 307。

④ Malinowski，*Argonauts of the Western Pacific*，p. 390。有关多布的情况，参见 p. 362，p. 365，etc.

⑤ 这种情况只见于西纳基塔部落，多布部落没有。

⑥ 关于石斧贸易，参见 Seligmann，Melanesians，etc.，p. 350，p. 353。“korotumna”，通常是由鲸骨雕饰而成的勺子以及精制的抹刀也用作“basi”（*Argonauts of the Western Pacific*，p. 365，p. 358）。其他还有一些作为中介的礼物。

⑦ Doga，dogina.

个夸张案例，是这种普遍制度中最庄严和最富戏剧性的场景。它使整个部落跨出了原有疆界的狭小范围，甚至超越了它们原有的利益和权力的圈子；但通常而言，在部落内部的库拉中，氏族和村落也是由与之同类的纽带联系起来的。只不过在后者，是地方群体、家庭群体及其首领各自出来进行访问、贸易和通婚。或许它的名字不再叫库拉了。不过，马林诺夫斯基恰恰将其称之为“内地库拉”(kula de l'intérieur)以与“沿海库拉”(kula maritime)相对，并把将交换物提供给首领的人群称之为“库拉共同体”(communautés à kula)。但无论如何，把它们称作是确切意义上的夸富宴并不算是夸张。例如，当基里维纳人去基塔瓦人那里赴丧宴“s'oi”[①]的时候，他们不但要交换外罿，还要带上另外一些东西；这期间会有假装的打斗(youlawada)[②]、食物的分发以及对猪和薯蓣的展示。

另一方面，外罿以及所有这些东西也不都是由首领亲自获得、制造或交换的[③]；可以说，首领自己既没有产品[④]，也没有交换物。大多数东西都是其地位较低的亲属作为礼物送给他们的，尤其来自于兼为其属臣的姻兄弟[⑤]以及分封于各处的儿子们。作为回

① Malinowski, *Argonauts of the Western Pacific*, pp. 486—491. 有关这种习俗在 Massim-Nord 的诸文明中的分布，见 Seligmann, *Melanesians, etc.*, p. 584。对“walaga”的描述，见 Malinowski, *Argonauts of the Western Pacific*, p. 594, p. 603；并参见 pp. 486—487。

② Malinowski, *Argonauts of the Western Pacific*, p. 479.

③ Ibid., p. 472.

④ 由姻兄弟所制造和赠送的“mwali”礼物叫作“youlo”，同上书，p. 503，p. 280。

⑤ 同上书，p. 171 及以下诸页，参见 p. 98 及以下诸页。

报，一旦远航归来，大部分换得的外罣便会被郑重地转给各村落、氏族的首领，甚至发给有关氏族中的普通成员；总而言之，会转发给所有直接或间接地（绝大多数是间接地）参与了远航的人[①]。于是他们的付出便得到了补偿。

最后，我们认为，从部落内库拉制度上上下下、里里外外来看，礼物交换制度已经渗入到了特罗布里恩人经济生活、部落生活和道德生活的方方面面。诚如马林诺夫斯基所言，他们的生活已经"浸淫"其中。生活就是不断地"送与取"[②]。生活贯穿着一条兼容了由于义务或利益、出自慷慨或希图、用作挑战或抵押的送礼、收礼和还礼的持续之流。在此，我们不可能详述所有这类事实，马林诺夫斯基本人也尚未最终完成并出版其有关著述。这里再介绍两个主要的事例。

"wasi"关系便是一种与库拉关系完全类似的关系[③]。它使农业部落与沿海部落双方确立了常规的、义务性的交换。农人一方联合起来，把他们的产品放在渔人对家的房前，等到下一回，在一番大捕捞之后，渔人便会把收获连本带利地还到农人的村落[④]。这与我们曾经考察过的新西兰的分工体系如出一辙。

---

① 例如参与过造船、参与过把罐子集中起来的活动或是提供过生活用品的人。

② Malinowski, *Argonauts of the Western Pacific*, p. 167："全部部落生活只不过是不停地'送与收'；所有仪典、所有法律行为或习俗行为无一不伴有物质上的赠礼与回礼；送出或收到的财富是形成与维系社会组织、首领权力、血亲关系和姻亲关系的一项主要工具。"参见 p. 175—176 及书中各处（可查索引"Give and Take"）。

③ 这种关系通常与库拉关系是一回事，其对家也经常是相同的，同上书，p. 193；对"wasi"的描述，可参见 p. 187—188。并参见图 XXXVI。

④ 这种义务至今尚存。尽管采珠人会因此蒙受损失，但他们仍被迫要投入到捕捞活动中去，被迫为了完成一种纯粹的社会义务而付出重大的代价。

另一种引人注目的交换形式则体现了展示（exposition）的一个侧面[①]。它被称之为“*sagali*”，即可以在多种场合下进行的食物大分发[②]。这些场合包括收获时节、首领建造茅屋、制造新船以及丧宴[③]。其分配所针对的是为首领或氏族提供服务的群体[④]，如耕作的人、运送适合造船或上梁的大树的人、在葬礼中提供服务的本氏族的人等等。这种食物的分发完全等同于特林基特人的夸富宴，甚至其中也有争斗和对抗。可以看出，其首领并不自觉其个体性，就此而言，氏族、胞族以及联姻家庭之间的对峙似乎统统都是群体的事情。

而且，依我之见，除了以上这种与库拉已经小有距离的群体的法律和集体的经济以外，所有那些交换中的个体关系也都与之属于同一类型。或许有一些属于简单的物物交换，但是，由于所有物物交换也差不多都是在亲属、姻亲、库拉对家或者“wasi”对家之间进行的，所以可见，它并不是真正的自由交换。一般而言，无论是以何种方式得到的礼物，除非这东西是必不可少的，否则人们都不会保留给自己；人们通常都要把礼物转送给其他人，比如说姻兄弟[⑤]。甚至会有在一天之内送出而又得到同一样东西的情况。

对各种呈献、事物与服务的各种补偿，皆不出此框架。下面再

① 见 Malinowski，*Argonauts of the Western Pacific*，图 XXXII 和 XXXIII。

② “sagali”一词的意思是分发（相当于美拉尼西亚语中的“hakari”），见 Malinowski，*Argonauts of the Western Pacific*，p. 491。有关描述见 pp. 147—150，p. 170，pp. 182—183。

③ 同上书，p. 491。

④ 这一点在丧宴中尤其明显。参见 Seligmann，*Melanesians*，*etc.*，pp. 594—603。

⑤ Malinowski，*Argonauts of the Western Pacific*，p. 175.

就两个要点略加赘论。

我们在库拉中所见到的"恳求礼"(sollicitory gifts)"pokata"[①]和"kaributu"[②],是含义十分广泛的概念,比较对应于我们所说的报酬(salaire)。人们亦将其送给神灵。报酬的另一个通用名是"vakapula"[③]或"mapula"[④]:它们是认可、欢迎和必须回报的标志。我们认为,在这方面,马林诺夫斯基有一个重大发现[⑤],它彻底澄清了婚姻内部两性之间的经济与司法关系:丈夫给妻子提供的各种服务,都被视作是报酬——礼物,用以回报对妻子出借《古兰经》中所谓的"田地"时所做的服务。

特罗布里恩人的司法用语尚不成熟,其对各种回献的命名化

① Malinowski,*Argonauts of the Western Pacific*,p. 323,另一个名称是"kwaypolu",见 p. 356。

② 同上书,pp. 378—379,p. 354。

③ 同上书,p. 163,p. 373。"vakapula"又分为多种,各具专名,例如"vewoulo"(初始礼[intial gift])和"youmelu"(终结礼[final gift])(这证明了它与库拉的同一性,参见"yotile vaga"关系)。有些偿付也有一些专门的名称:"karibudaboda"意指给在船上劳动的人的报偿,但通常也泛指给劳动者的报酬,例如给在田里工作的人的报偿,尤其是指对农田收获(姻兄弟赠与收获物的年度馈赠另名为"urigubu",pp. 63—65,p. 181)和磨制项链的最终酬劳,p. 394,p. 183。如报酬甚为丰厚,便又称为"sousala"(如给 Kaloma 轮的制造者的报酬,p. 373,p. 1183)。为手镯的制作所支付的酬劳叫作"youlo"。为鼓舞伐木者做送的食物叫作"puwayu"。有一首美丽的歌这样唱道(p. 129):

猪肉、椰汁(饮料)和薯蓣都已吃光,
而我们仍然不遗余力。

④ "vakapulat"和"mapula"这两个词是动词"plua"的两个不同词形,"vaka"显然是其施动形式(le formatif du causatif)。至于"mapula",见 Malinowski,*Argonauts of the Western Pacific*,p. 178 及以下诸页,p. 182 及以下诸页。马林诺夫斯基通常译作"偿付"(repayment)。它一般常被比作"膏药"(emplâtre);因为它会使提供劳务的痛苦和疲惫得到平复,对丢掉的东西、泄露的秘密或丧失的名位、声望做出弥补。

⑤ 同上书,p. 179。"由于性原因的赠礼"名为"buwana"或"sebuwana"。

分采取了多重标准:时则根据被补偿的呈献[①],时则根据所送出的礼物[②],时则根据情境[③]。有些名字还同时兼顾这种种考量,例如,送给巫师的或者为了得到某项名号(titre)而送的礼物便是如此,它叫作"laga"[④]。由于对划分与定义的出奇笨拙和对名目分类的特殊讲究,特罗布里恩人用词的复杂程度真是令人难以置信。

其他美拉尼西亚社会

没有必要对美拉尼西亚的其他各处都做出重复的比较。不过,举证出各地相互采借的某些细节,一方面可以巩固我们业已得出的结论,另一方面也可以证明,特罗布里恩人和新卡里多尼亚人所实行的原则并不是反常的,该原则也绝非不见于其他相近的民族。

我们已经确认,美拉尼西亚南端的斐济存在有夸富宴,而那里同时还实行着其他一些引人注目的制度,它们也属于赠礼的体系。例如有一个叫作"kere-kere"的季节,在此期间,任何人都不能拒绝别人的礼物[⑤],比如结亲的两家所交换的礼物[⑥]等等。而且,斐济

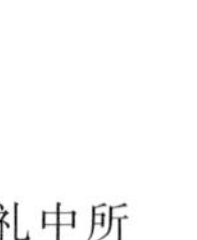

① 参见前注;同样,如"kabigidoya"指的是新船付用典礼、造船的人以及典礼中所谓"打破新船的头"的行动,等等,此外还指高息偿还的礼物。还有一些词义指船的定座,p. 186;表现欢迎的礼物,p. 232;等等。

② 如"Buna",意为"大贝壳"礼。

③ 如"youlo",是对收获劳动做出补偿的 vaygu'a 礼物,Malinowski,*Argonauts of the Western Pacific*,p. 280。

④ 同上书,p. 186,426 等。显然意指所有的高息回献。因为还有一个名称"ula-ula"指的是那些用巫术歌诀所得到的简单购买物(如果代价——礼物很重大,则叫作"sousala",p. 183)。送给死人及活人的馈赠也被叫作 ula-ula(p. 183)。

⑤ Brewster,*Hill Tribes of Fiji*,1922,pp. 91—92.

⑥ 同上书,p. 191。

人把鲸齿当作货币，这一点也和特罗布里恩人别无二致。这种货币叫作“tambua”[①]；同时作为辅助货币的还有石子（亦名“齿母”）、饰物、各种能够带来好运的东西、护符和部落的吉祥物等等。斐济人对“tambua”的情感和我们刚才所介绍的特罗布里恩人完全一样：“人们像对待娃娃那样对待它们；人们把它们从篮子里拿出来，珍爱有加，并且谈论它们的美丽；还给它们的母亲打磨上光[②]。”奉上“tambua”就表示请求，而接受“tambua”则表示许诺[③]。

新几内亚的美拉尼西亚人和某些巴布亚人（Papous）受到斐济人的影响，把他们的货币称作“tau-tau”[④]；这种货币与特罗布里恩的货币同类，而且也属于同一种信仰的对象[⑤]。“Tau-tau”一词又和“tahu-tahu”[⑥]十分相近，后者意指“猪肉的出借”（在莫图[Motu]和科伊塔[Koita]部落）。而我们对“tahu-tahu”这个词[⑦]却是相当熟悉的，因为在萨摩亚人和新西兰人所使用的波利尼西亚语中也有相同的词，词根是“taonga”，意为归入家庭的珍宝和财

① Brewster，*Hill Tribes of Fiji*，1922，p. 23。该词似与“塔布”（tabou，tambu）一词有关。

② 同上书，p. 24。

③ 同上书，p. 26。

④ Selgmann，*The Melanesians*（词汇表，p. 754，p. 77，p. 93，p. 94，p. 109，p. 204）。

⑤ 见对 doa 的介绍，同上书，p. 89，p. 71，p. 91 等。

⑥ 同上书，p. 95，p. 146。

⑦ 在新几内亚湾的诸部落的赠礼体系中，货币并不是和波利尼西亚同名同义的事物。在前文中我们曾经指出过，新西兰的“hakari”一词即等同于新几内亚（莫图部落和科伊塔部落）所说的食物展示节“hekarai”，对后者塞里格曼先生曾有过描述，参见其 *The Melanesians*，pp. 144—145，图 XVI—XVIII。

产。所以这些词与物都是波利尼西亚的[①]。

我们还知道美拉尼西亚人和新几内亚的巴布亚人都有夸富宴[②]。

杜恩瓦尔德的精彩文献使我们得以了解布因（Buin）[③]和巴纳罗（Banaro）[④]等部落的情况，并为我们提供了很多参照点。在那里，交换物的宗教性是十分明显的，货币的宗教性更是突出，它们可以用于支付歌唱、妇女、爱情和劳务；和特罗布里恩一样，它们是一种抵押物。此外，杜恩瓦尔德还分析了曾被深入讨论过的购买婚（le marriage par achat）问题[⑤]，通过这一事实，既说明了相互赠礼的制度，也指出了“购买婚”这一称谓的不当：事实上，这种婚姻中的馈赠是双向的，女方家庭也要赠礼；如果女方的亲属不能报以足够的回赠，则新娘将被退回。

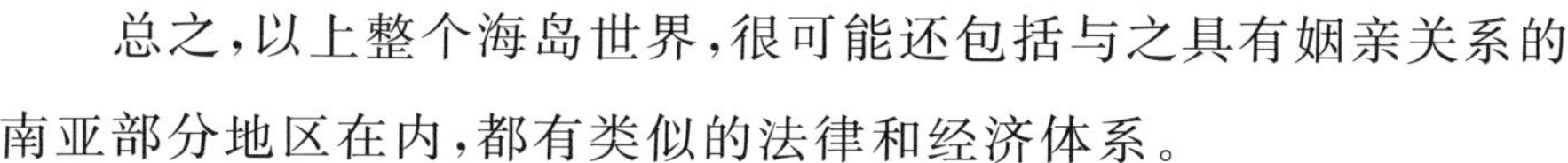

总之，以上整个海岛世界，很可能还包括与之具有姻亲关系的南亚部分地区在内，都有类似的法律和经济体系。

美拉尼西亚人比波利尼西亚人更为富有和善于经商，自然不能等闲视之。在这些部落中，已经形成了一种超家庭的经济和高

---

① 见上文。值得注意的是，莫塔人（Mota，Banks 群岛）所使用的“tun”一词显然等同于 taonga，而且具有购买的意思（尤其是指购买女人）。Codrington 在 Qat 购买黑夜的神话中将其译作“高价购买”（*Melanesian Languages*，pp. 307—308，n. 9）。实际上，这种购买是依据夸富宴的规则进行的，此点已得到充分证实。

② 参见 *Année Sociologique*，XII，p. 372 所引用的文献。

③ 尤其参见 *Forsch.*，III，pp. 38—41。

④ *Zeitschrift für Ethnologie*，1922.

⑤ *Forsch.*，III，图 2，注 3。

度发达的交换体系。即使跟我们的农民及渔村近百年前的状况相比，其活跃程度恐怕也有过之而无不及。他们的经济生活十分广泛，蓬勃的贸易超越了岛屿、方言的界限。只不过在那里，蔚然成风的赠礼、还礼代替了我们的买卖体系。

这种法律——我们将要讨论的日耳曼法亦然——之所以停顿不前，其关键在于他们未能将经济与司法的观念加以抽象和划分。不过他们也不需要这么做。在这些社会中，氏族与家庭既未能相互区分，也未能区分它们的行动；无论是多么具有影响力和多么明智的个体，也不懂得要把自己和其他人对立起来，不懂得要把自己的行为和他人的行为区分开来。首领把自己和氏族混为一谈，而族人也认为氏族与首领是浑然一体的；所有的个体也都只知道以同一种方式行动。霍尔姆斯（Holmes）先生在对芬克河（Finke）河口诸部落（托亚里皮［Toaripi］部落和纳毛［Namau］部落）的观察中细心地注意到，巴布亚语和美拉尼西亚语这两种语言都只用“一个词来表示买和卖、借出与借入”。“对反的行为都用同一个词来表达。[①]”“严格地说，他们并不懂得我们在使用‘借出’和‘借入’这两个词的时候所讲的那种方向上的意思，不过借出者总会得到作为酬劳的某种东西，等到所借物归还时，酬劳物也会奉还给借入者[②]。”这些人既没有卖的观念，也没有借出的观念，但他们却有着和卖、借功能相同的司法及经济上的操作。

① Holmes, *In primitive New-Guinea*, 1924, p. 294.

② 但从根本上说，霍尔姆斯对以礼物为中介的制度的描述是很差的，参见上文中有关 basi 的讨论。

同样，以物易物的概念对于美拉尼西亚人和波利尼西亚人来说也都不是自然就有的。

克鲁伊特是一位优秀的民族志学者，当他在使用“卖”这个词的时候，曾经详细地描述了中部希伯里斯人的心态①。可尽管这样，托拉查人却是和擅长贸易的马来人早有往来的。

人类之一部分便是如此。他们相当富有和勤勉，创造了可观的剩余；在他们中间，自古以来便存在着大量的交换，但其交换的形式和原因却与我们相去甚远。

三、西北美洲

荣誉与信用

通过对美拉尼西亚和波利尼西亚的部分民族的考察，我们已经勾勒出了这种赠礼制度的确凿形象。那里的物质生活、道德生活和交换，是以一种无关利害的义务的形式发生、进行的。同时，这种义务又是以神话、想象的形式，或者说是象征和集体的形式表现出来的：表面上，其焦点在于被交换的事物，这些事物从来都没有完全脱离它们的交换者，由它们确立起来的共享和联合是相当牢固的；而事实上，这些被交换的事物的持久影响作为社会生活的

---

① Kruyt，*Koopen in midden Celebe*s. 兼有“买、卖”之意的那些词由于意义的不确定，使我们难以翻译，但这种情形并非是太平洋中诸社会所特有的。稍后我们还会再来讨论这个问题，不过在此不妨指出，即使在我们法语中，“vente”一词也兼指买和卖；而在汉语里，指代买的行为与卖的行为的两个单音节词也只有音调上的差异。

象征，则是直接转达了使古式环节社会(société segmentée)[1]中的那些次群体凝聚起来的方式；正是通过这种交换，各个次群体不断地彼此交叠(imbriquer)，并感觉到相互间都负有义务。

西北美洲的印第安社会也有类似的制度，只不过更加极端也更加突出。首先，那里的人大概还不懂得以物易物。虽然他们与欧洲人已经有了很长时间的接触[2]，但除了那些隆重的夸富宴[3]以外，似乎没有任何其他大规模的财富转移会经常性地发生[4]。下面我们将以我们的观点来说明这种制度。

注意：在此之前，不免应对这些社会略加描述。我们将要谈到的部落、民族以及族群都居住在西北美洲和阿拉斯加的沿海地带[5]，

① “环节社会”是涂尔干提出的概念，指的是在原生的群居社会(氏族)的基础上发生了初步分化的社会。涂尔干曾把这种社会比作环节动物，以说明它是由多个相似的片断集成的。这样的社会虽然已有分化，但它的各个组成部分都是同质的，这些分支或环节机械地绞合在一起，其共同行动构成了整体的个性。随着社会的进化与分工的发展，以机械团结相联系的环节组织也就渐渐消亡，取而代之的是以有机团结为纽带的社会。参见 Emile Durkheim, *De la Division du Travail Social*, Paris, Alcan, 1902, 2e édition。中译本可参见涂尔干：《社会分工论》，尤见第一卷第六章，渠东译，北京，三联书店，2000 年。——中译注

② 与俄罗斯人的接触从 18 世纪开始，与法属加拿大的猎人的接触从 19 世纪初开始。

③ 有关“夸富宴”的理论论著的主要书目可见前文。

④ 不过有奴隶的买卖。见 Swanton, *Haida Texts and Myths*, 载于 *Bur. Am. Ethn. Bull.*, 29, p. 410。

⑤ 这里所做的简短描述尚未得到确证，但却是必不可少的。我们要预先说明它是不完整的，无论是在部落的数目和名称方面还是在其制度方面都有待补充。

我们的描述是从很多部落的资料中提炼出来的，主要有：1. 努特卡人(Nootka)(瓦卡什[Wakash]族群或夸扣特尔族群)、贝拉库拉部落(及邻近部落)；2. 南岸的萨利什部落(Salish)。另外，对夸富宴的传布的研究应该扩大到南部，直至加利福尼亚。从另一

包括特林基特人、海达人和英属哥伦比亚的土著——主要是海达人、钦西安人和夸扣特尔人[①]。他们出没于海边河上，主要以捕鱼

(接上页)个角度来看，那里的情形的确是引人注目的，因为夸富宴制度似乎已经遍及 Penutia 和 Hoka 族群的诸社会中：例见 Powers，Tribes of California (*Contrib. to North Amer. Ethn.*，*III*)，p. 153 (Pomo)，p. 238 (Wintun)，p. 303，p. 311 (Maidu)；对其他部落的观察参见 p. 247，p. 325，p. 332，p. 333，一般性的讨论见 p. 411。

下面我们用寥寥数语所描述的制度和艺术其实是极其复杂的，在此未做介绍的那些方面也同样奇异。例如那里的诗歌也和南太平洋的深层文明一样，至今不为人知。

① 有关这些社会的原文文献和译文文献极其丰富，已经为进一步的研究积累了数目可观并且十分可靠的资料。参考文献可查 Davy，*Foi jurée*，p. 21，p. 171，p. 215。此外重要的还有：F. Boas 和 G. Hunt，*Ethnology of the Kwakiutl*（后文简写作 *Ethn. Kwa.*），*35th An. Rep. of Bur. of Amer. Ethnology*，1921，并见后文对它的评论；F. Boas，*Tsimshian Mythology*，*31th An. Rep. of Bur. of Amer. Ethnology*，1916，面世于1923年(后文简写作 *Tsim. Myth.*)。不过，所有这些资料都存在着一些缺陷：旧有的资料往往不够丰富，而较新的资料虽然比较详细和深刻，但对我们的研究来说也不十分完整。博厄斯及其同事在 Jesup 远征中所关注的范围仅限于物质文明、语言和神话文学。那些较早(如 Krause 和 Jacobsen)或较近(如 Sapir 和 Hill Tout 等人)的专业的民族志著作也都是同一取向。他们对这些社会的司法、经济和人口方面往往未加分析，即使做了分析也不完整。(不过社会人口学自阿拉斯加和英属哥伦比亚的各种人口调查已经开始起步)Barbeau 先生曾许诺要对钦西安人做出完整的人口学调查。我们期待着这一不可或缺的信息，同时也希望还能有人仿效他，可以说做这种工作目前正是时机。有关经济与法律的某些要点，也还有些旧文献，包括俄罗斯旅行者的文章、Krause 的 *Tlinkit Indianer* 和 Dawson 的文章(有关海达、夸扣特尔和贝拉库拉等部落)，大部分发表于 *Bulletin of the Geological Survey of Canada* 或 *Proceedings of the Royal Society of Canada*；此外还有 Swan(有关努特卡人)，Indians of Cape Flattery，*Smithsonian Contributions to Knowledge*，1870；Mayne，*Four years in British Columbia*，Londres，1862，Mayne 的文章也是最出色的，其完成的时间也使之具有一种不可比拟的权威性。

至于对这些部落的命名与分类则相当困难。“Kwakitutl”是一个部落，但是这个名字也被赋予了其他好几个部落，这些部落联合在一起，形成了一个以此命名的真正的国族。我们会尽量指明我们每一次所说的究竟是哪一个夸扣特尔(Kwakitutl)部落。如果没有特殊说明，则指的是原本的那个夸扣特尔部落。“kwakitutl”一词还有“富有”和“世界之烟”的意思，这本身就已经表明了我们将要描述的经济事实的重要性。对于这些语言中的词语的拼写细节我们就不再赘言了。

为生，较少狩猎，与美拉尼西亚人和波利尼西亚人的最大区别在于他们不事农业。他们极为富有，渔猎和皮毛加工都给他们带来了大量的剩余，即使在今天，用欧洲的标准来计算也是甚为可观的。他们拥有所有美洲部落中的最坚固的房屋和极端发达的松木工业。他们的小船制造精良，他们虽然不大去外海远航，但却常常游弋于沿岸和岛屿之间。他们的物质技艺的水平极高。尤其值得一提的是，在18世纪铁器传来之前，他们已经懂得采集、冶炼、浇铸和锻造在钦西安和特林基特地区发现的自然铜。有一些有雕饰的铜制盾形纹章就被用作货币。还可以肯定，另一种货币是奇尔卡特人(Chilkat)的漂亮毯子[①]，它们制作考究，至今仍被用作装饰品，其中有一些价值不菲。这些民族还有一批职业的雕工画匠，其烟斗、权标、手杖、角雕勺，都会使我们民族志的收藏熠熠生辉。这种文明在相当大的范围内都很一致。尽管从语言来看，这些社会至少分属三个不同的族系[②]，但显而易见，它们早从遥远的过去就开始相互渗透了。包括那些在南部的部落在内，他们冬天的生活与夏天的生活迥然不同。在那里，部落具有一种双重形态：每到春末，部落成员便分散出去打猎、采集山中的植物根茎和鲜美浆果、捕捞河里的鲑鱼；但一旦冬季来临，他们便要集中到他们所谓的“市镇”中去。而在整个聚集时期，他们都处在一种接连不断的欢

① 关于奇尔卡特人的毯子，参见 Emmons，The Chilkat Blanket，*Mem. of the Amer. Mus. of nat. Hist.*，III。

② 见 Rivet，载于 Mellet 和 Cohen，*Langues du Monde*，p. 616 及以下诸页。是 Sapir 先生(Na Déné Languages，*American Anthropologist*，1915)最终得出结论，将特林基特人和海达人归为阿塔帕斯坎人(Athapascane，北美的印第安人——中译注)的分支。

腾(effervescence)状态中。社会生活变得异常活跃，其强度甚至会超出那些在夏天举行的部落集会(congrégation)。届时会有此起彼伏的骚动：部落之间、氏族之间、家庭之间不断地相互拜访；宴庆反复举行，每一次都旷日持久。但逢婚姻、仪式和晋升，人们都会毫不吝惜地挥霍掉夏秋两季在世界上最富饶的海岸所辛勤积累起来的一切。甚至私人生活也是这样度过的；每当人们杀死了一头海豹、启开储藏的一部分浆果或块根的时候，都要向本氏族的人发出邀请；要是发现了一条搁浅的鲸鱼则要邀请所有的人。

这些部落的道德文明也格外一致。尽管它们在社会组织的层次上有所不同——在特林基特和海达是母系继嗣的胞族制，而夸扣特尔则是杂有父系继嗣的氏族制——但是，其社会组织的一般特点、尤其是图腾制度却均见于所有这些部落。和 Banks 群岛的美拉尼西亚人一样，它们也有一些盟会(confrérie)，这些曾被我们不恰当地称之为“秘密会社”(société secrète)的盟会常常是族际性的，其男人的会社和女人的会社(可以确定，至少在夸扣特尔存在着女人的会社)便与氏族组织相交叉。像在美拉尼西亚一样，有一部分礼物和我们所说的回献[①]便是为了这些盟会中的逐级晋升[②]

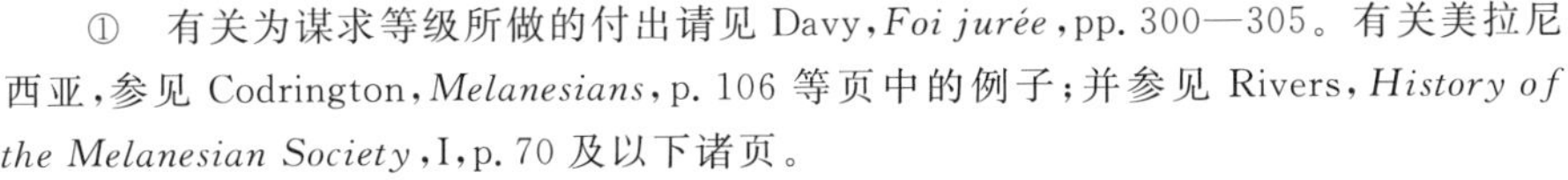

① 有关为谋求等级所做的付出请见 Davy，*Foi jurée*，pp. 300—305。有关美拉尼西亚，参见 Codrington，*Melanesians*，p. 106 等页中的例子；并参见 Rivers，*History of the Melanesian Society*，I，p. 70 及以下诸页。

② 对于晋升(ascension)这个词，不仅要从其本义来理解，还应加以形象化的体会。与之类似，在后期吠陀的 vājapeya 仪式中就有登梯仪式，而很多美拉尼西亚仪式中都有让年轻首领登上平台面对众人的做法。西北美洲的 Snahnaimuq 人与 Shushwap 人也会搭建平台，以便让首领在上面分发夸富宴。Boas，*9th Report on the Tribes of North-Western Canada*. *Brit. Ass. Adv. Sc.*，1891，p. 39；*12th Report* (*B. Ass. Adv. Sc.*，1894)，p. 459，其他部落只有供首领和较高等级者使用的平台。

而付出的。这些盟会的仪式与氏族的仪式通常在首领的婚礼、“铜器买卖”、成年礼、萨满仪典和丧葬仪典(该仪典在海达和特林基特部落所在的地区最为发达)之后举行。而所有这一切又都在一系列无休无止的“夸富宴”中完成。涉及多方的夸富宴总是会得到另一些涉及多方的夸富宴的回复。一如在美拉尼西亚,这是连续不断地“送与取”(give and take)。

夸富宴就其本身而言只不过就是交换礼物的制度[①],但它在这些部落中非常典型,是这些部落的重要特征。与美拉尼西亚相比,这些部落,尤其是特林基特和海达等北部部落的夸富宴的不同之处,在于后者一方面会引发暴力、夸张和敌对,另一方面又缺乏一定的司法观念,结构也更加简单粗陋[②]。但在那里,契约的集体性[③]却要比在美拉尼西亚和波利尼西亚表现得更加鲜明。但无论表面上看来如何,从根本上讲,这些社会与我们所说的总体呈献是非常接近的。它们的法律观念与经济观念也同样有欠明晰、未尽自觉。不过,在实践中,其原则还是非常确切、十分清楚的。

在这些社会中,有两种观念要比在美拉尼西亚的夸富宴中或

① 一些较早的作者便是用“礼物的交换制度”来描述这种机制的,如 Mayne、Dawson、Krause 等人。尤见于 Krause, *Tlinkit Indianer*, p. 187 及以下诸页中所汇集的那些较老作者的文献。

② 如果语言学家的假设是正确的,如果特林基特人与海达人只不过是采纳了西北地区文明的阿塔帕斯坎印第安人的话(博厄斯的假设也与此相差不多),那么特林基特人与海达人的夸富宴的粗糙特性也就不言自明了。而且,西北美洲的夸富宴之所以比较狂暴,很可能也是由于这种文明正处在具有类似制度的两个族群的交会点上:一种文明来自南加利福尼亚,另一种文明来自亚洲(关于后者,可参见前文)。

③ Davy, *Foi jurée*, p. 247 及以下诸页。

者波利尼西亚的更为发展、更为分解的制度中明确得多：这便是信用(crédit)、期限(terme)的观念和荣誉(honneur)的观念①。

我们已经知道，在美拉尼西亚和波利尼西亚的礼物循环中，可以确定赠礼会得到回报，就好像有所"担保"(sûrté)一样，而这种"担保"乃是送出去的事物本身所具有的品性。但是在所有可能的社会中，礼物又必然具有期货的性质。就其定义来说，一顿饭、一份卡瓦(kava)②、一个身上佩戴的护符，都不可能马上回报。因为

① 有关夸富宴，博厄斯有以下几段话写得十分精彩(*12th Report on the North-Western Tribes of Canada*. *B. A. Acv. Sc.*，1898，pp. 54—55；并参见 *5th Report*，p. 38)：英属殖民地的印第安人的经济体系在很大程度上是建立于和开化民族一样的信用之上的。印第安人做任何事情都很信赖朋友的帮助。他们承诺在以后的日子里会报答这些帮助。如果所提供的是有价值的事物，印第安人就会像我们用钱来估算一样用毯子来估算，并且答应连本带利地回报。印第安人没有字据，为了使交易有所担保，便要当众定约。约定一方负有债务，另一方偿还债务，这就是夸富宴。这种经济体系已经发展到了这种程度，即部落中有关个体所拥有的资本总和已经远远超出了现存可用的价值量；换言之，情况和我们社会中的基本状况完全相似：如果我们打算支付所有的债务，就会发现事实上无论如何都没有足够的钱来做到这一点。假如所有的债权人都要求债务得到偿还，结果便是灾难性的恐慌，共同体要在很长时间以后才能恢复正常。

"当一个印第安人邀请他的所有朋友和邻居都来参加盛大的夸富宴的时候，我们应该清楚，虽然在表面上是浪费了多年以来积累起来的劳动成果，但他想要得到的两样东西却使我们不能不承认他们的睿智，承认他们值得赞赏。他的第一个目的是偿还债务。这种偿还是借助多种庆典、以一种得到公证的行为方式公开地进行的。他的第二个目的是通过这种方式处置他的劳动成果，以便使自己及子女从中取得最大的利益。在这种宴庆上得到馈赠的人会把这些礼物当作借贷物用于当前的事业，但经过几年之后，这些馈赠肯定又会连本带利地回报给赠与者或是他的继承人。因之，夸富宴最终被印第安人视为一种确保子孙福祉的一种方式，尤其是当孩子很小就成为孤儿的时候……"

如果把"债务、支付、偿还、借贷"等字眼修改一下，换成博厄斯后来也用过的"赠礼"与"回礼"，信用的观念在夸富宴中的作用也就显而易见了。

有关荣誉的观念，见 Boas，*12th Report on the North-Western Tribes of Canada*，p. 57。

② "Kava"是美拉尼西亚和波利尼西亚的土著用胡椒属植物的根制作的一种饮料。——中译注

要完成任何回献都需要"时间"。所以,在涉及拜访、缔结婚姻或联盟、确立和平、参加规定的游戏或打斗、轮流庆宴、提供仪式性或荣誉性的服务的时候,以及相互"表示敬意"[①]的时候,都必然会逻辑地附有期限的观念。在交换各种事物的过程中,越富裕的社会,其交换物也就越多并且越珍贵。

这一点上,通行的经济和司法史可谓是大错特错了。这种经济和司法史充满了现代的思想,把进化当作是先验的(a priori)观念[②],并自称所遵循的是必然的逻辑,但说穿了,这仍是在老传统上止步不前。没有什么能比西米昂(Simiand)先生所说的"无意识社会学"(sociologie inconsciente)更危险的了。例如,居克(Cuq)先生还说:"在原始社会中,人们只晓得以物易物的制度;而在更为先进的社会中,所实行的是现金买卖。信用买卖则标志着文明进入了更高的阶段;它最初是以现金买卖与借贷相结合的迂回的方式出现的[③]。"但其实,事情的真正出发点根本不在这里,而恰恰在法学家和经济学家所不感兴趣、搁置一旁的那些权利范畴中。这就是礼物。出发点就在于这种复杂的现象,尤其是在本文尚未探讨的礼物和总体呈献的最古老的形式中。礼物必然会导致信用的观念。经济法的演进并不是从以物易物到买卖、从现金买卖到延期交割的过程。正是在有时间延搁的赠礼与还礼的体系

① 特林基特人的表达,见 Swanton, *Tlingit Indians*, p. 421 等页。

② 人们尚未发觉,延期支付(terme)的观念不仅和现金交易(comptant)的观念一样古老,而且也一样简单——或者说一样复杂。

③ Cuq, Etude sur les contrats de l'époque de la première dynastie babylonienne, *Nouvelle Revue de l'Histoire du Droit*, 1910, p. 477.

的基础上，才一方面通过简化，使被分开的时间接合起来，从而形成了以物易物，另一方面又形成了延期交割和现金交易的买卖以及借贷。没有任何证据能够证明，有哪一种法律（尤其是巴比伦法）已经超越了我们所描述的这一阶段，但却从未包含过在我们周围遗存下来的所有古式社会中都还存在着的这种信用。契约所带来的两个"时刻"（moments du temps）的问题，其实就是这样被以一种简单而又现实的方式解决的；对此达维早就做过研究①。

荣誉的观念在这些印第安人的交易中也扮演着同样重要的角色。

首领的个人名誉及其氏族的名誉与花费、高息还礼的确定性，这两者之间的联系的紧密程度是无以复加的，这种联系要求人们把别人加给自己的义务再转化成加给别人的义务。那里的消费与毁坏简直是没有限度的。在某些夸富宴中，人们必须要倾其所有，分文不留②。最富有的人也就是挥霍最疯狂的人。基本的原则是对峙与竞争。个体在盟会和氏族中的政治地位以及各种等级都可

① Davy，*Foi jurée*，p. 207.

② 夸扣特尔人散尽全部财产的例子，见 Boas，Secret Societies and Social Organization of the Kwakiutl Indians，*Rep. Amer. Nat. Mus.*，1895（下文简写作 *Sec. Soc.*），p. 469。在新人的成年礼上的例子，见 p. 551，Koskimo。Shushwap 人的例子，见 Boas，*7th Rep.*，1890，p. 91，再分配。Swanton，Tlingit Indians，*21st Ann. Rep. Bur. of Am. Ethn*（下文简写作 *Tlingit*），p. 442 所记载的一段对话中有这样一句："为了让人们见到（他的侄子），他倾尽了他的所有。"有关游戏中赢得的财物的再分配，见 Swanton，*Texts and Myths of the Tlingit Indians*，*Bull. n°39 Bur. of Am. Ethn*（下文简写作 *Tlingit T. M.*），p. 139。

以通过这种“财产之战”(*guerre de propriété*)①取得,就如同借助战争、运气、遗产、联盟和婚姻取得一样。其实,一切都被当成了“财富之争”(lutte de richesse)②。子女的婚姻、盟会中的地位都完全取决于交换或回报的夸富宴。正如在战争、游戏、赛跑、打斗

① 有关财产之战,见 Boas,*Sec. Soc.*,p. 577 中的 Maa 之歌,p. 602:“我们用财产来战。”对立、财富之战、血战等字眼均见于 1895 年在 Fort Rupert 举行的夸富宴的话语中。见 Boas 和 Hunt,Kwakiutl Texts,1re série;*Jesup Expedition*,t. III(下文简写作 *Kwa*,*t. III*),p. 485,p. 482;并参见 *Sec. Soc.*,p. 668,p. 673。

② 尤其可参见 Haïyas 神话(Haïda Texts,*Jesup*,VI,n° 83,Masset),Haïyas 在游戏中失败而丢了“面子”,含恨而死。他的姐妹与甥侄为其发丧,举办了意在挽回面子的夸富宴,Haïyas 因而复活。

关于这一问题有研究的空间。即使在我们的社会中,游戏也不被看作是一种契约,而是被当作关乎荣誉的情境,在游戏中,我们也往往会一直玩到倾家荡产为止。游戏其实是夸富宴的一种形式,是一种赠礼的制度。它在西北美洲的影响尤其值得注意。夸扣特尔人当然有游戏(见 *Ethn. Kwa.*,p. 1394,ebayu,lepa,p. 1435;lep,p. 1448,“second potlatch,danse”;p. 1423,maqwacte),不过游戏在那里所扮演的角色,似乎还不能和海达、特林基特、钦西安等部落中的游戏相提并论。在后三个部落中,游戏是积习已久、长盛不衰的。对海达人的小木片游戏的描述,包括其形象与名称,见 Swanton,Haida (*Jesup Exped.*,V,I),p. 58 及以下诸页,p. 141 及以下诸页。有关特林基特人的游戏,包括各种木片的名称,见 Swanton,*Tlingit*,p. 443。特林基特人通常管获胜的那根木片叫作“naq”,相当于海达人所说的“djîl”。

历史中充满了有关游戏的传说以及首领们在游戏中输得精光的故事。有一个钦西安首领甚至把自己的子女和父母都输进去了:*Tsim. Myth.*,p. 207,p. 101;参见 p. 409。一个海达神话讲述了一个全体钦西安人对全体海达人的游戏,见 Swanton,Haida Texts and Myths,*Bull. Bur. Am. Ethn.*,n°29(以下简称 *Haida. T. M.*),p. 322。类似的传说还有海达人对特林基特人的游戏,*Haida T. M.*,p. 94。Boas 在 *Tsim. Myth.* 第 847 页和第 843 页有对这一主题的列表。游戏的礼节和道德还鼓励胜者为失败者及其妻儿留有自由,见 *Tlingit T. M.*,p. 137。这一特点与亚洲传说的相近之处是毋庸赘言的。

另外,亚洲的影响也不可否认。有关亚洲靠碰运气的赌博游戏在美洲的传播,见 E. B. Tylor 的一篇佳作:On American Lot-games,as evidence of Asiatic Intercourse,*Bastian Festschr.* In suppl. *Int. Arch. f. Ethn.*,p. 55 及以下诸页。

中失败一样，夸富宴上的失败也会使人们失去婚姻或地位[①]。在某些情况下，[②]甚至连送与还都没用了，而是要毁坏，这是为了显

① 达维已经开启了挑战和竞争的论题。这里还要再加上一项：打赌。例见 Boas, *Indianische Sagen*, pp. 203—206。有赌食物、赌打斗、赌登高等等。各种名目见该书 p. 363。我们今天的打赌也还是这种法律与道德的遗存。打赌虽然只涉及荣誉和信用，但却造成了财富的流通。

② 有关毁坏的夸富宴，见 Davy, *Foi jurée*, p. 224。不过还应该有以下补充：给予，就已经是毁坏了。见 Boas, *Sec. Soc.*, p. 334。一些赠与仪式中就包括有毁坏，例如偿还嫁妆的仪式，亦即博厄斯所说的"偿付婚债"，其中就包括"沉船"一项，见 Boas, *Sec. Soc.*, p. 518, 520。不过这种仪式上的"沉船"只是形象的说法。然而，在海达人和钦西安人的夸富宴上，却真是把来访者的船毁掉。在钦西安，要先小心谨慎地帮助船上所有的人登岸以后再把船毁掉，等到来客离去的时候，人们会还给他们一条更好的船，见 Boas, *Tsim. Myth.*, p. 338。

确切地讲，毁坏似乎是花费的一种高级形式。钦西安人与特林基特人都称之为"杀死财产"，Boas, *Tsim. Myth.*, p. 344；Swanton, *Tlingit*, p. 442。事实上，人们也这样称呼毯子的发放："为了见他而丢掉了这么多毯子"，Swanton, *Tlingit*, p. 442。

夸富宴上的这种毁坏的规矩（pratique）还涉及另外两个动机。一是战争的主题：夸富宴就是一场战争。在特林基特人中，夸富宴还有"战舞"之谓，Swanton, *Tlingit*, p. 458，参见 p. 436。就像在战争上，人们可以占有被杀者的面具、名号和声望一样，在财产之战，人们杀死的是财产：或者因为别人无此财产而杀死自己的财产；或者在把财物送与他人以后，他人有回报的义务而又未能回报的时候杀死他人的财产。

第二个主题是献祭。参见前文。人们之所以要杀死财产，恰恰因为财产是有生命的。参见下文。一位司仪曾说："让我们的财产在我们首领的努力下始终鲜活，让我们的铜器保持不坏。"*Ethn. Kwa.*, p. 1285, 1. 1。"yäq"一词兼有死亡和分发夸富宴的意思（参见 *Kwa. T.*, III, p. 59, 1. 3 及索引），很可能就由此而来。

但是，在原则上，就像普通的献祭一样，杀死财产也是为了把毁坏后的事物转送给作为氏族祖先的神灵。这一主题自然在特林基特人中最为发达（Swanton, *Tlingit*, p. 443, 462），该部落的祖先不仅会莅临夸富宴，歆享毁坏物，还会从与之同名的活人所收到的礼物中获益。用火来毁物似乎是这一主题的特色。参见特林基特人的有趣神话，*Tlingit T. M.*, p. 82，海达人的火中献祭（Skidegate）；*Swanton*, *Haida. T. M.*, p. 36, p. 28, p. 91。该主题在夸扣特尔人中不甚明显，不过在夸扣特尔部落中有一种神明叫作"坐于火上"，有时候人们会把生病的孩子们的衣服献祭给它作为报酬，见 *Ethn. Kwa.*, p. 705, p. 706。

示自己根本没有想让你还礼的意思。人们会烧掉整箱的燃烛(candle-fisch)或鲸油[①],烧掉房屋和成千条毯子;还会打烂最珍贵的铜器,然后再投入水中,就是为了打垮对手,"压倒"(aplati)对手[②]。通过这种方式,不仅自己的等级会晋升,连他的家庭也会因此提高社会地位。所以,这是一种不断地耗费和转移大量财富的法律和经济制度。如果我们愿意,可以把这种转移称之为交换,甚或是交易、买卖[③];但是,这种交易是贵族式的,充满礼节,富于慷慨,但凡有人心怀他念,着眼于一时之利,都会成为备受轻蔑的对象[④]。

我们发现,荣誉的观念虽然在波利尼西亚发挥着很强烈的作用,在美拉尼西亚也始终存在,但是,在这些部落中,它却造成了真

① Boas, *Sec. Soc.*, p. 353 等页。

② 见后文有关"p!Es"一词的讨论。

③ 在夸扣特尔的语言中似乎没有"交换"和"买卖"这两个词。在博厄斯的用语中,只有在谈到铜器买卖时才使用了"买卖"一词。但是这种高价待沽的情形并不比买卖有丝毫逊色,这是一种赌博,一种慷慨之争。至于"交换"一词,我只找到了"L'ay"一词有这种意思,不过在 *Kwa. T.*, III, p. 77, 1. 41 的原文中,它仅用于姓名的改换。

④ 见"贪嘴"(*Ethn. Kwa.*, p. 1462)、"想当暴发户"(*Ethn. Kwa.*, p. 1394)等说法。并见对"小人首领"的尖刻诅咒:"那些处心积虑的小人们;那些巧取豪夺的小人们;那些被打败的小人们;那些允诺要送船来的小人们;那些接受了赠礼的小人们;那些唯利是图的小人们;那些只会为财产(财产一词译自"maneq",意为提供价值,*Ethn. Kwa.*, p. 1403)出力的小人们;那些背信弃义的人。"*Ethn. Kwa.*, p. 1287,第 15 行至第 18 行。参见另一段话,讲到一位首领给出了夸富宴,但收到的那些人却不再回报:"他给他们吃,他请他们来……他把他们背在了背上……",*Ethn. Kwa.*, p. 1293;参见 p. 1291。第 1381 页还有一份对"小人"的诅咒。

不能认为这种道德有悖经济,是一种由于共产而形成的懒惰。钦西安人谴责吝啬贪财,在故事中说他们的主要英雄"乌鸦"(创造者)曾因为吝啬而被其父赶了出去,*Tsim. Myth.*, p. 61,参见 p. 444。特林基特人也有类似的神话。同样,他们也谴责懒惰和做客乞食,他们的故事里讲述了"乌鸦"和那些挨个村镇做客的人是如何受到惩罚的,*Tlingit M. T.*, p. 260, 217。

正的破坏。在这一点上，经典的教导低估了那些令人激奋的动机，也低估了先前的社会所留给我们的各种影响。甚至连于维兰(Huvelin)这样渊博的学者，虽然并没有像一般人那样把荣誉的观念看作是毫无效能的，但也以为只能从巫术功效的观念中才推衍出荣誉的观念①。他认为荣誉和声望只是巫术功效的替代品。然而事实却远为复杂。其实，对于这些文明来讲，荣誉的观念并不比巫术的观念更为陌生②。波利尼西亚的曼纳，本身不仅象征着各种存在的巫术力，同时也象征着它们的荣誉，对该词的最恰当的一种翻译乃是"权威"与"财富"③。特林基特人与海达人的夸富宴的

① Injuria，*Mélanges Appleton*；Magie et Droit individuel，*Année Sociologique*，X，p. 28.

② 在特林基特部落，人们会为了跳舞的荣誉而付出：*Tlingit M. T.*，p. 141，"编舞首领的付出"。在钦西安部落，"人们为了荣誉甘付一切……尽是炫耀财富与卖弄虚荣"；Boas，*5th Report*，1899，p. 19。Duncan 在 Mayne，*Four Years*，p. 265 中这样说道："仅仅是为了事物的虚名"。此外，为数众多的仪式，不仅是晋升等仪式，还有诸如"举起铜器"(夸扣特尔人，*Kwa. T.*，III，p. 499，l. 26)、"举起矛"(特林基特人，*Tlingit M. T.*，p. 117)、"竖起夸富宴的木桩"、竖起葬礼柱或图腾柱、"给房子上梁"、竖起旧的夺彩杆，等等，都体现了这一原则。不要忘记，夸富宴的目的就是为了知道哪一家是"最高的家族"(见凯蒂什人首领对"乌鸦"神话的评论，*Tlingit M. T.*，p. 119，n. a.)。

③ Tregear，*Maori Comparative Dictionary*，见 Mana 条。

在此应该研究一下财富的观念本身。根据已有的观点来看，所谓富有的人在波利尼西亚就是拥有曼纳的人，在罗马就是权威(auctorita)，在美洲的那些部落就是"大"人，亦即"walas"(*Ethn. Kwa.*，p. 1936)。不过，我们只需指明财富的观念、权威的观念、对接受礼物者发号施令的权利以及夸富宴之间的关系也就可以了。这种关系其实是十分明显的。例如，在夸扣特尔部落，最重要的氏族之一乃是 Walasaka 氏族(它同时也是家庭之名、舞蹈之名和盟会之名)；这个名称的意思就是在夸富宴上分发东西的"来自高处的大人物"；而"walasila"一词不仅指财富，还指"在拍卖铜器的场合分发毯子"。另一个暗喻是说个体会因所举办的夸富宴而变"重"：Boas，*Sec. Soc.*，p. 558，p. 559。将财富分发于部落的首领会被说成是"吞下了部落"、"吐出了财产"，等等。

关键就在于把相互服务视作荣誉[①]。甚至在澳洲部落等的确十分原始的社会中，荣誉之事也像在我们的社会中一样敏感，人们也会因为馈赠、食物供奉、优遇、仪式以及礼物而感到满足[②]。人们早在懂得签名确认之前就知道用自己的荣誉和姓名担保了。

西北美洲的夸富宴已经得到了相当充分的研究，尤其是契约形式所涉及的方方面面。但是，仍然有必要把达维和亚当(Léohard Adam)[③]所进行的研究置于一个更为广阔的框架内，以使我们的讨论主题也能在该项研究中占有一席之地。因为夸富宴已经远远超出了法学现象的范围，它是我们所提议的"总体的"现象。夸富宴是宗教的、神话的和萨满的，因为参与其中的首领们再现了祖先与诸神，他们是祖先与诸神的化身，他们采用了祖先与诸神的名字、跳祖先与诸神的舞并附有其灵[④]。夸富宴也是经济的，即使用

① 一支特林基特的歌讲到乌鸦胞族："正是它使'狼'(胞族)有了价值(valuable)"。*Tlingit M. T.*，p. 398，n° 38."致以或回报的'敬意'和'荣耀'包含于赠礼之中，这一原则在这两个部落中是很明确的。"Swanton，*Tlingit*，p. 451。Swanton，*Haida*，p. 162，某些回赠的免除。

② 参见本书结论部分。

对于宴会和礼物要有尊严地接受，绝不能乞求——这种礼节在这些部落中得到了突出的强调。根据我们的需要，这里仅举出夸扣特尔、海达和钦西安三个部落的一些富有启发性的例子：在宴席上，首领和贵族都只吃很少一点，属臣与普通人才吃得很多；"挑嘴"一词用在首领们身上十分形象，Boas，Kwa. Ind.，*Jesup.*，V，II，p. 427，p. 430；吃多了会有危险，*Tism. Myth.*，p. 59，p. 149，p. 153 等(神话)；在宴会上唱歌，Kwa. Ind.，*Jesup Expid.*，V，II，p. 430，p. 437。人们吹响海螺，"为了说明我们并不是饿得要死"，*Kwa. T.*，III，p. 486。贵族从来不恳求。萨满巫医也从来不问价，他的"神灵"守护着他。*Ethn. Kwa.*，p. 731，p. 742；*Haida T. M.*，p. 238，p. 239. 不过，在夸扣特尔部落，倒是有一种"乞食"(mendicité)舞和一个"乞食"盟会。

③ 见导论，第 11 页注释②。

④ 这一原则在特林基特人与海达人的夸富宴上有突出的发展。参见 *Tlingit In-*

目前欧洲的标准来看，其交易的数额也是惊人庞大的，应该对这些交易的价值、重要性、原因与后果做出估量[①]。此外，夸富宴还是一种社会形态学现象：部落、氏族和家庭乃至部族（nation）在夸富宴上集会，并造成了强烈的紧张与兴奋，互不相识的人却亲如兄弟；在数额巨大的贸易中、在接二连三的竞赛中，人们或互相沟通或彼此对立[②]。至于不计其数的审美现象我们暂且不提。最后，即使从法学的角度来看，除了人们已经探讨过的契约形式，除了所谓契约的人类对象（l'objet humain）以及立约方（氏族、家庭、等级和亲家）的司法地位以外，还应该加上契约的物质对象。在夸富宴上所交换的事物本身也有一种特殊的品性，它既能使之被送出，更能使之得到回报。

如果不是篇幅所限，我觉得可以把西北美洲的夸富宴分成四种形式加以讨论：1. 只有或几乎只有胞族和首领们的家族参与的

（接上页）*dians*，p. 443，p. 462。参见 *Tlingit. M. T.*，p. 373 中的对话，当受邀请者吸烟的时候，神灵也吸烟。并参见 p. 385，1. 9："我们在这里为你们跳舞，但我们并不真是我们自己。正在这里跳舞的乃是我们死去已久的叔伯们。"被邀请的是神灵，是带来好运者"gona'qadet"，同上书，p. 119，注 a。其实，在这儿只不过就是献祭与赠礼两种原则的合二为一了；或许除了对自然的影响以外，迄今为止我们所举的例子也都是如此。赠与活人，也就是赠与死者。有一个引人入胜的特林基特故事（*Tlingit. M. T.*，p. 227）曾讲道，一个死而复生的人知道大家是如何为他举办夸富宴的；而且神灵会责罚没有为它举办夸富宴的活人的说法是很流行的。例见 *Ethn. Kwa.*，p. 788。在钦西安部落，生者就代表死者，Tate 曾在给博厄斯的信中写道："供奉看起来特别像是在节宴上的赠礼"，Tsim. Myth.，p. 452（历史传说），p. 287。博厄斯在 *Ethn. Kwa.*，p. 846 集中了此类案例，并对海达人、特林基特人和钦西安人做了比较。

① 见后文有关铜器价值的几个例子。

② Krause，*Tlinkit Indianer*，p. 240 对特林基特部落间的接触攀谈的方式有很好的描述。

夸富宴(特林基特);2. 胞族、氏族、首领和家庭扮演的角色大致相同的夸富宴(海达);3. 各氏族中对立的首领之间的夸富宴(钦西安);4. 首领与各盟会的夸富宴(夸扣特尔)。但如果这样的话,必然要一番长篇大论,而且,除了钦西安人的夸富宴形式以外,其余三种达维都已做过阐述[①]。何况我们要讨论的关于礼物的三个主题——给予的义务、接受的义务和回报的义务,对于这四种夸富宴而言基本上没有差别。

三种义务:给予、接受和回报

给予的义务是夸富宴的本质。首领应该给出夸富宴,为了他自己,为了他的儿子、女婿和女儿[②],同时也是为了他的亡亲[③]。除非他能够证明他为财富之灵所附、所宠[④],能够证明他被财富所罩

① Davy, *Foi jurée*, p. 171 及以下诸页, p. 251 及以下诸页。钦西安式的夸富宴与海达式的夸富宴的区别并不十分显著。或许在钦西安部落中氏族更加突出一些。

② 这里就不必复述达维对夸富宴和政治地位之间的关系,尤其是女婿和儿子之间的关系所做的论证了。同样,也用不着再评论宴会和交换所具有的共有价值(valeur communielle)了。例如,双方神灵交换小船,一方是岳父,另一方是女婿,乃表示他们"只有一心",Boas, *Sec. Soc.*, p. 387。*Kwa. T.*, III, p. 274 中的文献这样补充道:"这便如同他们交换了姓名"。并见 *Kwa. T.*, III, p. 23:在 Nimkish(另一个夸扣特尔部落)的一个节宴神话中,婚宴的目的是让女儿在"她第一次去吃饭"的村庄中就位。

③ 海达人和特林基特人的丧葬夸富宴已经得到了证实和充分的研究;在钦西安部落,夸富宴似乎主要在居丧的末期、竖起图腾柱和火化的时候举行,见 *Tsim. Myth.*, p. 534 及以下诸页。博厄斯并没有指出在夸扣特尔部落有丧葬夸富宴,不过在一个神话中可以找到对这种夸富宴的描写:*Kwa.*, *T.*, III, p. 407。

④ 一个夸扣特尔人的首领曾说:"这是我的骄傲;我家族的姓,我家族的根,我的所有祖先都曾是……"(接着他说出了自己的姓名,这既是一个名号,也是一个普通的姓氏),"maxwa(盛大夸富宴)的给予者":*Ethn. Kwa.*, p. 887, l. 54;参见 p. 843, l. 70。

同时亦拥有财富[①]，否则他就不能够保持他在部落、村庄甚至家族中的权威，不能保住他在族内或族际各个首领中的排行[②]。而要证明他拥有财富，唯一的办法就是把财富挥霍掉、分发掉，从而压低别人，把别人置于“他名字的阴影下”[③]。夸扣特尔与海达的贵族所抱有的“面子”观念，简直和中国的文士或官吏的观念一模一样[④]。一个神话中的大首领因为没有给出夸富宴，就被说成是有一张“腐烂的脸”[⑤]。甚至可以说，他们的表达比中国人还要确切。因为在西北美洲，失去声望也就是失去灵魂：而所丢掉的也确实是“脸面”，那是跳舞的面具，是神灵附身、佩戴纹章以及图腾的权利。

① 有这样一段话：“我被财产所覆。我有家赀巨万。由我来点数财富。”*Ethn. Kwa.*，p. 1280，1. 18。

② 为了保住其纹章的夸富宴，见 *Swanton*，*Haida*，p. 107。见 Leg. ek 的故事，*Tsim. Myth.*，p. 386。“Leg. ek”是钦西安的最高首领的名号。并参见该书 p. 364，Nesbalas 首领的故事（“Nesbalas”是钦西安首领的另一个重要名号），以及他嘲弄 Haïmas 首领的方式。夸扣特尔人的最重要的一个首领名号是“Dabend”（*Kwa. T.*，III，p. 19，1. 22；参见 dabend-gal'ala，kilaq），在夸富宴举行之前，这个名称的意思是“不能结束”，在夸富宴之后它的意思是“可以结束”。

③ 买一件铜器，就是将其置于购买者的“名下”，Boas，*Sec. Soc.*，p. 345。另一个暗喻是送夸富宴者的名字因为所给出的夸富宴而“增加了分量”，*Sec. Soc.*，p. 345。对于这种观念以及赠与人对受赠人的优越地位，还有另外一些表达，把受赠人看作是某种尚未赎身的奴隶（海达人称之为“名字坏了的”，*Swanton*，*Haida*，p. 70，并参见下文）；特林基特人说“人们把礼物放在了接受者的背上”，Swanton，*Tlingit*，p. 428。海达人有两种很富症候意味的说法：让他的针“过去”和“快跑”（参见前面所引证的新喀里多尼亚的表达）。这似乎指的是在“节制属下”，*Swanton*，*Haida*，p. 162。

④ 见 Haïmas 的故事，看看他是如何失去了他的自由、名望、面具、辅助神灵、家庭以及财产的，*Tsim. Myth.*，p. 361，p. 362。

⑤ *Eth. Kwa.*，p. 805。博厄斯另一个夸扣特尔作者 Hunt 给他写道：“我不明白为什么首领 Maxuyalidze（其实就是‘给予夸富宴的人’）从来不举办宴会。就是这样。所以他被叫作‘Qelsem’，也就是‘腐烂的脸’。”同上书，1. 13—15。

所以，这在夸富宴中[①]、在送礼游戏中[②]是名副其实的丢“人”(persona)，就像在战争中失利[③]或是在仪式上犯错[④]一样。在所有这

① 其实，不办夸富宴和接受夸富宴都是危险的事。去参加神话夸富宴的人就都死掉了(Haida T，*Jesup*，VI，p. 626；参见 p. 627，钦西安人的同一神话)。参见 Boas，*Indianische Sagen*，p. 356，n° 58 中所做的比较。分有举办夸富宴的人的基质(substance)也是很危险的，比如享用下界神灵的夸富宴就很危险。夸扣特尔神话，Boas，*Indianische Sagen*，p. 239。见有关“乌鸦”的精彩神话，“乌鸦”从肉体中变出了食物来(有多个版本)，“Ctatloq”，*Indianische Sagen*，p. 76；“Nootka”，*Indianische Sagen*，p. 106。有关比较见 Boas，*Tsim. Myth.*，p. 694，p. 695。

② 夸富宴实际上是一种游戏，是一种比赛。例如，在宴席上就要比赛不能打嗝。都说“宁死也不打嗝”。Boas，Kwakiutl Indians，*Jesup Expedition*，vol. V，partie II，p. 428。有一种挑战的说法，就是“让我们试试能不能让我们的客人吃空(碗盘)……” *Ethn. Kwa.*，p. 991，1. 43；参见 p. 992。有一些词兼有“给予食物”、“回报食物”和“报复”的意思，关于这种不确定性，见词汇表(*Ethn. Kwa.*，yenesa，yenka 条，意为给予食物、补偿和报复)。

③ 上文中曾讲到夸富宴就相当于战争。一把刀架在木棍的末端就是夸扣特尔人的夸富宴的符号，*Kwa. T.*，III，p. 483。在特林基特部落，符号是举起的长矛，*Tlingit M. T.*，p. 117。见特林基特人的补偿夸富宴的仪式。Kloo 人对钦西安人的战争，*Tlingit M. T.*，p. 432，p. 433，n. 34；使别人成为奴隶后所跳的舞；因为杀死了某人而举行的无舞蹈的夸富宴。参见本章下文中的赠送铜器仪式。

④ 有关夸扣特尔人的仪式过错，见 Boas，*Sec. Soc.*，p. 433，p. 507 等。赎罪恰恰是要举办一次夸富宴，或者至少是要送出礼物。

在所有这些社会中，法律原则和仪式原则都是极端重要的。财富的分散是一种处罚，是对神灵的赎罪，也是为了重建与他人的团结。Le P. Lambert，*Moeurs des sauvages néo-calédoniens*，p. 66 中已经指出，在 Canaque 人中，一旦母方亲属中有人在父方家庭中流血，前者就有权要求赔偿。钦西安人也有这种制度，见于 Mayne，*Four Years* 中的“Duncan”，p. 265；参见 p. 296(但这回是为了补偿儿子的血所要求的夸富宴)。毛利人的“muru”制度也可与之相提并论。

赎回俘虏的夸富宴也应该这样来阐释。因为这不仅是为了赎回俘虏，同时也是为了重建“名声”(le nom)，使他留下成了俘虏的那个家庭应该承办夸富宴。见 Dzebasa 的故事，*Tsim. Myth.*，p. 388。特林基特人也有相同的规则，Krause，*Tlinkit Indianer*，p. 245；Porter，*XIth Census*，p. 54；Swanton，*Tlingit*，p. 449。

夸扣特尔人有很多为了补偿仪式过错的赎罪夸富宴。但值得注意的是在一对孪生

些社会中，人们都有送礼的压力。几乎没有一刻可以例外，甚至除了盛大节日和冬季集会之外，人们平时也不得不邀请他们的朋友，与之分享神明与图腾所赐的猎物林产[①]；不得不把刚刚从夸富宴上分得的所有东西再分送给亲友[②]；不得不用礼物来感谢首领、属臣[③]以及亲戚[④]所曾提供的各种服务[⑤]；至少对贵族来说，但凡违反，便是对礼节的破坏，并将会因此丧失地位[⑥]。

在氏族之间和部落之间，邀请（inviter）的义务是不言而喻的。甚至如果不邀请家庭、氏族或者胞族以外的人，就算不上是邀请

(接上页)子出去工作时父母所举办的赎罪夸富宴，*Ethn. Kwa.*，p. 691。如果显然是由于丈夫的过错而使妻子离他而去，那么为了重新赢得妻子，他就要为岳父举办一次夸富宴。见词汇表，*Ethn. Kwa.*，p. 1423，第一栏下。这一原则还有一种虚构的作用：当一个首领想要有机会举办夸富宴的时候，他就可以把他的妻子送回岳父，于是新一轮的财富分发也就有了借口了，Boas，*5th Report*，p. 42。

① 这种宴会的义务名目繁多，打鱼、采集、狩猎、启开储存的食物之后，都要做这种宴请，见 *Ethn. Kwa.* 第一卷中的长篇清单，p. 757 及以下诸页；关于礼节等，参见 p. 607 及以下诸页。

② 见上文。

③ 在钦西安，对于首领的夸富宴和属臣的夸富宴的安排，有兼顾双方的制度加以明确规定。虽然在部落内部，不同的封建等级已经被对立的氏族和胞族重新分割，但是，在权利上仍然能够体现出不同的等级。

④ 给亲戚的报酬，*Tsim. Myth.*，p. 534，有关特林基特人与海达人的相对体系以及各家对夸富宴的分担，参见 Davy，*Foi jurée*，p. 196。

⑤ 见 *Tsim. Myth.*，p. 512，p. 439；有关为服务所付的报酬，见 p. 534。夸扣特尔人的例子，见 *Sec. Soc.*，p. 614，给点数毯子的人的报酬；p. 629，Nimkish，夏日节宴。

⑥ 海达人的一个 Masset 神话（Haida Texts，*Jesup*，VI，n° 43）讲道，一个老首领没有给出足够的夸富宴，以致别人不再邀请他，他也因此而死去，他的侄子继承了他的位置，以他的名义大摆了十次宴席，于是这老首领便得到了再生。在另一个 Masset 神话（同上书，p. 727）中，一个神灵对一个首领说："你有太多的财产了，应该做一次夸富宴"。于是他就造了一座房子，并给出工者付了报酬。在另一个神话（同上书，p. 723，1. 34）中，一个首领说："我自己什么也不留"，接下来又说："我将做十次夸富宴（wal）"（"wal"意即"散发、分送"，而"walgal"一词则是夸富宴）。

了[①]。凡是能够来[②]、愿意来的[③],以及前来[④]出席节日宴庆的人,都应该邀请他们参加夸富宴[⑤]。遗忘将会带来严重的后果[⑥]。一个重要的钦西安神话[⑦]表达了这种心态,它讲述的是一个被忘记邀请参加命名礼或是婚礼的精灵的故事,而这也正是出自同一种心态的欧洲民间故事的基本主题。编造这种神话所依据的那种制度组织是很明朗的,我们已经知道它会在哪种文明中发挥作用。一个钦西安村落的公主在“海獭之国”怀了孕,并且奇迹般地生出

① 有关规定好的氏族之间的竞对方式,夸扣特尔人的情况见 Boas,*Sec. Soc.*,p. 343;钦西安人的情况见 Boas,*Tsim. Myth.*,p. 497。在胞族的范围内,这是不言自明之事,见 *Swanton*,*Haida*,p. 162;*Tlingit*,p. 424。这个原则已在“乌鸦”神话中揭示无遗,*Tlingit T. M.*,p. 115 及以下诸页。

② 自然,人们不会去邀请那些已经失去身价的人、那些不办宴席的人、无节宴之名的人,Hunt,*Ethn. Kwa.*,p. 707;以及那些没有回报夸富宴的人,同上书,索引,“Waya”和“Wayapo Lela”条,p. 1395;并参见 p. 358,1. 25。

③ 和我们欧洲以及亚洲的民间故事一样,那里也常常流传着因为没有邀请孤儿、弃儿或是自行来到的穷人而遭致危险的故事。例见 *Indianische Sagen*,p. 301,p. 303;*Tsim. Myth.*,p. 295,292 上讲到一个乞丐其实是图腾,是图腾神。对这方面论题的汇总,见 Boas,*Tsim. Myth.*,p. 784 及以下诸页。

④ 特林基特人有一种颇堪玩味的说法:受邀者被看作是“漂流着”的,他们的小船“在大海上漂荡”,他们所持的图腾柱飘摇不定,是夸富宴、是邀请使他们停留下来的,*Tlingit M. T.*,p. 394,n° 22;p. 395,n° 24(在讲话中)。夸扣特尔人的很常见的名号就是“大家荡桨所划向之人”,和“大家要去的地方”,例见 *Ethn. Kwa.*,p. 187,1. 10,1. 15。

⑤ 如果由于忽略而冒犯了某个人,那么这人的相关亲属也都不会再来参加夸富宴。在一个钦西安神话中,有一个大神未被邀请参加夸富宴,于是所有的神灵也都不来参加,只有等这个大神被邀请后他们才来,*Tsim. Myth.*,p. 277。一个故事还讲到,人们没有邀请大首领 Nesbalas 参加夸富宴,于是其他钦西安的首领也都没去,他们说:“他是首领,我们不能跟他不和。”同上书,p. 357。

⑥ 这种过错会导致政治上的后果。例见特林基特人与东阿塔帕斯坎人的夸富宴,Swanton,*Tlingit*,p. 435,参见 *Tlingit T. M.*,p. 117。

⑦ Boas,*Tsim. Myth.*,p. 784,p. 171.

了一只“小海獭”。然后她带着孩子回到他父亲担任首领的那个村庄。“小海獭”捕了很多鲽鱼，它的外公便大摆筵席，邀请了他的所有盟友和各个部落的首领。他把“小海獭”引见给大家，并向他们强调，如果看到他的外孙以海獭之身在捕鱼时，千万不要杀死它：“这就是我的外孙，我的客人们，我今天给你们奉上的食物，都是它带来的。”于是，当冬天食物匮乏的时候，人们便来这个村庄吃“小海獭”捕来的鲸、海豹和各种鱼类，它的外祖父也由于人们为此送给他的各种财物而致富。然而，当初他们却忘记了邀请一位首领。结果，有一天，这个被忽视的部落的一只小船也在海上，正遇到“小海獭”叼着一只海豹，水手们便杀死了“小海獭”，夺走了海豹。“小海獭”的外公和其他各个部落四处寻找“小海獭”，直至找到那个当初被忘记的部落。但那个部落却推说他们并不了解“小海獭”是谁。公主悲愤而死；意外杀死“小海獭”的部落也给它的外公送来了各种礼物作为赔偿。神话最后说①：“正是由于这个缘故，各个部族在首领的儿子出生或命名的时候都要大摆筵宴，这样就没有人会不认识首领的儿子了。”夸富宴作为一种财物的散发，就是“确认”(reconaissance)的一种基本行径，这种认可既是军事的、法律的、经济的，也是宗教的；而且在每一方面均兼有该词的种种含义②。人们“确认”首领或他的儿子，同时也要对他表示“感激”(reconnaissant)③。

① 博厄斯把讲述这一故事的土著 Tate 的原文中的这句话放在了注释中，见 Boas, *Tsim. Myth.*, p. 171，注 a。然而，倒是应该把神话的道德性与神话本身接合起来才对。

② “Reconaissance”一词(动词形为 reconaître)在法文中有认识、承认、认可、侦察、感谢等义。——中译注

③ 参见钦西安的 Negunaks 神话中的细节，Boas, *Tsim. Myth.*, p. 287 及以下诸页，和 p. 846 关于同一主题的类似神话的注解。

这种义务性邀请的原则，也常常在夸扣特尔人[1]以及同一部落群的其他部落的宴庆仪式中体现出来。有时候，这类仪典是以“狗的仪典”为开端的。会有一群男子戴着面具从一个房子里出来，并力图冲进另一个房子里去。这是对以往事件的纪念：当初夸扣特尔部落中的三个氏族一时疏忽，没有邀请在诸氏族中地位最高的戈特拉（Guetela）氏族[2]，于是后者不能甘受“亵渎”（profane），冲进了舞室并捣毁了一切。

接受的义务的约束力也毫不逊色。人们没有权利拒绝接受礼物，拒绝参加夸富宴[3]。如果拒绝，就表明害怕做出回报，而不想做回报就是害怕被“压倒”。事实上，这就已经被“压倒”了。这会使他的名字“失去分量”[4]；这或者是在要事先就自认卑下[5]，或者在某些情况下，是要宣称胜利无敌[6]。的确，至少在夸扣特尔人中，如果某人在先前的夸富宴中常胜不败，便会被承认具有特殊的等级地位，那么即使他拒绝接受邀请，或者在出席夸富宴的时候拒绝接受礼物，也不会导致争斗。然而，拒绝者却必须要举行一次夸

① 例如，在黑茶藨子宴上，司仪会说：“我们邀请你，那还没有来的人。”*Ethn. Kwa.*，p. 752。

② Boas，*Sec. Soc.*，p. 345.

③ 在特林基特，受到邀请但在两年之后才参加夸富宴的人被称作“妇人”。*Tlingit M. T.*，p. 119，注 a。

④ Boas，*Sec. Soc.*，p. 543.

⑤ 在特林基特，人们不得不去赴海豹宴，即便那脂肪令人作呕，Ethn. Kwa.，p. 1046；参见p. 1048：“试着什么都吃”。

⑥ 所以有时候对所邀请的客人说话要小心翼翼；因为一旦有人对所提供的东西表示了推辞，这便表明他自视极高。一个夸扣特尔首领对一个科斯基摩首领（koskimo，同一部族的一个部落）：“别拒绝我的殷勤，否则我会不安的，别推辞我的心意，……我不是装假的人，也不是仅仅赠与那些欲买（亦即给予）者的人。就是这样，我的朋友。”Boas，*Sec. Soc.*，p. 546。

富宴；特别是，在“油脂宴”上，不但要回报更多，而且还要谨守拒绝的仪式[①]。自视高于众人的首领先是拒绝了呈送给他的一匙油脂，然后他出去拿他的“铜器”，并带着铜器来“熄火”（油脂之火）。接着还有一系列程序来标明这种挑战，并致使这位拒绝的首领自己再给出一次夸富宴，亦即另一个油脂宴[②]。不过，在原则上，礼物总是会被接受并进而得到赞美的[③]。人们应该大声赞赏为他们准备的食物[④]。但是一旦接受，人们也就知道他们已经立约了[⑤]。他们所收到的是“负在背上的”礼物[⑥]。这不仅仅是享用一样东西或一次宴会，而更是接受了一次挑战；之所以要接受，是因为确定要回报[⑦]，要证明大家是平等的[⑧]。在这种局面中，首领们便被置

① Boas，*Sec. Soc.*，p. 355。

② 在 *Ethn. Kwa.*，p. 744 及以下诸页，有 Hunt 对油和 salal 果的宴会的描述，似乎更切此题；而且那看来像是在既无邀请也无给予的情况下使用的仪式。另有一种同类的宴庆仪式，也是为了表示对对手的轻蔑，还包括有在鼓声中跳舞（同上书，p. 770；并参见 p. 764），就像爱斯基摩人一样。

③ 海达人有这样的说辞：“再来一些吧，给我好吃的”（在神话中），Haida Texts，*Jesup*，VI，p. 685，p. 686；夸扣特尔人的例子，见 Ethn. Kwa.，p. 767，1. 39；p. 738，1. 32；p. 770，PoLelasa 的故事。

④ 但有一首特林基特人的歌非常清楚地表达了不满，*Tlingit M. T.*，p. 396，n° 26，n° 29。

⑤ 钦西安的首领们有这样的规矩：先派一个信使去检查受邀参加夸富宴的人所带来的礼物，*Tsim. Myth.*，p. 184；参见 p. 430，p. 434。根据查理曼大帝（Charlemagne）公元 803 年的敕令，在其宫廷上也有专职人员负责此类检查。Maunier 先生向我指出了 Démeunier 所记述的这一事实。

⑥ 参见前文。注意拉丁语对成交通知的表达：oere oboeratus。

⑦ 特林基特人的乌鸦胞族的神话讲述了他们因为其他人（实为相对的胞族，Swanton 译错了，其实本应写作“与乌鸦胞族相对的胞族”）吵吵嚷嚷，并且逾越了舞室中区分两个胞族的中心线而没有去参加一次宴会。乌鸦人担心对方或许难以战胜，*Tlingit M. T.*，p. 118。

⑧ 接受所导致的不平等在夸扣特尔人的话语中昭示无遗，*Sec. Soc.*，p. 355，p. 667，1. 17.，参见 p. 669，1. 9。

于一种滑稽的境地，当然他们对此也是心知肚明。这就像在古代高卢人、日耳曼人，以及我们的学生、士兵或农民的聚餐上，不得不大吃大喝、挥霍一番，以一种可笑的方式向邀请者“致敬”一样。即使只是接受挑战者的继承人，他也要履行这一义务[①]。拒不给予、拒不接受[②]，和拒不回报一样都是不成体统的[③]。

除去单纯的毁物的情况以外，回报的义务[④]是夸富宴的根本。单纯的毁坏几乎都是为了把牺牲献给神灵，看来并不需要全部无条件的回报；而当这种毁坏是氏族中的高级首领或者较高地位氏族之首领的所为的时候，尤其如此[⑤]。但通常而言，夸富宴总是应该要高息偿还的，甚至所有的礼物都要高息回报。每年的利息一般在30%至100%之间。即便是由于为某项工作付出了劳务而从

① 特林基特人的例子见 Swanton，*Tlingit*，p. 440，p. 441。

② 特林基特人有一种仪式，一方面会让主人付出更多，但另一方面也使主人能够迫使受邀者接受礼物：当受邀者表示不满，做出了要离开的姿态，主人便送给他双份并念出一位已故亲人的名字，Swanton，*Tlingit Indians*，p. 442。这个仪式可能与再现各自祖先神灵的契约双方的身份是相对应的。

③ 见 *Ethn. Kwa.*，p. 1281 中的一段话：“部落中的首领们从不回报……他们这是自甘堕落，你就要荣升为这些自甘堕落者的大首领了。”

④ 见大首领 Legek（钦西安人首领之子的名号）在夸富宴上的一段话（历史性的叙述），*Tsim. Myth.*，p. 386；大家对海达人说：“你们将是首领中的最末几位，因为你们不能像大首领那样，把铜器扔到海里去。”

⑤ 理想状态是给出一次夸富宴而不被回报。*Ethn. Kwa.*，p. 1282，l. 63 中有这样的话：“你希望给出不能回报之物。”举办夸富宴的人被比作一棵树、一座山：“我是大首领，我是大树，你们都在我下面……你们是我的篱笆……我给你们财产。”同上书，p. 1290，第1节。“竖起夸富宴的柱子吧，那无懈可击的柱子，这是唯一的繁茂大树，这是唯一的粗壮之根……”同上书，第2节。海达人则用矛来作类似的比喻。接受夸富宴者“仰仗他的（即首领的）矛生活”，*Haida Texts*（Masset），p. 486。这同时也是一个神话。

首领那里得到一条毯子，在首领的家庭举办婚事的时候，或是在首领向大家介绍他儿子的宴会，他也得回报两条毯子。不过等到下一次夸富宴上相对的氏族回报了这位首领的好处以后，就又轮到首领要把得到的所有财物再分发给大家了。

有尊严地回报是一种强制性的义务[①]。如果不做出回报，或者没有毁坏相等价值的东西，那将会丢一辈子的“脸”[②]。

如果没有履行回报的义务，惩罚将是做奴隶抵债。至少在夸扣特尔、海达和钦西安都是如此。这种制度，确实无论在性质上还是在功能上都可以和罗马的“nexum”[③]相比。任何人如若不能偿还借贷或不能回报夸富宴，都会丧失身份甚至人身自由。在夸扣特尔，当一个信用很差的人借物的时候，他就被说成是在“卖奴隶”。这里就无须再来强调这种说法与罗马人的说法是多么一致了[④]。

在海达部落，如果一位母亲给年少首领的母亲送了礼物，订了童婚[⑤]，那么人们就说她“拴了一根线在他身上”，这简直是跟同样

① 见一个由于没有很好地回报夸富宴而遭受羞辱的故事，*Tsim. Myth.* p. 314。钦西安人也总是想起 Wutsenaluk 人欠他们的两件铜器，同上书，p. 364。

② 如果不破坏一件与挑战者的铜器价值相等的铜器，那么“名字”就被“破坏”了，Boas，*Sec. Soc.*，p. 543。

③ 指古罗马的契约，兼有“约束”和“卖身为奴”的意义。详见第三章第一节。——中译注

④ 当一个没有信用的人借东西来做义务性的分配或再分配时，他就是“压上了他的名字”，另一个同义的说法是“他在卖奴隶”，Boas，*Sec. Soc.*，p. 341；参见 *Ethn. Kwa.*，p. 1451，p. 1424，kelgelgend 条；参见 p. 1420。

⑤ 可能小首领还没有出生，但契约已经用年轻人做了抵押，Swanton，*Haida*，p. 50。

的拉丁成语不谋而合。

不过,一如特罗布里恩的“库拉”只是礼物交换的一种高级形式,夸富宴也只是赠礼制度在西北美洲沿海诸社会中的一种变形产物。至少在海达和特林基特,胞族之间还存留有古老的总体呈献的重要遗迹;此外,这也是与之联姻的重要的部落群——阿塔帕斯坎人的突出特征。人们会因为任何理由和任何“服务”来交换礼物;而所有礼物随后都会得到回报,甚或就在当场立即进行再分配[①]。钦西安人也保留了类似的规则,与之相差不多[②]。在夸扣特尔,很多情况下这类规则甚至在夸富宴之外仍然起作用[③]。那些早先的作者们对夸富宴也没有其他的描述,这本身就让人怀疑夸富宴还是不是一种与众不同的制度;对于这个一望而知的问题,我们不打算多费口舌[④]。这里只需提醒一下:在一个我们所知甚少

① 参见上文。特别是在海达人、钦西安人和特林基特人中,和平仪式中要有直接的呈献与回献;说到底,这是一种抵押品(纹饰铜器)、人质、奴隶及妇女的交换。例如在钦西安人和海达人的战争中,*Haida T. M.*,p. 395:“因为他们害怕对方又要生气,所以都把各自的女人嫁给对方,这样,他们就相安无事了。”并见上书,p. 396,海达人和特林基特人的战争中的一场作为赔偿的夸富宴。

② 见上文,尤见 Boas,*Tsim. Myth.*,p. 511,512。

③ 在夸扣特尔,对财产的分配接连在两个方向上发生,Boas,*Sec. Soc.*,p. 418;由于仪式过错而在下一年给付罚金,同上书,p. 596;高息偿付男方为新娘而付的聘礼。

④ 关于“夸富宴”(potlatch)一词,参见导论,第 11 页注释①。而且,似乎没有任何思想观念或者术语分类能够支持对这一专有名词的这种使用;在西北美洲的语言中,有关此类事项的确切说法,也只有“sabir”这个以钦诺克语为基础的盎格鲁—印第安式的词。

不过,钦西安人对部落间大夸富宴“yaok”(Boas [Tate],*Tsim. Myth.*,p. 537;参见 p. 511;p. 968,被错误地译成了“夸富宴”)和其他夸富宴做了区分。海达人则区别了丧葬

而又值得研究的部落——钦诺克部落中，“potlatch”（夸富宴）一词就是礼物的意思[①]。

物之力

我们还可以进一步分析和证明：在夸富宴上所交换的事物具有一种品性，它能使礼物循环流通，既被给予，又被回报。

首先，至少夸扣特尔人和钦西安人都对各种财产做出了与罗马人、特罗布里恩人和萨摩亚人类似的区分。在他们看来，物品可分为两类，一方面是消费品及日常分配的东西[②]（在这方面我未发现

（接上页）夸富宴“walgal”和其他原因的夸富宴“sitka”，Swanton，*Haida*，p. 35，p. 178，p. 179，p. 68（Masset 的原文）。

夸扣特尔人与钦诺克人通用的“poLa”（使之吃饱）一词（*Kwa. T.*，III，p. 211，1. 13. 吃饱的 poL，同上书，III，p. 25，1. 7）似乎不仅意指夸富宴，还指宴会或宴会的效果。“poLas”指的就是主办宴会的人（*Kwa. T.*，2ᵉ série；*Jesup*，t. X，p. 79，1. 14；p. 43，1. 2），同时也指可以吃饱的地方（见于 Dzawadaenoxu 首领名号的一个传说）；参见 *Ethn. Kwa.*，p. 770，1. 30。在夸扣特尔，更具一般性的用词是“p!Es”，意为压扁、压倒（对手的名字）（见 *Ethn. Kwa.*，索引中该词条），或把筐、篓倒空（*Kwa. T.*，III，p. 93，1. 1；p. 451，1. 4）。部落内和部落间的大夸富宴可能有一个专门的名称，叫“maxwa”（*Kwa. T.*，III，p. 451，1. 15）；博厄斯从其字根“ma”推断，认为它可以追溯到另外两个词，一个是“mawil”，意为成年礼的房间，另一个词的意思是逆戟鲸（见 *Ethn. Kwa.*，索引），不过这种推断方式很不可靠。事实上，在夸扣特尔部落，可以找到多如牛毛的技术术语，用以指称用于婚姻、补偿萨满、晋升、以后的利益等等各式各样的夸富宴、林林总总的偿付和再偿付、礼物和回礼，总之是指称各种分配和再分配。例如“men(a)”，意为“拾起”(pick up)（*Ethn. Kwa.*，p. 218），指的就是一种小型的夸富宴，此间少女的衣服会被扔入人群，然后人们再为她拾起来；“payol”，意为“送出铜器”；还有两个词指送船，*Ethn. Kwa.*，p. 1448。与所有古式的术语分类一样，这种专名不计其数、富于变化又十分具体，而且还相互重叠。

① 该词的这一意义以及相关信息见 Barbeau，Le Potlatch，*Bull. Soc. Géogr. Québec*，1911，vol. III，p. 278，n. 3。

② 可能也有用于买卖的事物。

有交换的迹象）；另一方面，是家庭的宝物[①]、护符、纹饰铜器、皮毛毯子以及装饰织物。这后一类事物要被郑重其事地送出，其受重视的程度不亚于把女人嫁出成婚、把“特权”移交给女婿[②]、把名称

① 钦西安人把财产（propriété）和（食物）储备（provision）分得一清二楚，*Tism. Myth.*，p. 435。博厄斯说（很可能是根据他的联系人 Tate 的说法）：“拥有所谓‘丰富的食物’（rich food，同上书，p. 406）是保持家庭尊严的基本要求。但是，食物的储备并不被算作是财富（richesse）。财富是通过买卖获得的（我们已经说过，事实上是指用于交换的礼物），是通过买卖储备或其他积累下来又在夸富宴中散发出去的各种财物获得的。”参见前文有关美拉尼西亚人的讨论。

同样，夸扣特尔人也把单纯的储备和财富—财产区分开来。后两个词其实是一回事。财富有两个名称，*Ethn. Kwa.*，p. 1454。一个是“yàq”或“yäq”（因为博厄斯在语史学上尚有犹豫，故未能确定），参见 *Ethn. Kwa.*，索引，yàqu（分配、分发）条，p. 1393。它的两个派生词是“yeqala”（财产）和“yäxulu”（护符、奁产以外的[paraphernal]财物），参见那些自“yä”衍生的词，同上书，p. 1406。另一个词是“dadekas”，参见 *Kwa. T.*，III，p. 519，索引，及 p. 473，1. 31；在 Newettee 的方言中，则为“daoma”和“dedemala”，见 *Ethn. Kwa.* 索引中的词条。这个词的词根是“dâ”，它的意思竟然和印欧语言中的词根“dâ”的意思不差分毫：都指的是接受、取、用手拿、摸等等，这着实令人惊讶。该词的派生词也是意味深长。其中一个的意思是“拿敌人的一片衣服以使其中魔法”；另一个说的是“拿在手上”、“拿回屋去”（指的是在购买铜器之前，先把既有的毯子拿回去，然后再拿更多的出来）（可与后文中有关“manus”和“familia”两词的讨论联系起来）；还有一个词，意思是“把许多毯子放在对手（接受毯子的人）的背面”，而且一边说还要一边这么做。另一个与之同一词根的词“dadeka”更加奇怪，它的意思是“相互忌妒”，*Kwa. T.*，p. 133，1. 22；其原意应该是“所拿取的会招致忌妒的东西”；参见“dadego”，意为争斗，很可能是指以财产相斗。

还有一些意思与之相近的词，但词意却要明确多了。例如“mamekas”是指“屋内的财产”，*Kwa. T.*，III，p. 169，1. 20。

② 见 Boas 和 Hunt，*Ethn. Kwa.*，p. 706 及以下诸页，有很多这种移交时所用的措辞。

几乎没有任何在道德上和物质上弥足珍贵的（注意，我们不用“有用”这个词）事物却不是这种信仰的对象的。首先，事实上，道德事物便是财物、财产，亦即礼物和交换物。例如，即便在更为原始的澳洲文明中，人们也要在部落中把道德事物传给代表部落的人，使之地位巩固，同样，在特林基特，夸富宴结束后，人们也会“留下”一舞作为交换，送给举办夸富宴的人，Swanton，*Tlingit Indians*，p. 442。在特林基特，最基本的财产、

与级别授予子孙和女婿。此处如果用"让与"（alién-ation）一词是不恰当的。这与其说是出售或真正的放弃，毋宁说是借贷。在夸扣特尔，有一些此类事物尽管会出现在夸富宴上，但却是不能转让的。质言之，这些财产是家族的圣物（sacra），绝不会轻易出手，甚至会永不与之分离。

通过深入的观察不难发现，海达人对事物也有类似的划分。的确，他们甚至以一种古老的方式，把财产和财富的观念都神圣化了。经过在美洲十足罕见的神话与宗教上的努力，他们已经达到了可以把抽象概念实体化的高度：他们有了"财产女神"（Dame propriété，英国作者称之为"Property Woman"），而且我们还能找

（接上页）最不可触犯的东西、同时也是最能招惹忌妒的事物，就是所拥有的名称和图腾纹章，同上书，第416页等页；而且也正是这种事物才让人感到幸福和富有。

图腾标记、庆宴和夸富宴、在夸富宴上赢得的名称、别人因为你所给出的夸富宴而欠给的礼物，所有这一切都是环环相扣的。夸扣特尔人有这样的说法："现在，我的宴会到他那儿去了"（指女婿，*Sec. Soc.*，p. 356）。秘密会社的"位置"和"神灵"也是这样被传授和交还的，见有关财产等级和等级财产的一段话，*Ethn. Kwa.*，p. 472。参见 *Ethn. Kwa.*，p. 708 的另一段话："这就是你的冬之歌，你的冬之舞，所有人都有它的属性，都有冬之毯的属性；这就是你的歌，这就是你的舞。"夸扣特尔人用以指称贵族之家的护符和特权的只有一个词："k!ezo"，意为纹章、特权，例见 *Kwa. T.*，III，p. 122，l. 32。

钦西安人把跳舞用或炫耀用的面具和纹饰帽子都叫作"一些财产"，这些财产追随于夸富宴上的赠礼，或追随于首领之姨送给"部落之女"的馈赠，Boas（Tate），*Tsim. Myth.*，p. 541。

相反，比如说在夸扣特尔，人们是以道德的方式来构想事物的，对于两种宝物，亦即基本的护符——"致死者"（halayu）和"生命之水"（显然是一块独一无二的石英结晶）——以及毯子等等，尤其如此。这一点，我们前文已有提及。夸扣特尔人有一种奇特的说法，说这些奁产以外的财产如同祖父，不过这也是很自然的，因为之所以把这些事物交给女婿，也只是为了让他再还给孙子。Boas，*Sec. Soc.*，p. 507。

到有关她的神话和对她的描写[1]。在海达人中,她简直就是占支配地位的鹰胞族的母亲和始祖女神。但还有一个不可思议的事实,能够唤醒人们对亚洲世界和古代世界的久远回忆:她好像就是在木片游戏中的那根主木片"女王"[2],它无往不胜,而且名字和"财产女神"也差不多。这位女神还见于特林基特地区[3],而在钦西安部落[4]和夸扣特尔部落[5],即使没有对她的膜拜,也有关于她

① Swanton, *Haida*, p. 92, p. 95, p. 171 中有 Djîlaqons 神话。Masset 的版本见于 Haida T., *Jesup*, VI, p. 94, p. 98; Skidegate 的版本见于 *Haida T. M.*, p. 458。她的名字还体现在海达人鹰胞族的一些家族姓氏中。见 Swanton, *Haida*, p. 282, p. 283, p. 292, p. 293。在 Masset 所讲述的神话中,财富女神的名字是"Skîl", Haida T., *Jesup*, VI, p. 665, 1, 28, p. 306; 索引, p. 805。并参见 Skîl 鸟, Skirl 鸟(Swanton, *Haida*, p. 120)。"Skîltagos"的意思是铜器—财产,也指人们找到与这神名有关的"铜器"的神奇故事,参见 p. 146,图 4。有一个有雕饰的柱子表现了 Djîlaqons 和她的铜器、柱子以及纹章, Swanton, *Haida*, p. 125; 参见插页 3,图 3。见 Newcombe 的描述,同上书, p. 46。见复原图,同上书,图 4。有关她的膜拜物上充满了偷来的东西和她自己偷的东西。

她的确切的名号是"作响的财产", Swanton, *Haida*, p. 92。她还有四个别名,同上书, p. 95。她有一个儿子,叫"石头的棱角"(实际上是铜器的棱角, Swanton, *Haida*, p. 110, 112)。谁要是遇见了她、她的儿子或女儿,他在游戏时就会十分幸运。她有一种有魔力的植物,如果吃着它就会发财致富;如果触摸到了她的毯子或是找到了她排列好的贝壳,也同样会变得富有, Swanton, *Haida*, p. 29, p. 109。

她的名字之一是"留在屋里的财产"。有很多人的名号中都有她的名字 Skîl,如"等候 Skîl 之人"、"向 Skîl 之路"。见海达人的族谱, E. 13, E. 14; 和乌鸦胞族的族谱, R. 14, R. 15, R. 16。

她好像是与"灾疠女神"(Femme pestilence)相对立的,参见 *Haida T. M.*, p. 299。

② 关于海达人的 djîl 和特林基特人的"näq",见本章第 34 页注释 5。

③ 特林基特人流传着关于她的完整神话, *Tlingit M. T.*, p. 173, p. 292, p. 368。参见 Swanton, *Tlingit*, p. 460。在 Sitka, Skîl 的名字很可能是"Lenaxxidek",是有一个孩子的女神。当人们听到小孩吮奶的声音,并且追逐这个小孩时,如果能被小孩抓伤,那么好好看顾伤口,它的结痂会令其他人快活。

④ 钦西安人的这个神话是不完整的, *Tsim. Myth.*, p. 154, 197。可以比较博厄斯在 *Tsim. Myth.* 第 746 页和第 760 页的注。虽然博厄斯并没有提出二者的相同之处,但这是很明显的。钦西安的女神穿着一件"财富外衣"(garment of wealth)。

⑤ 可能"富有"(女神)Qominoqa 的神话便与之起源相同。这位富有女神似乎是保

的神话。

所有这些宝物便构成了一种代代相传具有法力的遗产；而且，无论是对于这份遗产的赠与人和领受人（récipiendaire），对于把这些法宝赋予氏族的神灵，还是对于从神灵处得到它们的那个氏族的始创英雄，这些宝物始终如一[①]。在任何情况下，在上述所有部落中，全部此类事物都具有精神性的起源，具有精神性的本质[②]。不仅如此，它们还被保存在一个箱子中，通常是那种有纹饰的大箱子[③]，

（接上页）留在夸扣特尔的几个氏族中的膜拜对象，例见 *Ethn. Kwa.*，p. 862。还有一位 Qoexsotenoq 英雄的名号是“石头的身体”，后来又成了“身体上的财产”，Kwa. T.，III，p. 187，参见 p. 247。

① 例见逆戟鲸氏族的神话，Boas，*Handbook of American Languages*，I，p. 544—559。逆戟鲸氏族的始创英雄本身亦是该氏族的成员之一。他对他遇到的一位神灵说：“我要找到你的 logwa（一种法宝，见 p. 554，1. 49）”，这位神灵有人的外形，但却是一头逆戟鲸，p. 557，1. 122。神灵认出了他是逆戟鲸氏族的人，就给了他一柄捕鲸用的铜尖的渔叉（此处 p. 557 有遗漏）：逆戟鲸氏族的人就成了“杀鲸者”（killer-whales）。这位神灵还把（夸富宴的）名字给了他，叫作“可吃饱之处”、“感到吃饱了”。他的房子应该叫作“逆戟鲸之屋”，屋子的“前面绘有逆戟鲸”。神灵还说：“逆戟鲸将成为你在屋内的餐盘（即餐盘要制成鲸鱼形），halayu（致死者）和‘生命之水’以及为你们切割用的石英之牙制成的小刀”（都将是你们逆戟鲸人的），p. 559。

② 有一个神奇的箱子，里面装了一条鲸鱼，一位号称“向海岸而来的财富”的英雄即因此得名，Boas，*Sce. Soc.* p. 374。参见“向我漂来的财产”，同上书，p. 247，p. 414。“作响”的财产，见本章前注。Masset 的一个主要首领是“其财产会作响者”，Haida Texts，*Jesup*，VI，p. 684。又如，夸扣特尔人的财产是活着的，Maamtagila 人唱道：“愿我们的财产在他的努力下保持活力，愿我们的铜器保持不坏”，*Ethn. Kwa.*，p. 1285，1. 1。

③ 家庭中除奁产以外的财产是在男人中流通的，它先是经过女儿或女婿之手，一旦儿子经过成年礼或结了婚以后，便又回到了儿子的手上。通常，这些财产就保存在一个饰有纹章的箱子或匣子中，这类箱子的制造和使用都体现着西北美洲（从加利福尼亚的 Yurok 到白令海峡）文明的特色。通常，这类箱子上都饰有图腾或神灵的形象或眼睛，里面也装着它们的标志，包括有：饰有人像的毯子、“生”与“死”的护符、面具、面具头饰、冠冕和弓。神话常常把神灵与这些箱子以及箱子里装的东西混为一谈。例如：“gonaqadet”也被认同为箱子、铜器、帽子、摇铃和铃铛，*Tlingit M. T.*，p. 173。

而连这个箱子本身也赋有一种个体性的力量①,它能和它的主人说话,它追随着它的主人,保管着主人的灵魂②。

和在特罗布里恩一样,这种宝物、这些财富的记号中的每一件

① 就像成年礼或婚礼一样,正是这种箱子的转交或给予,才使得领受者成为了一个"超自然的"个体,或者成为一个成年人、一个萨满、一个巫师、一个贵族、一个舞者,抑或在盟会中得到了一席之地。见有关夸扣特尔人的家庭史的话语,*Ethn. Kwa.*,p. 965,966,参见 p. 1012。

② 这种珍奇的箱子总是充满神秘,并被保藏在室内最隐秘的那些地方。有时候箱子里面还套着箱子,甚至可以套好多(如海达人的箱子),Masset,Haida Texts,*Jesup*,VI,p. 395。箱子里面会装有神灵,比如说"耗子女神"(海达人的例子),*Haida T. M.*,p. 340;或是乌鸦,会去弄瞎不忠诚的持有者的眼睛。参见 Boas,*Tsim. Myth.*,p. 854,p. 851 中有关这类主题的汇总。有关太阳被关在一个漂浮着的箱子里的神话流传最广(详见 Boas,*Tsim. Myth.*,p. 641,p. 549)。这类神话在我们的古代世界中亦有所闻。

在各种英雄故事中,最常见的一种情节是:有一个小箱子,英雄拿来轻而易举,其他任何人却都觉得沉重不堪,而箱子里面装着一头鲸鱼,Boas,*Sec. Soc.*,p. 374;Kwa. T.,2e série,*Jesup*,X,p. 171;此外,箱子里的食物是取之不尽用之不竭的,同上书,p. 223。这种箱子也是活的,它靠自己的运动漂移,*Sec. Soc.*,p. 374。Katlian 的箱子还带来了财富,Swanton,*Tlingit Indians*,p. 448;参见 p. 446。箱子里的花朵和各种护符——"太阳渣"、"燃烧的木卵"、"致富者"等等,连同财富本身,都需要喂养。

有一个箱子中的神灵"太过强悍而无法归之于人",它的面具竟使佩戴者丧命(*Tlingit M. T.*,p. 341)。

这些箱子的名字往往兆示着它们在夸富宴中的用途。海达人有一个装油脂的大箱子叫作"母亲"(Masset,Haida Texts,*Jesup*,VI,p. 758)。"红底的箱子"(太阳)"洒水"在"部落之海",其实所谓水,就是首领所分发的毯子,Boas,*Sec. Soc.*,p. 551,注 1,p. 564。

神奇箱子的神话同样也是亚洲北部太平洋诸社会的特色。在 Pilsudski,*Material for the Study of the Aïnu Languages*,Cracovie,1913,p. 124,p. 125 中能找到很好的比较神话学的例子。该书中所讲的箱子是一只熊给的,英雄必须遵守一些塔布,箱子中装满了金银和能够带来财富的法宝。此外,在整个北太平洋,箱子的加工工艺也都相同。

都有它的个体性，它的名字[①]，它的品质，它的权力[②]。那些“阿巴龙（abalone）”大贝壳[③]、那些覆有贝壳的盾牌、那些装饰精美的带

① “家族之物都各有其名”（指海达人），Swanton，*Haida*，p. 117；房屋、门、盘子、有雕饰的小勺、船、捕鲑鱼的工具等等都有名字。有“财产之链”一说，Swanton，*Haida*，p. 15。我们有夸扣特尔人各氏族所命名的事物的清单，其中包括贵族、男人、女人和他们的特权（如跳舞、夸富宴等，这些同样也是财产）的各式各样的名头。我们所说的动产，有一些也被命名并同样被人格化了，如盘子、房屋、狗和船。见 *Ethn. Kwa.*，p. 793 及以下诸页。在这份清单中，Hunt 漏掉了铜器、abalone 大贝壳和门的名字。在一种有装饰的小船上，有一条绳子穿着一些勺子，这叫作“勺子锚绳”（Boas，*Sec. Soc.*，p. 422，出现在一个偿付聘礼的仪式中）。在钦西安部落，船、铜器、勺子、石锅、石刀和女首领的盘子都有名字，Boas，*Tsim. Myth.*，p. 506。奴隶与狗也都是有价值的财物，是被家族收养的。

② 这些部落中唯一的驯养动物就是狗。狗的名字依各个氏族（或是首领的家族）而有所不同，并且不能被买卖。夸扣特尔人说：“它们是人，跟我们一样”，*Ethn. Kwa.*，p. 1260。“它们看家护院”，防备着妖术和敌人的进犯。有一个神话讲道，科斯基摩人的首领和他的狗 Waned 互相换了身份，而且它们用的是同一个名字，同上书，p. 835；参见前文（西里伯斯人）。参见 Lewiqilaqu 的四条狗的奇异神话，*Kwa. T.*，III，p. 18，p. 20。

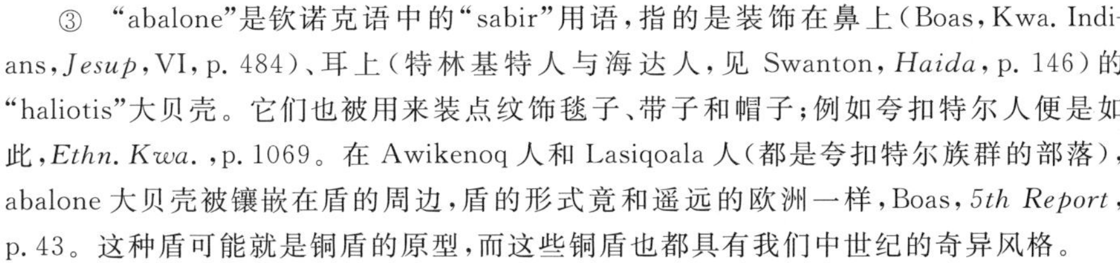

③ “abalone”是钦诺克语中的“sabir”用语，指的是装饰在鼻上（Boas，Kwa. Indians，*Jesup*，VI，p. 484）、耳上（特林基特人与海达人，见 Swanton，*Haida*，p. 146）的“haliotis”大贝壳。它们也被用来装点纹饰毯子、带子和帽子；例如夸扣特尔人便是如此，*Ethn. Kwa.*，p. 1069。在 Awikenoq 人和 Lasiqoala 人（都是夸扣特尔族群的部落），abalone 大贝壳被镶嵌在盾的周边，盾的形式竟和遥远的欧洲一样，Boas，*5th Report*，p. 43。这种盾可能就是铜盾的原型，而这些铜盾也都具有我们中世纪的奇异风格。

从前 abalone 大贝壳可能具有货币的价值，就像现在的铜器一样。一个 Ctatlolq（南 Salish）神话把这两者联系起来：一方是叫作“K'obois”的“铜器”，另一方是叫作“Teadjas”的“abalone”；它们的儿子和女儿成了婚，生出的孙子拿着熊的“金属箱子”，把熊的面具和夸富宴占为己有，*Indianische Sagen*，p. 84。在一个 Awikenoq 神话中，贝壳的名字和铜器的名字一样，都与“月亮的女儿们”有关，同上书，p. 218，p. 219。

在海达，每一个贝壳都有一个名字，至少那些价值甚巨而且十分出名的贝壳都是这样的，这一点与美拉尼西亚完全相同，Swanton，*Haida*，p. 146。此外，这些贝壳还被用于为人和神灵命名。在钦西安人中的例子，见 Boas，*Tsim. Myth.*，p. 960；参见夸扣特尔人的 Awikenoq、Naqoatok 和 Gwasela 各部落、各氏族的“abalone 之名”，*Ethn. Kwa.*，pp. 1261—1275。可以肯定，这种习俗是族际的。在 Awikenoq 人的神话中，就提到过贝拉库拉人的 abalone 箱（一种饰有贝壳的箱子），并对之做了精确的描述；而且还说里面装

子和毯子，以及那些织有脸面和眼睛、绣着人像和兽形的毯子①，全都如此。房屋、雕梁连同刻石②，也都是存在者。屋顶、火焰、雕塑、绘画，它们都能言语；因为这魔屋（maison magique）③不仅是由首领及其属民或是其相对胞族的成员建造的，甚至也是诸神和祖先建造的，而正是这屋子迎送着灵魂和初成年者。

（接上页）的是 abalone 毯子，它与箱子都放射着太阳的光芒。此外，神话中所讲到的首领的名字叫作“Legek”，Boas，*Indianische Sagen*，p. 218 及以下诸页。这个名字是钦西安主要首领的名号。可以推测，这是神话随着物品而流传的结果。在 Masset 讲的一个海达神话中，“乌鸦创造者”送给他的女人的太阳就是 abalone 贝壳，Swanton，Haida Texts，*Jesup*，VI，p. 313，p. 227。有关以 abalone 命名的神话英雄的例子，见 *Kwa. T.*，III，p. 50，p. 222 等。

在特林基特，这些贝壳是与鲨鱼的牙齿联系在一起的，*Tlingit M. T.*，p. 129。可比较上文中讲到的美拉尼西亚人对抹香鲸的牙齿的使用。

不仅如此，所有这些部落还都有对“dentalia”（小贝壳）项链的膜拜。尤见 Krause，*Tlinkit Indianer*，p. 186。总之，可以确定，我们在这里又发现了与美拉尼西亚以及整个太平洋地区都相同的货币形式，以及有关这种货币的相同的信仰和相同的习俗。

另外，这各种贝壳还曾是俄罗斯人占有阿拉斯加时的一种贸易物；这一贸易在加利福尼亚湾和白令海峡之间双向进行，Swanton，Haida Texts，*Jesup*，VI，p. 313。

① 毯子的装饰也很像箱子上的装饰；甚至有些箱子的纹样就是模仿毯子绘成的，见 Krause，*Tlingit Indianer*，p. 200，图。毯子也是某种精神事物，如海达人所谓的“神灵的带子”，就是指撕下来的一条毯子，Swanton，Haida，*Jesup Exped*，VI，p. 165；参见 p. 174。有一些神话斗篷是所谓的“世界之斗篷”，见利卢埃特人（Lilloët）的 Qäls 神话，Boas，*Ind. Sagen*，p. 19，p. 20；贝拉库拉人有“太阳斗篷”，*Ind. Sagen*，p. 260；海尔楚克人则有鱼斗篷，*Ind. Sagen*，p. 248；有关各种斗篷的比较，见 Boas，*Ind. Sagen*，p. 359，n° 113。

参见“会说话的草席”，Haida Texts，Masset，*Jesup Expedition*，VI，p. 430，p. 432。他们对毯子、席子以及加工后的皮毛的膜拜，看来与波利尼西亚人对草席的膜拜异曲同工。

② 在特林基特，人们认为房屋里的一切都会说话，神灵会跟房梁和柱子说话，梁、柱本身也会说话，而且图腾动物、神灵、人以及室内之物都能交流、对话；这是特林基特宗教的一条固定的原则。例见 Swanton，*Tlingit*，p. 458，p. 459。夸扣特尔人的房子也是能听会说，*Ethn. Kwa.*，p. 1279，l. 15。

③ 房屋被认为是一种动产（我们知道，日耳曼法曾经在很长一段时期内也是如此）。房屋可以转让和移转。在很多神话中，“魔屋”在眨眼之间就能建好，而且往往是先祖所赠的（见 Boas，*Tsim. Myth.*，p. 852，p. 853 中的汇总）。夸扣特尔人的例子，见 Boas，*Sec. Soc.*，p. 376 及p. 376和 p. 380 的插图。

此外，所有这些宝物[①]自身还具有一种生产的品性[②]。它们并不单单是一个记号和一种保证，它们还是财富的记号和保证，是等级与富裕的宗教本原和巫术本原[③]。那些雕饰有氏族图腾或等级图腾的纹样的盘子[④]和勺子[⑤]，都是充满灵气的东西，人们用它们

① 这些事物既十分珍贵，同时也是巫术性的和宗教性的，例如：1. 鹰羽往往被视同为雨、食物、石英和“好药”。例见 *Tlingit T. M.*，p. 383，p. 128 等；Masset，Haida Texts，*Jesup*，VI，p. 292。2. 手杖和梳子，*Tlingit T. M.*，p. 385；Swanton，*Haida*，p. 38；Boas，Kwakiutl Indians，*Jesup*，VII，p. 455。3. 手镯，如在 Lower Fraser 的部落，Boas，*Indianische Sagen*，p. 36；Boas，Kwakiutl Indians，*Jesup*，VII，p. 454。

② 在夸扣特尔，所有这些东西，包括匙、盘子和铜器在内，都有一个通用的属名“logwa”，意思就是法宝、超自然之物。（见拙文 Origines de la notion de monnaie 中对该词的考察以及我在 Hubertet Mauss，*Mélanges d'histoire des Religions* 中的前言）“logwa”的观念就是曼纳的观念。不过，就我们所讨论的对象而言，能够产生财富与食物的，是财富和食物的“品性”。有一段话讲到“logwa”法宝，说它是“以往财富的大增进者”，*Ethn. Kwa.*，p. 1280，1. 18。一个神话讲到“logwa”如何“擅于获得财产”，讲到四个“logwa”（包括带子等等）在聚敛财产，其中之一叫作“使财产积累起来者”，*Kwa. T.*，III，p. 108。事实上，这是财富在造就财富。海达人甚至管青春少女所戴的 abalone 贝壳叫作“致富之资”，Swanton，*Haida*，p. 48。

③ 一个面具被称作“获得食物”。参见“而你将有充裕的食物”（nimkish 神话），*Kwa. T.*，III，p. 36，1. 8。“邀请者”、“送食物者”和“送鹰羽者”都是夸扣特尔人最重要的贵族的名号。参见Boas，*Sec. Soc.*，p. 415。

有装饰的篮子与盒子（如用于盛放采摘来的浆果的）同样也都具有巫术性，例如海达人的神话，Masset，Haida T.，*Jesup*，VI，p. 404；在一个十分重要的 Qäls 神话中，白斑狗鱼、鲑鱼、雷鸟以及雷鸟的唾液和装满浆果的篮子都混在一处。Fraser 河下游部落的神话，*Ind. Sag.*，p. 34；Awikenoq 人也有同样的神话，Boas，*5th Report*，p. 28，一个篮子被取名为“从来不空”。

④ 每个盘子都是根据它上面所雕刻的形象来命名的。在夸扣特尔，这些盘子表现的是“动物首领”。参见前文。其中有一个名叫“满载之盘”，Boas，Kwakiutl Tales（Columbia University），p. 264，1. 11。某些氏族的盘子就是“logwa”，它们曾与祖先“邀请者”（参见前文注）交谈，告诉他要把这些盘子拿去，*Ethn. Kwa.*，p. 809。参见 Kaniqilaku 神话，*Ind. Sag.*，p. 198；参见 *Kwa. T.*，2e série，Jesup，X，p. 205：一个会变化的人给他的岳父吃魔篮里的浆果（他的岳父曾使他受折磨），结果那些浆果变成了刺，从他的岳父身上长出来。

⑤ 见上文。

吃饭要恭敬庄重。它们再现了取用不竭的法器，是神灵授予祖先的食物创造者。它们本身亦被认为具有魔力。宝物、神灵、祖先以及用来吃东西的工具就这样混淆在一起。因此，夸扣特尔人的盘子和海达人的勺子便成为了一种重要财物，在严密的流通中，它们被慎重地分配给各个氏族和首领的家庭[①]。

声望的货币[②]

不过，毕竟纹饰铜器[③]作为夸富宴的基本财物，才是那些重要信仰的首要对象，甚至是膜拜的对象[④]。首先，在所有这些部落

① 见上文及前引书。

② 这一说法借自德语的"Renommiergeld"，Krickeberg先生曾经用过。因为我们所要讲到的盾形纹章和徽志，同时也是一枚枚钱币，而且在夸富宴上，它们还是首领以及受益于夸富宴的人所佩戴和炫耀的东西；所以称之为"声望的货币"，可以非常精当地描绘出它们的用途。

③ 我们对于西北美洲的铜器制造虽然已有很多讨论，但仍然不甚了了。Rivet在其出色的作品Ofèvrerie Précolombienne(《哥伦布发现新大陆前的金银器业》)，*Journal des Américanistes*，1923中即有意搁置未谈。但无论如何，总归可以肯定这种工艺早在欧洲人到达美洲之前就已经存在了。特林基特和钦西安等北部部落早就在Copper河沿岸寻找、挖掘和采集天然铜了。参见一些较早的作者的作品及Krause，*Tlingit Indianer*，p. 186。所有这些部落都曾谈到"大铜山"：特林基特人的例子，见*Tlingit M. T.*，p. 160；海达人的例子，见Swanton，Haida，*Jesup*，V，p. 130；钦西安人的例子，见*Tsim. Myth.*，p. 299。

④ 借此机会，我要纠正我在Note sur l'origine de la notion de monnaie(《货币观念的起源》)一文中的一个错误。在那篇文章中，我把"Laqa"(或"Laqwa"，博厄斯有此两种写法)一词与"logwa"弄混了。尽管博厄斯先生也经常把这两个词写成一样的词，但是现在，可以明显地看出，前者指的是"红色"、"铜器"，而后者仅指超自然之物、昂贵之物和法宝、护符等。不过，所有的铜器也都是"logwa"，因而我们的论证仍可保留。但是，在铜器称为"logwa"的情况下，它却是一个形容词，是本义的"logwa"的近义词。例如在*Kwa. T.*，III，p. 108有两个"logwa"是铜器，一个是"擅于获得财产"，另一个是"使财产积累起来者"。但并不是所有的"logwa"都是铜器。

中，铜器都是活着的，都有对这些铜器的膜拜或神话①。至少在海达部落和夸扣特尔部落，铜器被认同为鲑鱼，而鲑鱼本身即是膜拜的对象②。但除了这种形而上的和技术性的神话要素以外③，所有

① 铜器是有生命之物；铜矿与铜山都有魔力的，遍布着"致富植物"，Masset，Haida Texts，*Jesup*，VI，p. 681，p. 692。参见 Swanton，*Haida*，p. 146 中的其他神话。铜器有一种气味（这也的确是事实），*Kwa. T.*，III，p. 64，1. 8。制铜的特权是在钦西安神话中反复出现的重要内容，见 Tsauda 神话和 Gao 神话，*Tsim. Myth.*，p. 306 及以下诸页。在 Boas，*Tsim. Myth.*，p. 856 上有同类主题的汇总。在贝拉库拉部落，铜器似乎也被人格化了，*Ind. Sagen*，p. 261；参见 Boas，Mythology of the Bella Coola Indians，*Jesup Exp.*，I，part 2，p. 71，在那里，铜器神话与 abalone 贝壳神话是联系在一起的。而钦西安的 Tsauda 神话则与鲑鱼神话有关，所以这是一个值得讨论的问题。

② 因为铜器是红色的，所以被认同为太阳（例见 *Tlingit T. M.*，n°39，n°81）、"天降之火"（这是一个铜器之名，Boas，*Tsimshian Texts and Myths*，p. 467），但在所有这些案例中，铜器都被认同为鲑鱼。这一认同在夸扣特尔人的孪生子膜拜中尤其明显，其中一方是鲑鱼人，另一方是铜人，*Ethn. Kwa.*，p. 685 及以下诸页。神话的时序似乎是这样的：春天、鲑鱼到来、新太阳、红色、铜器。铜器与鲑鱼的同一性更是北部诸民族的特色（见 Boas，*Tsim. Myth.*，p. 656 中这类情节的汇总），例如 Masset，Haida T.，*Jesup*，VI，p. 689，691，1. 6，及以下诸页，注 1；参见 p. 692，第 73 号神话。这里有一个鲑鱼吞下铜器的传说，简直跟 Polycrate 的指环的传说一模一样，Skdegate，*H. T. M.*，p. 82。特林基特人有一个神话被译成了英文，名叫"烂尾巴"（Mouldly-end，一种鲑鱼的名字），海达人也有这样的神话。并见 Sitka 神话，铜链与鲑鱼，*Tlingit M. T.*，p. 307。Wrangel 的另一个版本的神话是箱子中的一条鲑鱼变成了一个人，同上书，p. 307，第五个神话。同类主题的神话见 Boas，*Tsim*，*Myth.*，p. 857。一个钦西安的铜器的名字是"逆河而上的铜器"，这显然讲的是鲑鱼，见 Boas，*Tsim*，*Myth.*，p. 857。

还应该再研究一下铜器膜拜与石英膜拜的关系，见上文。例如石英山神话，Kwa. T.，2e série，*Jesup*，X，p. 111。

同样，至少在特林基特部落，玉膜拜也应该和铜膜拜有关：有一个玉鲑鱼会说话，*Tlingit M. T.*，p. 5。还有一块玉能说话，并能给人取名，Sitka，*Tlingit M. T.*，p. 416。最后，还应该注意贝壳膜拜及与铜器膜拜的关联。

③ 我们已经知道，在钦西安部落，Tsauda 之家似乎是铜器的始创者和掌握制铜秘密的人。夸扣特尔的贵族 Dzawadaenoqu 家族的神话看来也是同一类的。这个神话把铜器制造者 Laqwagila 与富人 Qomqomgila 以及另一个富有的女人、铜器制造者 Qomoqoa 联系起来，*Kwa. T.*，III，p. 50；而且，以上三人又都与雷鸟之子白鸟（太阳）有关，

的铜器还分别是不同个体的特殊的信仰对象。氏族首领家中每一件主要的铜器都有名字[①]、有其各自的个体性,也有真正的巫术价值和经济价值[②]。这种价值始终取决于它所经历的夸富宴的兴衰成败,甚至取决于它在夸富宴上所受到的程度不同的破坏。[③]

(接上页)雷鸟有铜的气味,白鸟化作一个女人后生了一对双胞胎,他们也都有铜的气味,*Kwa. T.*,III,p. 61—67。

① 每件铜器都有它的名字。夸扣特尔人称之为"有名字的大铜器",Boas,*Sec. Soc.*,p. 348,p. 349,p. 350。很遗憾,对于铜器这种氏族的永久财产各种名字,我们并没有一个清单,同上书,p. 344。不过,我们知道夸扣特尔的很多大铜器的名字。这些名字都表明了对于铜器的膜拜和信仰。有一个铜器号称"月亮"(Nisqa 部落),*Ethn. Kwa.*,p. 856。有一些铜器所采用的是赐予这些铜器并化身其中的神灵的名字。例如"Dzonoqoa",*Ethn. Kwa.*,p. 1421;它们复现了神灵的形象。另外一些铜器采用的是图腾的始创神灵的名字:一件铜器叫作"海狸之脸",*Ethn. Kwa.*,p. 1427;另一个叫作"海狮",*Ethn. Kwa.*,p. 894。还有一些名字就是为刻画出该铜器的外在形式,如"T 铜器"和"上四分之一较长",*Ethn. Kwa.*,p. 862;有一些就叫作"大铜器",*Ethn. Kwa.*,p. 1289;"响铜",*Ethn. Kwa.*,p. 962(这同时也是一个首领之名)。再有一些名字描摹出该铜器的夸富宴,在这些夸富宴上,它们身价至尊。如 Maxtoselem 铜器的名字是"令其他铜器自羞的铜器"。参见 *Kwa. T.* III,p. 452,注 1:"他们为他们的债感到惭愧"(债一词译自"gagim")。还有一个名字是"争吵之由",*Ethn. Kwa.*,p. 893,p. 1026 等。

有关特林基特人的铜器之名,见 Swanton,*Tlingit*,p. 421,p. 405。它们大部分是图腾之名。至于海达人与钦西安人的铜器之名,我们只知道有一些和其所有者、亦即首领的名字相同。

② 以前,特林基特人的铜器的价值随着它们的高度而变,并且是用奴隶的数量来计算的,*Tlingit M. T.*,p. 337,p. 260,p. 131(在 Sitka 和 Skidegate 等处),钦西安人的例子见 Boas (Tate),*Tsim Myth.*,p. 540;参见 p. 436。海达人也有相同的原则,见 Swanton,*Haida*,p. 146。

对于一件铜器如何随着一次次夸富宴而逐渐升值,博厄斯先生曾有很精细的研究。例如:1906—1910 年间,Lesaxalayo 铜器的实际价值相当于 9000 条毛毯(每条毛毯价值 4 美金),50 只船,6000 条有扣饰的毯子,260 个银手镯,60 个金手镯,70 副金耳环,40 架缝纫机,25 架留声机,50 个面具;就这样,司仪还说:"为了 Laqwagila 王子,我将给出所有这些微薄之物。"*Ethn. Kwa.*,p. 1352;参见该书 p. 1352,1. 28,铜器被比作"鲸体"。

③ 有关毁坏的原则,见上文。不过,对铜器的毁坏似乎别有特色。在夸扣特尔是

此外，铜器还有一种吸引的品性，所以能够唤来其他的铜器；这既像是财富招来财富，又像是尊严带来荣誉，带来神灵附体和莫逆之盟[①]，或者由后来带来尊严。铜器是活的，所以它们有自主的运动[②]，从而引来[③]别的铜器。夸扣特尔人有一件铜器，叫作“铜器招来者”[④]，歌诀中描绘了铜器是如何聚集到它周围的，同时，它的

(接上页)一部分一部分地进行的，每次夸富宴都要弄坏新的一块。而且，人们还力争在其他的夸富宴中再重新获得这些碎块，并把这看作是关乎荣誉之事，当所有这些碎片都收集全了以后，就把它们再重新铆合起来。这种铜器的价值会增加，Boas，*Sec. Soc.*，p. 334。

无论如何，把铜器挥霍掉还是砸坏掉，这都是在杀死铜器，*Ethn. Kwa.*，p. 1285，1. 8，1. 9。一个常见的说法是“投入大海”；特林基特人也是如此，*Tlingit M. T.*，p. 63；p. 399，第 43 号歌。如果铜器不沉入海底、不搁浅在岸上、不死去，那就是假的，是木头的，是漂浮着的；见钦西安人对海达人的夸富宴的故事，*Tsim. Myth.*，p. 359。被打破的铜器则被称作是“死在海滩上”(夸扣特尔)，Boas，*Sec. Soc.*，p. 564 和注 5。

① 夸扣特尔人似乎有两类铜器，一类较为重要，不能流散到家族之外，除非为了再造，否则不能毁坏；另一类尽可以流通，其价值较低，好像是附属于前者的。例见 Boas，*Sec. Soc.*，p. 564，p. 579。在夸扣特尔部落，这第二类铜器所对应的很可能是那些地位稍低的贵族名号，伴随着铜器的流通，不同世代、不同性别的各个首领、各个家族都可以相继拥有这些名号。而那些大名号和大铜器，只能留在氏族内部，或者至少只能留在部落内部。除此之外似乎很难做别的解释。

② 据一个海达神话，在首领 Hayas 的夸富宴上，铜器唱道：“这样东西太糟糕。制止 Gomsiwa(一个市镇及英雄之名)；在小铜器周围，有很多铜器。”Haita Texts，*Jesup*，VI，p. 760. 它还唱道，“小铜器”变“大”了，其他铜器都围聚在它四周。参见前文所涉及的铜器—鲑鱼。

③ 一首儿歌提到，*Ethn. Kwa.*，p. 1312，1. 3，1. 14，“以各部落首领之大号命名的铜器齐聚在他周围”。这些铜器被认为是“自己落到首领家的”(指一个海达人首领，见 Swanton，*Haida*，p. 274，E)。它们“在首领家相遇”，它们是“齐聚在那里的片状物”，*Ethn. Kwa.*，p. 701。

④ 见“邀请者”(Qoexsot'enox)神话中的关于“铜器带来者”的神话，*Kwa. T.*，III，p. 248，1. 25，1. 26。还有同样的铜器叫作“财产带来者”，Boas，*Sec. Soc.*，p. 415。名为“邀请者”的贵族秘歌这样唱道：

“我的名字将是‘财产奔向我’，因为我的财产‘带来者’。”

“铜器奔向我，因为我的铜器‘带来者’。”

夸扣特尔语的确切说法是“L'aqwagila”，意为“铜器造就者”，而不单单是“铜器带来者”。

主人的名字就叫作“财产向我涌来”。另一个常见的铜器之名是“带来财产者”。在海达和特林基特部落，公主的铜器是她周围的“堡垒”[①]；有些地方，拥有铜器的首领被认为是不可战胜的[②]。铜器还是房屋中的“神圣的片状物”[③]。神话也常常把给予铜器的神灵[④]、铜器的拥有者和铜器本身等等都认同为一体[⑤]。根本不可能分清是神灵还是财富本身在发挥作用。铜器能够说话，也能抱怨出声[⑥]；并会要求被送出、毁坏；人们给铜器盖上毯子取暖，就像首

① 例见特林基特夸富宴的一段说辞，*Tl. M. T.*，p. 379；在钦西安人中，铜器是“护盾”，*Tsim. Myth.*，p. 385。

② 一段借新成年儿子之荣而赠送铜器的讲辞中有这样的说法：“送出的铜器是‘盔甲’，是‘财产的盔甲’”，这是暗指挂在头颈上的铜器，Boas，*Sec. Soc.*，p. 557。另外，年轻人的名号是“财产持有者”。

③ 当进入青春期的公主被幽禁起来的时候，一个重要的仪式将这种信仰展现无遗：公主要戴上铜饰和阿巴龙贝壳，在这一刻，她本身便具有了铜器的名号，即“在屋中相聚的那些扁平而神圣的东西”的名号。人们于是说，这样“她们和她们的丈夫将会轻而易举地拥有铜器”，*Ethn. Kwa.*，p. 701。“屋中的铜器”是一个 awikenoq 英雄的姐姐的名号，*Kwa. T.*，III，p. 430。一首夸扣特尔的贵族女子之歌描述了她对择夫仪式“svayamvara”的憧憬（印度可能也有类似的仪式）：“我坐在铜器上。当我有了那些‘屋中的铜器’的时候，妈妈就为我织带子……”*Ethn. Kwa.*，p. 1314。

④ 铜器往往等同为神灵。这对于那些有生命的纹章标志来说尤其常见。“Dzonoqoa”、“Qominoqa”与铜器的同一性，见 *Ethn. Kwa.*，p. 1421，p. 860。铜器是图腾动物，见 Boas，*Tsim. Myth.*，p. 460。在另一些例子中，铜器只不过是图腾动物的属性。“铜鹿”和它的“铜角”在夸扣特尔人的夏日节宴中扮演着重要的角色，Boas，*Sec. Soc.*，p. 630，p. 631；参见 p. 729：“其身上之大”（即它身上的财富）。钦西安人把铜器视为是“神灵的头发”，Boas，*Sec. Soc.*，p. 326，是“神灵的粪便”（主题录，Boas，*Tsim. Myth.*，p. 837），是“旱獭女人”的爪，Boas，*Sec. Soc.*，p. 563。铜器是神灵们相互间举行夸富宴的常用之物，Boas，*Tsim. Myth.*，p. 285；*Tlingit T. M.*，p. 51。铜器“令他们欢愉”。有关比较，见 Boas，*Tsim. Myth.*，p. 846；并参见前文。

⑤ Neqapenkem（意为“面长十尺”）之歌这样唱道：“我是铜器的碎片，部落首领是打碎的铜器。”Boas，*Sec. Soc.*，p. 482，歌词文本及其意译见 p. 667。

⑥ Dankalayu 铜器“在家中嘀咕着”想要被送出去，Boas，*Sec. Soc.*，p. 662（讲辞）。

领下葬时也要裹上那些应该分发出去的毯子一样[①]。

可是，另一方面，人们同时还会转交财物[②]、财富和运气。对于一个业已成年的人而言，是由神灵以及那些辅助性的神灵使他成为铜器和护符的所有者的，而这些铜器和护符本身也是获得铜器、财富、等级直至神灵的手段；所以这一切都是同等的事物。总之，既然人们对于铜器、对于其他各种固定形式的积蓄对象和轮番出现在夸富宴上的事物——如面具、护符等等——都是同时兼顾的，那么所有这一切连同它们的用途与效果也就都混淆在一起

(接上页)Maxtoslem 铜器"抱怨人们不把它打坏"。人们为了它所支付的毯子"使它发热"，Boas，*Sec. Soc.*，p. 572。前面曾说到它的名号是"其他铜器羞于面对的铜器"。夸富宴上的另一件主要铜器也感到"不好意思"，*Ethn. Kwa.*，p. 882，1. 32。

海达人有一个首领叫作"其财产作响者"，它的铜器在被打坏后这样唱道："我将在此腐烂，我带走了世上之财"(指由于夸富宴而把财产带向死亡)。Masset，Haida Texts，*Jesup*，VI，p. 689。

① 赠与人要埋身于一叠毯子，受赠人要在一摞毯子上行走，这两个仪式的性质也都与之相同：一个是指高于他的财富，另一个是指低于他的财富。

② 一般性的观察：关于西北美洲人的财物是如何、为什么被转移的，以及是通过哪些仪典、何种耗费与毁坏转移的，我们都已经很清楚了。不过，对于有关物(尤其是铜器)的转交行为所具有的形式，我们还很不了解。这个问题应该成为我们调查的对象。就我们所掌握的那一点事实而言，它就非常有趣，而且肯定提示出了财产与所有者之间的纽带。夸扣特尔人把铜器的让与称作"将铜器置于(某个)名称的荫庇之下"，认为铜器的取得会使新的所有者"增加分量"，Boas，*Sec. Soc.*，p. 349；海达人为了表明买下了一块土地，要举起一件铜器，*Haida T. M.*，p. 86；然而不仅如此，他们还像罗马法中所规定的那样，将铜器用于敲击：在 Skidegate 故事中的一个确有其事的仪式上，人们还用铜器叩碰那些被给予铜器的人，*Haika T. M.*，p. 432。在这种情况下，被铜器所碰到的东西即被铜器所兼并、所杀死；此外，这也是一种"和平"与"赠礼"的仪式。

至少在一个神话中(Boas，*Sec. Soc.*，p. 383，p. 385，参见 p. 677，1. 10)，夸扣特尔人还保留有一种转送仪式的记忆，这种仪式亦见于爱斯基摩人中：英雄在他所送出的所有东西上都咬了一口。海达人有一个神话描述了耗子女神是如何"舔"她所送的东西的，Haida Texts，*Jesup*，VI，p. 191。

了[①]。人们是通过这一切获得等级的；因为之所以得到等级，是由于获得了财富；之所以获得财富，是由于拥有神灵；而神灵将附于其身，使之成为能够克服障碍的英雄；英雄又因其萨满式附体、仪式之舞和他管辖下的种种服务而得到偿付。这一切都环环相扣、彼此混同；于是事物都有了人格，而这些人格又成了氏族的某种永久性的事物。首领的名号、护符、铜器和神灵都是一回事[②]，具有相同的本质与功能。财物的流通，即伴随着男人、女人、儿童、宴会、仪式、庆典、舞蹈乃至玩笑和辱骂的流通。因为从根本上说它

① 在一种婚礼上(要毁坏作为象征的小船)，人们唱道：

“我要去把 Stevens 山打碎，我将用那碎石取火。

“我要去把 Qatsaï 山打碎，我将用那碎石取火。

“财富正向他滚滚而去，从各大首领那里。

“财富正向他滚滚而去，从四面八方。

“所有大首领都将甘受他的保护。”

② 至少在夸扣特尔人中，它们通常都是一回事。有些贵族还被等同为夸富宴。主要首领的主要名号甚至就是“Maxwa”，意思是“大夸富宴”，*Ethn. Kwa.*，p. 972，p. 976，p. 905，并参见该氏族中的“夸富宴赠与者”的名字，等等。在同一部族中的 Dzawadeenoxu 部落中，一个主要的名号叫作“Polas”。参见前文；关于其谱系，见 *Kwa. T.*，III，p. 43。海尔楚克人的主要首领与神灵“Qominoqa”即“富有的女人”有关系，他的名字就叫作“财富制造者”，*Kwa. T.*，III，p. 427，p. 424。Qaqtsenoqu 的诸王子具有“夏日之名”，亦即专指财产的各个氏族的名字，其名中均有表示财产的“yaq”一词，如“身上的财产”、“大财产”、“拥有财产”、“财产之地”，*Kwa. T.*，III，p. 191，参见 p. 187，1. 14。另一个夸扣特尔部落 Naqoatoq 人将其首领命名为“Maxwa”和“Yaxlem”，意为“夸富宴”和“财富”；这一名字体现在“石头的身体”神话中(参见海达人关于财富女神的儿子“石头的棱角”的神话)。神对他说：“你将名为‘财富’，Yaxlem。”*Kwa. T.*，III，p. 215，1. 39。

还是在海达人中，一个首领的名字叫作“不能收买者”(参加竞争的铜器是不能收买的)，Swanton，*Haida*，p. 294，XVII。这个首领同时还有一个名号是“统统混融”，也就是“夸富宴的集会”，Swanton，*Haida*，p. 294，XVII，n° 4。参见前文中提到的“屋中的财产”等名号。

们都是同一种流通。人们之所以要送礼、回礼，是为了相互致以和报以“尊敬”（respects）——正如我们如今所谓的“礼节”（politesses）。但是，在给予别人礼物的同时，也就是把自己给了别人；之所以把自己也给出去，是因为所欠于别人的正是他自己——他本身与他的财物。

初步结论

综上所述，在这四个重要的族群中，我们首先发现有两到三个群体具有夸富宴；随后找出了夸富宴的主要理由和普通形式；而且，我们还发现，所有这些群体中都存在着比夸富宴更具一般性的交换的古代形式：赠礼与回礼。不仅如此，我们已经认同，这些社会中事物的流通即是权利与人的流通。这方面的讨论不妨适可而止，告一段落。而这些事实的数量、分布和重要性却使我们有充分的理由设想：有一种制度，应该是绝大多数人类在一个极其漫长的转变阶段中所共有的，它至今仍然存在于我们刚才所描述的那些民族中。那么，我们还可以设想，对于那些业已超越了（从氏族到氏族、从家庭到家庭的）“总体呈献”阶段，但尚未形成（纯粹的）个体契约、货币流通的市场、确切意义上的销售，特别是尚未形成使用经过计量与命名的货币来估算价格的观念的社会，这种礼物—交换的原则也应该有效。

第三章　这些原则在古代法律与古代经济中的遗存

前文所述的全部事实均汇集于通常所说的“民族志”的领域内，且均采自滨临太平洋的诸社会[①]。通常，这类事实被用来满足我们的好奇心，或者严肃点讲，被用来做比较，以便估计出我们的社会与这类所谓“原始的”体制有多大差异。

不过，这些事实却具有一般社会学的价值，因为它们有助于我们理解社会进化中的一个特定时刻。但还不仅如此，这些事实还具有社会史的意义。这种类型的制度实际上是向我们的法律与经济制度的一种过渡。它们有助于对我们自身的社会做出历史的解释。我们目前社会的前身所实行的交换的道德与实践，仍然或多或少地保有我们刚刚分析过的全部那些原则的重要痕迹。实际上，我们相信，能够证明我们的法律与经济就是从与之类似的制度中脱胎而出的[②]。

我们生活在一个将个人权利与物权、人与物截然分开（相反的做法目前正在受到法学家们的批评）的社会中。这种划分是根本

① 当然，我们知道这些事实在其他地区也有分布（参见下文），我们的研究只是暂时就此告一段落。

② Meillet、Henri Lévy-Bruhl 以及 Huvelin 都曾对以下段落提出了宝贵的意见。

性的：它甚至构成了我们的所有权、让与和交换体系的一种条件。然而，这种划分对我们上文所研究的社会来说却是很陌生的。当然，我们的文明——从闪族、希腊和罗马文明开始——对义务、有代价的呈献和礼物有清楚的划分。可是，这种区分难道不是直到很晚近才出现在伟大文明的法律中吗？此前它难道不也是经历过一个没有冷静计算的心态的阶段吗？甚至，它不也曾实行过这种人和物融合在一起的交换礼物的习俗吗？对印欧法律的某些特点的分析将使我们能够表明，我们的文明本身也曾经历过这种嬗变。在罗马，我们将找到一些这种转变的残迹。而在印度和日耳曼，我们将会看到，这种法律直到相当晚近的时代还仍然盛行。

一、个人权利与物权(上古罗马法)

把上述古式法律与登上历史舞台时还相当粗糙的早期罗马法[①]以及较晚些进入历史的日耳曼法[②]加以联系和比较，会让我们透彻地了解个人权利与物权这两种权利。尤其是，我们可以借此

① 我们知道，对于罗马的前四个世纪的法律，除了对十二铜表法(Donze Table，十二铜表法是罗马法的早期法典，多数学者认为确立于公元前450年左右。——中译注)的假设性重构和一些铭刻中所保留的法律文本以外，我们的资料非常贫乏。不过，我们不会采取 Lambert 先生在 L'Histoire traditionnelle des Douze Tables (1906)(*Mélanges Appleton*)中的那种吹毛求疵的态度。但应该承认，有关罗马法的很多理论，甚至包括罗马"古物"的理论，都只是一种假说。那么我们也不妨再为之增加一种假说。

② 关于日耳曼法，见下文。

机会重新提出法律史上最多争议的一个问题："nexum"的理论①。

在一篇分析透彻的文章中②，于维兰（Huvelin）把"nexum"和日耳曼语的"wadium"以及通常在契约中所交付的"附加抵押"（gage supplémentaire，如"Togo"、"Caucase"等）放在一起加以比较，而后又把附加抵押和交感巫术（magie sympatique）以及立约方所接触过的全部事物所赋有的力量相联系。但是，后一项解释却只能说明一部分事实。因为巫术惩罚只是一种可能，它甚至只是自然的结果，或者是被给予的事物的精神性所造成的结果。首先，附加抵押及日耳曼法中的"wadium"③并不只是抵押品的交换，甚至也不只是为了确保一种可能的巫术操控而提供的生命担保。用作抵押的事物通常都是没有价值的，比如用作交换的信物棍，即罗马法所规定的"stips"④和日耳曼法所规定的"festuca

① 有关"nexum"，见 Huvelin，Nexum，in *Dict. des Ant.*；Magie et Droit individuel（*Année*，X），以及他在 *Année Sociologique*，VII，p. 472 及以下诸页；IX，p. 412 及以下诸页；XI，p. 442 及以下诸页；XII，p. 482 及以下诸页；Davy，*Foi jurée*，p. 135；有关罗马法的理论与书目，见 Girard，*Manuel élémentaire de Droit romain*，7e éd.，p. 354。

于维兰和 Girard 的观点似乎很接近事实。对于于维兰的理论，我们只有一点不能苟同。我认为，"侮辱（injure）条款"（*Magie et Droit individuel*，p. 28；参见 Injuria，*Mél Appleton*）并不仅仅是巫术性的。这其实是夸富宴的古老法律的一个非常明显的遗迹。施予方高于欠负方这一事实使得前者可以侮辱他的对手，即对他负有义务的人。关于由此所引发的一系列值得讨论的关系，我们请大家留意 *Année Sociologique* 有关温内巴戈人（Winnebago，苏人[Sioux]）的"戏谑关系"（Joking relationships/parentés à plaisanterie）的专辑。

② Huvelin，Magie et Droit individuel，*Année*，X.

③ 见下文。有关"wadiatio"，见 Davy，*Année*，XII，p. 522，p. 523。

④ 对"stips"一词的这种阐释主要根据的是伊西多尔（Isidore de Séville）的见解（"stips"指象征交易达成的麦秆，麦秆一分为二，由买卖双方各持其一，以证明各自在交易中的权利。塞维利亚的伊西多尔[560—636]是西班牙的著名教士和博物学家，著有

notata”[①]，以及源自闪族人的定金（arrhe）[②]等等，都不仅仅是预付的担保。它们是物，但本身却是有活力的。最重要的是，它们仍然是基于相互性（réciprocité）的古老的义务性赠礼的残余；立约双方通过它们联系起来。由是观之，借助于虚构，这些附加的交换体现了灵魂和与灵魂相混同的事物之间的往来[③]。“nexum”乃是出自

（接上页）*Epymologies*［《语源》］一书，所述之古代知识对后世影响颇大。——中译注）。见 Huvelin，Stips，stipulatio，etc.（*Mélanges Fadda*），1906。Girard（*Manuel*，p. 507，n. 4）继萨维尼（Savigny）之后也依据 Varron 和费斯陀（Festus）的文本反对这种单纯而简单的阐释。但事实上，在一个不幸有所失佚的段落中，费斯陀讲过“stipulus”和“firmus”以后，曾写到“（……？）defixus”可能是插在地上的棍子（费斯陀，应指 Sextus Pompeius Festus，生卒年不详，约在 2—5 世纪之间，罗马词典学家，其传世的词语释义对古罗马研究非常重要。——中译注）。参见 Cuq，Etude sur les contrats，etc.，Nouvelle Revue historique du Droit，1910，p. 467，其中讲到，在巴比伦的汉谟拉比（Hammurabi）时代的契约中，人们在买卖土地的时候会丢出棍子（汉谟拉比于公元前 1792—前 1750 年间为巴比伦国王，他所颁布的法典曾镌刻于石柱之上，是最古老的法典之一，内容是对苏美尔人及闪米特人的法律的继承。——中译注）。

① 也是一种用以标明契约和信用的小棍，用法与“stips”类似。——中译注

② Huvelin，Magie et Droit individuel，*Année*，X，p. 33.

③ 我们并不想介入罗马法学者们的讨论，但就于维兰和 Girard 对“nexum”的观点，我们打算再做一些补充。1.“nexum”一词源自“nectere”，对于后者的意思，从费斯陀（*ad verb.*；参见 obnectere 条）所保存的罕有的大祭司（Pontife）文献之一 *Napuras stramentis nectito* 中或许可见一斑。显而易见，在该文献中，用麦秆打的结被用来暗指财产的禁忌。因此，“tradita”（交付）之物本身即是一种标志和纽带，能够使接受者（accipiens）得到约束。2. 成为 nexus 的个体即是接受者“accipiens”。只是“nexum”的郑重程式中却把这样的人说成是“emptus”，即我们通常所译的“被买者”。但实际上（可参见下文），“emptus”想说的意思就是“accipiens”。接受了别人的东西的人，自己也由于对方的出借而被买下、被接受了，因为他不但接受了契约所涉及的物，而且也接受了对方出借给他的铜锭。至于在这一操作过程中是否存在“有罪者，被束缚者”（damnaio）和“依程序转手”（mancipatio）等方面的问题，已有人做过讨论。我并不想对这些问题表态，只是认为所有这些词语差不多都是同义语（参见奴隶买卖记录中的“nexo mancipioque”和“emit mancipioque accepit”等说法）。“damnatus”（有罪的）、“emptus”（被买的）和“nexus”（被约束的）会意义相同，这其实根本不足为奇，因为单单接受了别人的东

物，故而亦出自人的法律“纽带”(lien)。

其对形式的注重也证明了这些物的重要性。在罗马市民法(droit romain quiritaire)中，财产——基本上是奴隶与牲畜，后期则主要是不动产——的转移从来都不是普通、凡俗、简单的事情。转交始终是庄重的、相互的[①]，要经由群体来实现：至少要有五个证人或朋友，而且还要有“掌秤者”。其间所混合的种种考虑，是我们的纯粹的司法观念和纯粹的现代经济观念所料想不到的。所以，由此确立起来的 nexum 充满了宗教的表现。于维兰洞察到了这一点，只不过他统统将其归结成了巫术。

(接上页)西这一事实就会使人对之负有义务。3. 似乎包括于维兰在内的罗马法学家都没有对“nexum”的形式主义的细节予以足够的重视，如青铜锭的结局和费斯陀(*ad verb. nexum*)所详加探讨的“铜的束缚”(æs nexum)。一旦“nexum”形成，给予者(tradens)就会把这些铜锭交给接受者(accipiens)。但我们认为，如果后者要解除义务，他不仅要给出所承诺的东西、交还所收到的物品或金额，而且他首先要把 æs(铜)在同样的裁判和见证之下交还借与者或卖出者。那么这一回他就成为购买和接受的人了。Caius，III，p. 174(其文本基本上是重构的，我们所采纳的是 Girard 的讲授，参见 *Manuel*，p. 501，p. 751)中详尽描述了“nexum”的解除(solutio)仪式。在现金直接交易中，由于买卖行为几乎是同时发生的，或者只有极短的间隔，所以比起延期交付的买卖或是郑重的借贷，其买卖的双重象征就不那么显著了，人们便也意识不到这是一种双重的游戏。但是，象征还是在其中发挥着作用的。如果我们的阐释是正确的，那么除了由庄严的形式达成的“nexum”和由物结成的“nexum”以外，还应该有一种由轮流给予或接受铜锭而形成的“nexum”，而且，铜锭也要经由因此而联系起来的立约方的类似的称量权衡。4. 此外，我们不妨设想一下，在有铜币以前、在有这种被称量的铜锭以前，甚至在有先前曾代表牛的铜铸“æs flatum”之前(我们知道，罗马氏族铸造的最早货币所表现的就是牲畜，这很可能就是表示这些氏族所抵押的牲畜的证券)，罗马人的契约是什么样子的。假设有一桩买卖是用真实的牲畜或牲畜的象征来支付的，那么只要把立约方特别是买卖双方约在一起，说明这些牲畜或其象征如何交付就可以了。在牲畜的买卖或让与的过程中，购买者亦即最后占有者，与卖出者亦即先前的占有者总归会有一段时间是联系在一起的(参见下文中有关印度法律与习俗的事实)。

① Varron，De re rustica，II，p. 1，15.

当然，罗马法中最古老的契约“nexum”也已经和集体契约以及相关的古代赠礼制度有了根本的区别。罗马的义务体系的史前史恐怕永远也无法做出定论，不过，相信我们还是可以指出研究的某些方向的。

可以肯定的是，事物不仅是巫术与宗教性质的纽带，它们同时也是一种由司法形式主义的用语和举止所造成的纽带。

在拉丁或古意大利的法律用语中即留有这种关联(lien)的印记。对这方面的研究可以从某些术语的词源入手。以下即以这一假设为前提加以讨论。

毫无疑问，事物本身原本也具有人格和品性。

物并不像查士丁尼(Justinien)法或我们的法律所论断的那些是无生气的存在。首先，物是家庭的一份子：罗马的家庭(familia)不仅包括人，还包括物(res)。在《学说汇纂》(*Digeste*)[①]中仍能找到这一定义[②]。值得注意的是，上溯得越久远，“familia”一词中“res”的含义就越显著，甚至可以指代家庭的食物或生

① 6世纪东罗马皇帝查士丁尼命令汇编的法学学说摘录，共50卷。——中译注

② 有关“familia”，见 *Digeste*, L, XVI, *de verb. sign.*, n° 195, § 1. “Familiae appellatio(家的称谓)……, in res (及于物)……, in personas diducitur (及于人)……”, (Ulpien)。参见 Isidore de Séville, XV, 9, 5。在罗马法中，直到很晚的时代，遗产的分割行为还被称为“familiae ercisundae”(分家)，*Digeste*, XI, II。并见于 *Code* (Justinien), III, XXXVIII。反过来讲，“res”(物)也等于“familia”(家)；见 *Douze Tables*, V, 3, “super pecunia tutelave suae rei”。参见 Cirard, *Textes de droit romain*, p. 869，注；*Manuel*, p. 322；Cuq, *Institutions*, I, p. 37。Gaius, II, p. 224，转引了讲到“super familia pecuniaque”的文字。“familia”等同于“res”(物)、“substantia”(实质之物)，见 *Code* (Justinien), VI, XXX, 5。参见“familia rustica urbana”, *Digeste*, L. XVI, *de verb. sign.*, n°166。

活用品[①]。"familia"的最早起源[②]可能和梵文的"dhaman"一词相近，意指房屋。

其次，物曾经分为两类。人们曾用"familia"和"pecunia"这两个词来区分房屋中的物（奴隶、马、骡、驴）和远离牲口棚而生活于田野的牲畜[③]。而且，人们还根据卖出的形式区分出"res mancipi"（需经程序转手之物）和"res nec mancipi"（不需经程序转手之物）[④]。前者指珍贵之物，包括不动产甚至子女，它只有根据某些"mancipation"的程式，即"取"（capere）在"手"（manu）中的程式才能让与。至于"familia"和"pecunia"的区分与"res mancipi"和"res nec mancipi"的区分是否重合，人们有许多争议。在我看来，它们——在起源上——的重合性是毋庸置疑的。可以无须"mancipatio"的事物，恰恰是指在田里的小牲畜，以及观念和名称均导源于这些小牲畜的"pecunia"和银钱。可以说，罗马的先人们（vettere）像我们前面所考察的钦西安人和夸扣特尔人一样，也把事物区分成"屋"里的（在意大利和法国人们至今还这么说）永久而基本

---

① Cicéron, *De Orat.*, 56; *Pro Caecina*, VII. ——Térence, "Decem dierum vix mihi est familia"。

② Walde, *Latein. Ethmol. Wörterb.*, p. 70. 瓦尔德（Walde）对他所提出的词源说还有些犹豫，但其实无须疑虑。而且，家庭中的主要物（res），即需经程序转手的（mancipium）物，是需经程序转手的奴隶，所以，"famulus"（仆人）一词与"familia"（家）系出同源。

③ 这种"familia pecuniaque"的划分已被 *sacratæ leges*（见 Festus, *ad verbum*）和其他很多文献所证实，见 Girard, *Textes*, p. 841, n. 2; Manuel, p. 274, p. 263, n. 3。的确，这种词汇分类并不总是很确定的，但是，与 Girard 的看法不同，我们认为上古时期原本存在着十分明确的区分。另外，这种划分也见于奥斯克（Osque，意大利古民族——中译注）语中："famelo in eituo"（*Lex Bantia*, 1. 13）。

④ 直到公元 532 年，"res mancipi"和"res nec mancipi"的划分才在有关罗马市民的法律中明确废除。

的财物与可以流转的事物；后者包括食物、在远处草地上的牲口、金属、银钱，总之，是那些甚至连尚需监护的儿子都可以交易的东西。

再者，就其起源来讲，“res”一词所指的并不只是成为简单和被动的交易物的那些粗野未驯的或具体可感的事物。它的最早词源很可能与梵文的“*ra*h”、“*rati*h”[1]类似，意为礼物、让人开心的东西。“res”的本义首先应该是取悦他人的东西[2]。另外，事物往往都印有标志为家族财产的印记。这样我们就能理解，这些事物经过“mancipatio”这种庄严郑重的转交之后[3]，为什么会成为一种法律的纽带了。因为，即使东西已经在接受者（accipiens）手上，该物本身却仍然在一段时期内部分地属于其最初所有者的“家”；它与之相联结并且约束着现在的所有者，直到后者履行契约、解除义务，即交付了作为补偿的物品、金额或劳务以后为止。不过，这回作为补偿的物品、金额或劳务就成了对前者的约束了。

附注

此外，罗马法中关于赃物（furtum）和契约（re）的观点，从未脱离过物的固有力量的观念。

---

① 关于该词源，见 Walde，p. 650，*ad verb*。参见 *ra*y*i*h，财产，珍贵之物，护符；阿维斯塔语（Avestique，西亚一民族之语言——中译注）中的“rae”和“rayyi”，也是同样的意思；古爱尔兰语中的“rath”也指“精致的馈赠”。

② 奥斯克语中意指物（res）的词是“esmo”，参见 *Les Bant*.，1. 6，11，等。瓦尔德认为“egmo”和“egere”有关，后者是“人们所缺少的东西”。在古意大利语中，“res”和“egmo”很可能是两个呼应而又对反的词，前者用来指送出的取悦于人的事物，后者用来指人们缺少或期待的事物。

③ 见下文。

有关赃物[①]所引发的行动与义务分明要归因于物的力量。物本身具有一种“永恒权威”(æterna auctoritas)[②],当它被偷以后,它就始终能让人感到它是被窃取的东西。就此而言,罗马人的“物”(res)和印度人或海达人[③]的财产毫无二致。

种种契约“re”包括了法律中最为重要的四种契约:借贷(prêt)、寄存(dépôt)、抵押(gage)和无偿借用(commodat)。另外还有一些无名契约(contrat innommé)——尤其是那些我们认为和买卖一样本身即是契约之起源的礼物和交换[④]——也被说成是“re”。这是不可避免的。事实上,即使是我们目前的法律,也像罗马法一样,不可能完全脱离这些最古老的权利规则[⑤]:如果有礼物,就要报以事物或劳务,而且这种事物或劳务的回报是义务性的。例如,在晚期的罗马法中[⑥],显然可以收回给忘恩负义者的赠与,而这一点也一直保留在我们的法律之中,或许可以说,这已经成了一条正常的、自然的法律制度。

但这还只是事实的一个方面,只能说明部分契约。我们的主

① 见 Huvelin,Furtum (*Mélanges Girard*),pp. 159—175;*Etude sur le Furtum*. 1. *Les sources*,p. 272。

② 在 Aulugelle,XVII,7 中还保留了 *Les Atinia* 的一条非常古老的法律箴言:“被窃之物仍具一种对物的永恒权威”(Quod subruptum erit ejus rei æterna auctoritas esto)。参见 Ulpien,III,p. 4,p. 6 中的摘录;Huvelin,Magie et Droit individuel,p. 19。

③ 见下文。失主只需在窃贼门前放一个盘子,通常被窃物就会回来。

④ Girard,*Manuel*,p. 265。参见 *Dig.*,XIX,IV,*De permut.*,1,2:“物之交付启动了对物之义务”(permutatio autem ex re tradita intium obligationi praebet)。

⑤ Mod. *Regul.*,载于 *Dig.*,XLIV,VII,*de Obl. Act.*,52,“此间之物即是约束”(re obligamur cum res ipsa intercedit)。

⑥ Justinien(公元 532 年),*Code*,VIII,LVI,10。

题要广阔得多。我们认为，在罗马法的上古时期，“物”(res)的“交付”(traditio)行为(不仅仅是言语和书写)曾经是一个关键环节。而且，罗马法在这一问题上总是显得犹豫[①]。一方面，罗马法强调交换的庄重性，至少契约必须庄严，就像我们前面所描述的那些古式的法律那些样，罗马法也说“物的所有权不能经过交付就转移”(nunquam nuda traditio trasfert dominium)[②]；另一方面，晚至迪奥克雷蒂安(Dioclétian)[③](公元298年)时期的罗马法又声称，“物的所有权是根据交付仪式及使用时间而达成移交的，并非经过契约”(traditionibus et usucapionibus dominia，non pactis trasferuntur)。但作为呈献或实物的“res”，总归是契约的一个基本要素。

另外，所有这些颇具争议的问题都是词汇或概念方面的问题，鉴于古代资料的匮乏，目前还很难加以解决。

我们对于我们迄今为止所做的推断都有充分的把握。不过，或许可以再进一步，不揣冒昧地为法学家和语言学家们指出一条可能较为宽广的研究途径，循此方向，我们最终或许可以设想出在十二铜表法甚至更早以前就已经历久势衰了的法律。除去“familia”和“res”以外，还有其他一些术语也值得深入研究。我们会拟定一系列假设，其中任何一个可能都不十分重要，然而就整体而言，却不会是繁复无益的。

几乎所有契约和义务的用语，连同某些形式的契约，似乎都从属于由原始的“交付”(traditio)所形成的精神纽带的体系。

---

① Girard，*Manuel*，p. 308.

② Paul，*Dig.*，XLI，I，31，1.

③ *Code*，II，III，*De pactis*，20.

立约人首先是"reus"[①];这主要是指接受了他人的"res"的人变成了"reus",也就是说,成为了由于物本身亦即物之灵而使其受"reus"之约束的个体[②]。词源学对此已有见教。词源往往被当作没有什么意思的东西而被忽略掉了,但其实,它的意思已经十分明白。就像伊恩(Hrin)所指出的那样[③],"reus"原本是"res"的所有格,即"res"加上"os"所组成的"rei-jos",指为物所有的人。诚然,伊恩与效仿他的瓦尔德[④]把"res"译作"诉讼"(procès),把"rei-joi"译作"为诉讼所牵连"[⑤]。不过,像这样把"res"首先假定为程序用语的译法是武断的。相反,如果可以接受我们的语义推断,所有的

---

① 关于"reus"一词"有罪的"、"负责任的"这方面的意思,见 Mommsen, *Römisches Strafrecht*, 3e éd. p. 189。这种经典的解释体现的是一种先验的历史观,以为个人的公法,尤其是刑法是原始的法律,而物权和契约则是现代的、精细的现象。然而,从契约中推衍出这些法律不是明摆着会更容易吗?!

② 另外,"reus"也出现在宗教用语中(见 Wissowas, *Religion und Kultus der Römer*, p. 320, n. 3, n. 4),而且并不比在法律中少见:"许愿之 reus"(voti reus),见 *Enéide*, V, 237;"发大愿之 reus 须尽义务"(reus qui voto senuminibus obligat),见 Servius, *Ad Æn.*, IV, v. 699。等同于"reus"的词是"voti damnatus"(Virgile, Egl. V. v. 80);这颇具启发性,因为"damnatus"就等于"nexus"(被约束的)。一个对神许下誓愿的人的处境就像一个做出承诺或接受了东西的人一样。一直到他清偿以前他都是"damantus"(有罪的,被约束的)。

③ *Indo-germ. Forsch.*, XIV, p. 131.

④ *Latein. Etymol. Wörterb.*, p. 651, ad verb. reus.

⑤ 这也是最早的罗马法学家们的解释(Cicéron, De Or., II, 183,"凡对物之争议皆须规训"[Rei omnes quorum de re disceptatur]),而且他们的解释总让人觉得"res"的意思相当于"呈于神灵的讼案"。之所以有这种趣向,是因为他们的解释还保留了十二铜表法时期的记忆,在 *Douze Tables*, II, 2 中,"reus"不是仅指被告,而是指讼案的双方,即后来程序中所谓的"actor"和"reus"。关于这一主题,费斯陀(*ad verb. reus*,并参见另一片断"pro utroque ponitur")也曾引用过两个很早的罗马法学家的说法。参见 Ulpien, *Dig.*, II, XI, 2, 3,"或此争讼双方"(alleruler ex litigatoribus)。诉讼双方都同样受到诉讼的约束。因此还可以设想,他们先前也都受到物的约束。

"物"(res)以及所有"物"的"交付"(traditio)都是"讼案"(affaire)的对象,是公开的"诉讼"的对象,那么我们就能够理解,"为诉讼所牵连"其实反倒应该是第二层的意思了。故而,也就有更充分的理由认为,所谓"reus"意思是"有罪的",乃是更进一步的引申义。我们追溯意义的谱系的方式,与通常人们所遵循的方向正好相反。我认为"reus"的意思是:1. 为物所拥有的人;2. 牵涉物的交付事务的人;3. 有罪者,承担责任者①。据此观之,所有那些有关契约、"nexum""actio"(行动)的"准罪"(quasi-délit)理论也就比较容易理解了。单单收有某物这一事实,就会使接受者(accipiens)处于一种不确定的准有罪状态(damnatus,nexus,ære obæratus),一种在面对送物者(tradens)时精神上的卑下状态和道德上的不平等状态(magister[尊上],minister[卑下])②。

我们认为,还有一些仍在实行的契约形式所具有的古老特点也属于这种观念体系,甚至"mancipatio"③,即后来在上古罗马法

---

① 费斯陀(*ad verb.*)所引用的古罗马法学家们也以为"reus"有"为某物负责的"和"因某物而需负责任的"之意:"reus stipulando est idem qui stipulator dicitur,… reus promittendo qui suo nomine alteri quid promisit",等等。费斯陀显然把这些话的意思给说成了保证制度,或我们所说的"责任共担"(corréalité),但那些古罗马法学家所讲的本来是另一回事。此外,责任共担(见 Ulpien,*Dig.*,XIV,VI,7,1,及 *Dig.*,XLV,II 的题目"de duo. Reis const")其实也指在诉讼中某人以及为他担保的"亲朋好友"与物的一种不可分割的关联。

② 在奥斯克语的 *Lex Bantia* 中,"minstreis"就等于"minoris partis"(1. 19),指在诉讼中败北的一方。而在意大利的方言中,这些用语的意思从未消失!

③ 罗马法学者对"mancipatio"和"emptio venditio"这两个词的区分似乎有些过分。在十二铜表法时代乃至更晚,都不太可能存在作为纯粹的两愿契约(contrat consensuel)的买卖契约;我们大概可以确定,这种契约直到 Q. M. Scaevola 时代(Quintus

中的“emptio vendito”(买卖)[①]也包括在内。首先应该注意的是，立约形式中总少不了“交付”(traditio)[②]。最初的占有者“tradens”先展示其财产，然后郑重其事地和他的东西分手，将其交给接受者“accipiens”，同时也即买下了“accipiens”。其次，确切意义上的

(接上页)Mucius Scaevola，古罗马法学家，公元前1世纪前后曾任罗马保民官和执政官，曾系统地编纂过民法。——中译注)才出现。十二铜表法中所使用的“venum duuit”一词仅指人们所能进行的最为郑重的售卖，而可以肯定，这只可能是通过“mancipatio”进行的售卖儿子的行为(*Douze Table*，XII T.，IV，2)。另外，在那个时代，凡“mancipi”之物，都只能通过作为契约的“mancipatio”方式售出，所以，这些词的意思也就差不多是一回事了。古人对这种混同尚存记忆。参见 Pomponius，*Digeste*，XL，VII，de statuliberis：“在 Lex XII T. 中，售卖似指所有权利让与的综合”(quoniam Lex XII，T.，emtionis verbo omnem alienationem complexa videatur)。再从另一角度来看，直到 *Actions de la Loi* 一书出现之前的很长一段时期里，“mancipatio”一词都指的是纯粹的两愿契约行为，就像“fiducia”(信任)一词一样，所以这两个词也时常被混用。见 Girard，*Manuel*，p. 545 中的文献资料，参见 p. 299。总之，“mancipatio”、“mancipium”和“nexum”这三个词，在上古的一段时期内的用法很可能是大同小异的。

不过，在考虑到它们是近义词的同时，我们也要留心作为“家”(familia)的一部分的“物”(res)的转手所必须遵循的那种“mancipatio”，我们的出发点是 Ulpien，XIX，3 (见 Girard，Manuel，p. 303)中的原则：“mancipatio 是被让与财产的转手”(mancipatio… propria alienatio rerum mancipi)。

① 在 Varron 看来，(De re rustica，II，1，15；II，2，5；II，V，11；II，10，4)，“emptio”一词就包含了“mancipatio”意思。

② 甚至可以想象，这种“交付”是伴随着一些仪式实现的，比如说奴隶所谓自己买下自己的解放仪式“manumissio”。我们对于“mancipatio”中双方的举止行为知之甚少，但是，“manumissio”(Festus，见 puri 条)的程式却非常引人注目，而且它在根本上与牲口的买卖(emtio venditio)程式是相同的。很可能，在把对方送来的东西拿在手上以后，给予者(tradens)就用手掌在这东西上拍一下。我们不妨比较一下美拉尼西亚 Banks 群岛上的拍一下猪的方式“vus rave”，和我们集市上在卖出的牲口的屁股上拍一下的做法。不过，这些都仅仅是假设，如果不是因为文献，特别是 Gaius 的文献在这一点太过欠缺的话，我们也不会贸然提出这些假设的。但也许有一天新发现的手稿会填补这一空白。

还要提醒一下，海达人对纹饰铜器的“敲击”也是一种类似的形式。

“mancipatio”所对应的正是这一操作过程。接受了物的人把它拿到“手”(manus)，这不仅表示承认接受了物，而且还表示承认自己已被卖出，直到他做出偿还为止。习惯上，人们都跟这些小心谨慎的罗马人一样，以为这就是“转手”(mancipatio)而已，只把它理解成对财产的占取，但实际上，在这一操作中，既有对与之对称的财产的占取，也有对物和人的占取[①]。

此外，长期以来，人们对于“emptio venditio”对应的究竟是两个分离的行为还是一个单一的行为争论不休[②]。对此，我们要再提出一项理由，来说明应该是两个行为，即使在直接偿付的售卖中它们可能几乎没有间隔地相继发生。在最原始的法律中，都是先有礼物、后有回礼的，与之相同，在古代罗马法中，也是先有售卖、后有支付的。就此而言，整个体系及其契约的订立(stipulation)[③]都是不难理解的。

其实，只要指出人们所采用的那些郑重程式就足以证明这一点。其中包括有关青铜锭的 mancipatio 程式、接受奴隶为了赎回自己而交出的黄金的程式[④](这种黄金必须得是纯正的、清白的、无关宗教的[puri，probi，profani，sui])；而它们实际上是一回事。这两种程式都是最古老的“卖”(emptio)牲口、卖奴隶的程式的反映，对我们来说，它们则保留于民法(jus civile)之中[⑤]。接受的一

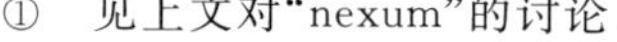

① 见上文对“nexum”的讨论。

② Cuq，*Institutions juridiques des Romains*，t. II，p. 454.

③ 见上文。契约的订立(stipulation)就是交换一根麦秆的两截，这不仅相当于古代的抵押，也相当于古代的附加礼物。

④ Festus，*ad manumissio*.

⑤ 见 Varron，De re rustica：2，1，15；2，5；2，5，11：sanos，noxis solutos 等。

方只接受没有瑕疵的东西，尤其不能带有巫术性的缺陷；而且，他之所以会接受，也是因为他能够做出回报、补偿，能够支付其代价。值得注意的是，“reddit pretium”（偿付代价）、“reddere”（回报）等说法都带有“dare”（给）这个词根[①]。

另外，费斯陀还为我们清楚地保留了“emere”（买）一词的意义，以及该词所表达的那种法律形式。他说：“‘卖’意指送走或带走，‘买’于古人有接受之意”（abemito significat demito vel auferto；emere enimanti qui dicebant pro accipere，参见“abemito”条）。在另一处他又提到：“今人所说的‘买’就是古代商贾所说的收下”（Emere quod nunc est mercari antiqui accipiebant pro sumere，参见“emere”条）。而这也是这个拉丁语词所属的印欧语系中相应的词的意义。“emere”，就是取，即接受某人的某物[②]。

至于另一个术语“emptio venditio”（买卖），则似乎带有与严谨的罗马法所不同的其他法律的余韵[③]。因为罗马人在没有价格和作为售卖的记号的货币的时候，只有以物易物和赠与。“vedere”（卖）源自“venumdare”，是一个史前式的、古式的复合词[④]。显而易见，它包含有“dare”（给）这个要素，暗含赠礼和转交之意。而另一个要素，看来很像是借自印欧语系中的一个词——希腊语之

① 还有“mului datio”（借贷）等说法也是。实际上，罗马人只有“dare”（给）一个词来指称“交付”（traditio）中的所有行为。

② Walde，*Latein. Ethmol. Wörterb.*，p. 253.

③ Digeste，XVIII，I——Paul 的摘录。

④ 有关这一类型的词语，见 Ernout，Credo-Craddhâ（*Mélanges Sylvain Lévi*，1911）。还有一个同样的例子，是有关“res”和其他一些意大利—克尔特语（Italo-Celtique）、印度—伊朗语（Indo-Iranien）中的法律词汇的。我们可以留意一下所有这些词的古代形式：“tradere”、“reddere”。

ώνή，梵文之 *vasna*h，不过这个词已经不再指售卖而是指卖价了；另外，伊恩也曾指出它很接近保加利亚语中的一个词，意指嫁妆、购买女人的价钱[①]。

其他印欧法律

以上所假设的这些上古的罗马法，应算是一种史前的秩序。拉丁人一定曾经有过这种形式的法律、道德和经济，只不过它们在拉丁人的制度登上历史舞台以后就被淡忘了。因为正是罗马人和希腊人[②]（可能是继北部和西部闪米特人之后[③]）首创了对个人权利和物权

① Walde，*Latein. Ethmol. Wörterb.*，"Vendere"条。

"licitatio"（竞拍）这种古老的说法甚至可能保存了战争等同于售卖（拍卖）的记忆，费斯陀（*ad verb.*）也说："竞拍亦即争斗"（Licitati in mercando sive pugnando contendentes）；可以比较特林基特人的"财产之战"的说法，参见前文有关夸富宴和竞卖的部分。

② 对于在爱奥尼亚人（Ionien）和多利安人（Dorien）大规模编纂法典之前的希腊法律，我们尚未予以充分研究，因而也无法确切说明希腊的不同民族是否曾经有过礼物的规则。确实应该检视有关礼物、婚姻、抵押（见 Gernet，'Εγγύαί，*Revue des Études grecques*，1917；参见 Vinogradoff，*Outlines of the History of Jurisprudence*，I，p. 235）、款待、利益和契约等种种问题的全部作品，但是我们只能找到一些片断。不过有一点，亚里士多德（Aristote）在 *Ethique à Nicomanque*，1123 a3 中曾经讲到"高尚宽宏的公民"（cioyen magnanime）及其公共的和私人的开支、他的义务和负担，提到了对异族人的接待、出使之仪、献礼（*καί δωρεάς*）和回礼（*καί άντιδωρεάς*）、如何花费（*εί stά κοινά*）；并且补充说"赠礼在某种程度上类似于祝圣"（*τά δέ δώρά τοίs άναθήμασιν έχει τιόμοιον*），参见上文钦西安人夸富宴所具有的"确认"的意义。

另外两种至今尚存的印欧法律——阿尔巴尼亚（Albanais）法和奥谢金（Ossétien，指高加索地区的民族及其语言——中译注）法——也体现了此类制度。但我们仅参考了他们现代的法律、政令中禁止或限制其人民在婚礼、葬礼等场合过分挥霍的规定，例见 Kovalewski，*Coutume contemporine et Loi ancienne*，p. 187 注。

③ 我们知道，几乎所有契约的程式都可以在埃及 Philae 地区的犹太人于公元前5世纪写在纸莎草纸（papyrus）上的阿拉米语（Aramaïque）文献中得到证实。见 Cowley，

的区分，并把买卖从赠礼和交换中分离出来，使道德义务与契约各自独立，特别是在观念上区别了仪式、法律和利益。通过这样一场名副其实的、可敬的伟大革命，他们超越了那种陈旧的道德性和赠礼的经济体系。赠礼的制度难以预料、耗费甚巨、奢侈铺张，为种种人情的考虑所充塞羁绊，已经和当时的市场、贸易与生产的发展冰炭不容——质言之，赠礼制度在根本上就是反经济的。

以上我们所做的全部重构都只是一种极为可能的假设。不过，可以肯定，其他的印欧法律、那些真正的有书面记载的法律，在和我们大体相近的历史时期，也曾有过我们已经描述过的大洋洲和美洲诸社会——它们俗称原始社会，其实最多只是古式社会——的那种制度。鉴于这一事实，我们的假设的可能性便会升高，因此我们也就可以较有把握地将其一般化了。

在印欧法律中，古式痕迹保存得最为完好的两种法律是日耳曼法和印度法。而且其文献也最为丰富。

二、古典印度法[①]

赠礼的理论

注意：在利用印度的法律文献时有一个严重的困难。法典以

(接上页)*Aramaic Papyri*，Oxford，1923。我们也知道 Ungnad 对巴比伦契约的研究，见 *Année Sociologique*，XII，Huvelin，p. 508；Cuq，Etudes sur les contrats de lépoque de la Ire Dynastie babylonienne，*Nouvelle Revue de L'Histoire du Droit*，1910。

① 我们对古代印度法律的了解出自两个系列的汇编，比较其他古印度文献而言，

及与之具有同等权威的史诗均为婆罗门(brahmane)所编纂,可以说,他们如果不是为本种姓(caste)而写,至少也是在其全盛时期为了维护他们利益而作[①]。我们在这些文献中只能看到理论上的

(接上页)这两套书的编纂年代是相当晚的。一套由 *Dharmasutra*(法经)构成,Bühler 认为其形成早于佛教(见 Sacred Laws,*Sacred Books of the East*,导论)。但是,可以确定的只是其中有一部分经(sutra)——或者说是这部分经所基于的传统——是不晚于佛教的。不过无论如何,它们都是印度所谓的"Çruti",即启示的一部分。另一套由 *smrti*(传统)或 *Dharmaçastra*(法书)构成,其中主要是摩奴(Manu)法典,比 *Dharmasutra* 略晚一些(摩奴是古印度传说中的人类始祖。《摩奴法典》是古代印度箴言与法则的集成,约成书于公元前 200 年至公元 200 年之间,被冠以摩奴之名,用于指导婆罗门的生活。*Dharmasutra* 约和《摩奴法典》同时成书,内容是古印度社会与法律习俗。这两部书都是有关印度法的最古老的文献。——中译注)。

我们所倚重更多的是一部很长的史诗,它在婆罗门的传统中具有一种"smrti"(传统)和"Castra"(教法)的价值,这便是《教诫篇》(*Anuçasanaparvan*),即《摩诃婆罗多》(*Mahabharata*)之第 13 篇(意译为"伟大的婆罗多王后裔",是古印度梵文经典叙事长诗,约成书于公元前 200 年至公元 200 年之间,共有 18 篇,是关于古印度文明与思想的重要文献。——中译注)。它在赠礼道德方面讲述得要比那些法律的书清楚得多。另外,它极受重视,与后者都有相同的启示作用。特别是,其编纂的基础似乎和《摩奴法典》一样,也是 Manava 婆罗门教派的传统(见 Buhler,The Laws of Manu,*Sacred Books of the East*,p. LXX 及以下诸页)。《教诫篇》和《摩奴法典》似乎在相互引用。

总之,这部史诗是极其宝贵的。正像评论者所说的那样,这是一部关于赠礼(dana-dharmakathanam)的鸿篇巨制,该书除了分为三部分以外,还包括四十多节"祝圣之讲"。而且,该书在印度民众中极为普及。有诗歌曾讲述了大先知王 Bhisma 如何在临终前卧于箭床之上,以一种悲壮的方式为法(Dharma)的化身、伟大国王 Yudhisthira 宣讲此书。

以下我们将其缩写成"*Anuç*",引用部分大都同时标出其所在的诗节排号和依据《说品》(*Adhyaya*)中的排序。原文中字母的音标从略。

① 显然,即使 çastra(教法)和史诗的特点与规则不晚于佛教和婆罗门教之争,那么其编纂的年代也一定是在佛教与婆罗门之争以后,因为其中讲到了这种斗争。《教诫篇》也肯定是这样,里面已对佛教多有描绘(尤见 *Adhyaya*,120)。考虑到最终的编辑年代可能很晚,我们甚至可以在其中找到基督教的内容,而且恰恰就是关于赠礼理论的,在《教诫篇》(Adhyaya 114,第 10 节)中,Vyasa 补充说:"是为微妙之法","己所不欲勿施于人,是为法(dharma)之大要"(5673 节)。不过,这些婆罗门作为箴言和成语的

法律。因此，只有借助这些文献中所包含的大量供词努力重构，才有可能一窥刹帝利(*ksatriya*)、吠舍(*vaiçya*)等其他种姓的法律和经济。在这种情况下，“*danadharma*”(布施法)[①]理论，亦即我们行将描述的“赠礼之法”，真是只能用于解释婆罗门完全通过宗教服务而实现的恳请、接受等处理礼物的方式，只能用于说明他们为什么应该得到礼物。自然，对于给予婆罗门的义务有多项规定。很可能在贵族王公之间、在其他不同种姓和种族内部、在普遍人之中又是全然不同的关系占据着主导的地位。我们实在是难以分梳清楚。不过这无关宏旨，既有的印度事实已经很引人入胜了。

古代印度在雅利安人(Aryen)入侵以后[②]，事实上就成了实行双重夸富宴的国度[③]。一方面，曾经为数甚众、业已形成印度多数

(接上页)制造者，也完全有可能自己创造出这种类似于基督教的说法。事实上，上一节诗(9—5672)就有很浓郁的婆罗门风格：“彼为欲所使，(错误地)落于弃与施，落于吉与凶，落于乐与苦，人所思量者(事物)，反招诸已身(即此人的自我)……”Nilakantha 的评论言之凿凿，那是原创性的，而不是基督教式的：“如人之待人，彼此彼此(别人也会那样来对待他)。若设身处地考虑一下自己在恳求以后遭到拒绝之感受，……则乃知应当给予。”

① 梵文“dana”一词，在佛经翻译中音译为檀那、柁那、檀；意译为布施、施；梵汉并称为檀施、檀信。显然，本文中所指，是其“给予、赠送”的基本义，而非专指佛教中的一个法门。不过，“布施”亦是持平之译，本身并无佛教专有的意味，况且佛教传统本来就与婆罗门教传统有着密切的关系(包括在施与受的方面)，所以我们仍沿用了最常见的“布施”一译。只要读者了解这一点就行了。正如“dharma”我们译作“法”，亦是其基本义，而非特指佛教中的法一样。——中译注

② 雅利安人约自公元前 1500 年左右，从阿富汗越过兴都库什山，进入旁遮普地区，并逐渐向东发展，最后定居在印度。——中译注

③ 并不是说在上古时期，在编辑 *Rig Veda*(即《梨俱吠陀》，最古的吠陀之一，内容主要是颂诗，编订成集时间约在前 1300—前 1000 年。“吠陀”(veda)是印度的最古老的宗教文献和文学作品的总称，意即“知识”。——中译注)的时期，到达印度东北的雅利安人就没有市场、商贾、价格、货币和销售(见 Zimmern，*Altindisches Leben*，p. 257 及以下诸页)；*Rig Veda*，IV，24，9. 尤其是 *Atharva Veda*(《阿闼婆吠陀》，吠陀之一，为巫

人口之基础的两个庞大群体——阿萨姆人（Assam）的诸部落（藏缅语系[thibéto-birmane]）和源于蒙达人（Munda）的诸部落（澳亚语系[austro-asiatique]）——还在实行夸富宴。我们甚至可以推断，这些部落的传统在婆罗门的修饰下仍然存续[①]。例如，我们能够发现那些类似于巴塔克人（Batak）的“indjok”制度或其他马来亚人的待客原则的痕迹[②]，即不能不邀请突然而至的客人就自己吃饭的规矩：“halahalah 在吃自己的毒药因而没有和朋友在一起”。另一方面，在最古老的吠陀（Veda）中也留下了如果不是同一种那么也是同一属的制度的痕迹。这些痕迹差不多在整个印欧世界都能够找到[③]，我们有理由相信，印度的雅利安人也有夸富宴[④]。

（接上页）术咒语之汇编。——中译注）对这种经济就很熟悉。Indra（因陀罗，婆罗门教的众神之一。——中译注）本人就是商人。Hymne（圣诗），III，15，见于 *Kauçika-sutra*，VII，1；VII，10，12，在一个要去做一桩买卖的人所做的仪式中。另见“dhanada”，*Kauçika-sutra*，VII，1 和 Intra 的别名，*Kauçika-sutra*，VII。

而且，也不是说印度原本只有这样唯一的一种物、人和转交财物的形式三者结合在一起的契约。印度也未必没有其他形式的义务，比如说准罪式的义务。我们只想呈现在那类法律之外的另一种法律、另一种经济和另一种心态的生活。

① 尤其是，就像那些目前的土著部落和部族一样，印度也曾有过氏族和村庄的总体呈献。婆罗门被禁止接受“大众”的任何东西（Vasistha，14，10；*Gautama*，XIII，17，Manu，IV，217），特别是不能出席他们的宴席，这肯定涉及这类总体呈献的习俗。

② *Anuç*.，5051，5045（*Adh*.，104，98，95）：“勿饮无精华之液体，……勿忘致同桌者之赠礼”（评注：应请其入座，对方亦当与之同餐）。

③ 例如作为朋友送给刚刚行剃发礼或成年礼的少年的父母的礼物、送给未婚夫（妻）的礼物等等都叫作“adanam”，这就跟后面将要讲到的日耳曼人以同样的名义所送的礼物是一回事，见“grhyasutra”（家中礼仪），Oldenberg，*Sared Books*，各种名目的礼物的索引。

另一个例子是源于礼物（食物）的荣誉，*Anuç*.，122，第 12、13、14 行：“得荣彼亦荣，得彰彼亦彰”，“善哉！于此、于彼。是为布施者，诸方得赞颂。”（*Anuç*.，5850）

④ 对印度法律的词源学和语义学研究也能得到我们在罗马法研究中所得到的类

我们几乎可以断定，以上这两股潮流的汇合大约发生在吠陀的较晚内容的形成时期，亦即是印度河、恒河两大冲积平原的拓殖时期。而且，这两股潮流很可能彼此都强化了对方。一旦我们从文学的吠陀时代走出，我们就会发现有关的理论与习俗都非同寻常地发达。例如，"摩诃婆罗多"讲的是一个极其盛大的夸富宴的故事；Kauravas 和 Pandavas 的掷骰子游戏[①]；Draupadi 姐妹通过竞赛并挑选未婚夫；Pandavas 实行多夫制；等等。同样的传说还集中、反复地出现在史诗的那些最绮丽的章节里，如 Nala 和 Damayanti 的故事就和整个"摩诃婆罗多"一样，讲到了聚会所的修建、掷

(接上页)似结果。在最古的吠陀文献中，很多词的词源比拉丁语中的词源还要清楚得多，这些词源所得以产生的体系即便涉及市场与售卖，也与我们的体系迥然不同。在该体系中，没有我们通常谈到契约时所能想到的那些东西，而代之以交换和赠礼。所以人们常常提到我们译作"给予"的这个梵语词"da"的意思的不确定性(这在印欧语系的各种语言中都是很普遍的)，而其不胜枚举的派生词也都是一词多义，如"a*d*a"，意为接受、拿取等等。

还有一个例子。我们可以拣出两个明显是指称售卖中的技术性行为的吠陀用语加以比较：一是"parada çulkaya"，指以一定价格卖出；二是所有从动词"pan"中派生出来的词，如"pani"，商贾。"parada"中包括"da"(给予)，但"çulkaya"却具有拉丁语的"pretium"的特定含义，所指的远远不只是价值和价格，而是还有出战的价格、定亲的代价、性服务的价钱、税捐等等。《梨俱吠陀》中的"pani"(商人、吝啬的、贪婪的、对陌生人的一种称呼)和货币的名称"pana"(后来又有了著名的"karsapana")等词的母词"pan"的意思是售卖，同时也指游戏、赌博、为某物而争斗、给予、交换、冒险、胆大妄为、获胜、下注。不仅如此，意指赞誉、出借、欣赏的动词"pan"十有八九也与之是同一个词。"pana"(货币)也是意义丰富：所卖之物、报酬、赌博或游戏所争之物、进行赌博或游戏的房屋，甚至还指代做接待处的小客栈。这些观念所涉及的词汇只有在夸富宴中才会同时出现，处处都显露出人们用以构想后来的确切意义上的买卖体系所依据的那种原初体系的特点。不过，我们通过词源学来加以重构的工作到此为止，对印度的个案而言，这一方法不是必不可少的，而且很可能会使我们的研究远离了印欧世界。

① 见 *Mhbh. Adiparvan*, lect. 6 中的史诗提要。

骰子游戏等等[①]。只是所有这一切都因为文学或神学的记述方式而显得面目全非。

此外,我们这里所做的论述,并不要求我们非得勘定这种种起源的影响,非得通过假设重构出完整的体系[②]。同样,在这样一项比较的工作中,有关各个阶层的数量和各种制度繁荣的年代也都不必十分精确。由于一些与本主题无关而无须详陈的理由,我们知道后来这种法律只在婆罗门中还有效,在其余阶层中都消失了;但是可以断言,该法律在公元前8世纪到公元2、3世纪之间长达6—10个世纪的时间中曾经盛行一时。我们只需知道:婆罗门的史诗和律法一直笼罩着陈旧的气氛,在这些史诗和律法中,馈赠仍然是义务性的,事物仍然具有专门的品性,物仍然是个人的一部分。以下我们仅限于描述这种社会生活的形式,并研究它们的原因。简单的描绘就足以展现其风貌了。

送出的东西会在今生或来世产生报偿。它会自动给施予者带

① 例见 Hariçcandra 神话同 *Sabhaparvan*, *Mahbh.*, livre II, lect. 112;另一个例子见 *Virata Parvan*, lect. 72。

② 应该承认,对于我们所阐述的回礼的义务这一主题,除了 Manu, VIII, 213 的例子外,我们在印度法律中没有找到什么事例。但这方面的问题在有关禁止的规定中较为明显。很可能在一开始,婆罗门的丧葬宴席,即葬礼的"çraddha"是很发达的,这是一个邀请和回请的机会。然而,这种做法后来却被正式禁止了。见 *Anuç.*, 4311, 4315 = XIII, lect. 90, 43 及以下:"仅邀请朋友参加 çraddha 者不能升天。不可邀请朋友,亦不可邀请敌人,而只能邀请中立者。祭司之收入如献予其他作为朋友之祭司,此收入则带魔名。"(piçaca),见 4316。这一禁令对于流行的习俗而言很可能是一场真正的革命。法学家诗人甚至认为这一禁令是某一时期的特定学派所为(*Vaikhanasa Cruiti*,同上书,第 4323 行 = lect. 90,第 51 行)。这些鬼婆罗门实际上是要让诸神和亡灵来回报人们通过他们献给神灵的馈赠。普通人当然还是要邀请朋友参加丧宴,这在今天的印度也一仍如旧。婆罗门是不回报、不邀请的,甚至从名义上说也未曾有过接受。然而他们的法典却为我们保留了很多可以说明我们的情况的文献。

来与之相当的东西[①]：所送出的东西并没有失去，它会自己再生产；人们在他方又会得到与之相同者，而且有所增值。送出的食物会在此生回归施者；同时，那也会成为施者在另一世界的食物；而且，这些食物还会出现在他此后的轮回再生之中[②]：成为别人用以给他止渴的井水和泉水[③]，成为他在诸生诸世中的衣服和金钱，成为他在炎炎烈日下借以前行的伞盖与凉鞋。你赠与他人的土地固然会使他人有所收获，但也会为你的今生来世和将来的轮回平添利益。"譬如新月，日趋圆满；送人土地，（收获）逐年复增。"[④]土地滋生了粮食、地租、赋税、矿产和牲畜。以土地作为礼物使得施者与受者均得益于这些产品而富足[⑤]。这种司法—经济的神学在层出不穷的精辟格言与不计其数的格律诗集中得到了阐扬，而这也是法典和史诗取之不尽、用之不竭的主题[⑥]。

① *Vasistha Dharma*，XXIX，1，8，9，11—19＝Manu，IV，229 s.．参见 *Anuç.*，lect. 64—69（包括 Paraçara 的引文）。书中的所在这些部分似乎构成了一种连祷文；其中有一半是星象学的东西，从第 64 篇"danakalpa"开始，就在根据星座确定某人要给某人什么东西。

② *Anuç.*，3212；甚至是给狗的食物以及给贱民（çudra）即"喂狗人"（疑是烧狗肉者）的食物，见 *çvapaka*（＝lect. 63，第 13 节。参见 45 节＝3243，3248）。

③ 见有关人们如何在诸番轮回再生中发现所送出的事物的一般原则（XIII，lect. 145，第 1—8 节，第 23—30 节）。在同一篇中第 15—23 节也展示了对悭吝者的惩罚。特别是，他"会转生到一个贫苦之家"。

④ *Anuç.*，3135；参见 3162（＝lect. 62，第 33 节，第 90 节）。

⑤ *Anuç.*，3162（＝lect. 62，第 90 节）。

⑥ 从根本上说，《摩诃婆罗多》中的这一篇所回答的都是以下问题：如何得到易变的 Çri（财富）女神？第一个回答是 Çri 生活在牛群中，在牛的屎尿中，在作为女神的母牛允许 Çri 居住的地方。这就是为什么赠送母牛就是赠送幸福的缘故（lect. 82，并参见后文）。第二个回答基本上是印度式的，而且也可以说是印度的所有道德学说的基础。它教示人们：财富与幸福的秘密（lect. 63）是给予而不是保留，是散发财富而不是去寻找财富，这样，你所赠人的财物就会在今生回馈给你，也会在来世以你所施的形式使你得到回报。自己放弃财富，所求的只是给予，这便是法则，既是自然的法则，也是真正的利益的源泉（5657＝lect. 112，第 27 节）："每个人都应该广施资粮，以使其每一天都过得充实。"

此外，土地、食物以及所有给出的东西也都被人格化了，它们是活的存在，是人们交谈的对象，是契约的参与者。它们希望被送出。土地曾经对太阳英雄 Rama，即 Jamadagni 之子说过这一愿望，而 Rama 听到土地的吟唱之后，就把它全部交给了 Kaçyapa 仙(rsi)。土地想必是以一种它所特有的古老语言说出这愿望的[①]：

> 接受我(对受者说)
> 送出我(对施者说)
> 送出我而你将再度得到我。

然而，它又以一种略显平淡的婆罗门式的语言补充说："或在此世，或在来世，所送出者，必再复得。"一部古老的法典讲到[②]，被奉为神明的食物 Anna 曾这样宣称：

> 若有人持我，不献诸神，不奉亡灵，不赐其仆，不与其宾，且待独食(我)，在其愚痴，(此乃)妄吞毒药，我则食彼，我即其终。
>
> 复若有人，奉上"agnihotra"(火供)，完成"vaiçvadeva"

---

① 第 3136 节(＝lect. 62，第 34 节)把这几句诗称作"gàtha"(偈颂)。它并非"çloka"(输洛迦)，因此可能是非常古老的传说。而且，我相信，前半节诗"mamevadattha，mam dattha，mamdattva mamevapsyaya"(第 3137 节＝lect. 62，第 35 节)，极有可能与后半节是各自独立的。另外，第 3132 节原先也是独立成篇的(＝lect. 62，第 30 节)："就像母牛奔向小牛，她那充盈的乳房正在滴奶，那福地也正奔向土地的赠与者。"

② *Baudhayana Dh. su.*，11，18，显然这部法典不仅记载的是当时的待客规则，而且还有当时的食物膜拜，它所反映的是吠陀宗教的后期形式，这种膜拜一直延续到它被整合至毗湿奴派(Vishnuïsme，印度教的一大宗派，形成于 8、9 世纪。——中译注)为止。

> (田比侍婆天)[①],供养所有应受供养者竟,再食其余,且生欢喜,唯精唯诚,于斯人者,我乃珍馐,使彼乐我。

食物的本质就是要被分享的,如果不能和别人分享食物,就是在"灭其精华",这对自己对他人都是一种损失。这就是婆罗门教对慈悲和殷勤的阐释,这既是物质主义的,又是理想主义的[②]。财富创造出来就是为了布施的。如果没有婆罗门应供,"纵有万贯家财也枉然"[③]。

> 无知而食者害其食物,亦为所食者害[④]。

① 吠陀时代后期婆罗门阶层的献祭。参见 *Baudh. Dh. su.*,11,6,41,42。参见 *Taittiriya Aranyaka*,VIII,2。

② 在 Maitreya 仙和 Krsna dvaipaayana 的化身 Vyasa 的著名对话中,这种理论显露无遗(*Anuç.*,XIII,120,121)。而在整篇对话中我们又都可以发现婆罗门教和佛教之争的痕迹。尤其是第 5802 节(=XIII,120,第 10 节)应该具有一定的历史意义,它显示黑天派(Krishnaïsme,毗湿奴派的一个支派。——中译注)曾经盛行一时。不过,对话所教示的却是婆罗门教的古典神学教义,而且也可能就是印度上古时期(在雅利安人入侵之前)的整个国族的道德学说。

③ *Anuç.*,5831(=lect. 121,第 11 节)。

④ *Anuç.*,5832(=lect. 121,第 12 节)。应该看加尔各答版中"annam" 而不是孟买版的"artham"。后半节诗隐晦不清,很可能是转录有误。不过诗句还是有所指的:"他所吃的食物,那何以成为食物啊,他谋害了食物而自己亦被杀,这愚痴者。"接下来的两节也如同谜语,但意思表达得还算清楚,而且讲解的是一条教义,应该叫作"仙"教吧(*Anuç.*,5834=lect. 121,第 14 节):"慧者智者,令他们所吃的食物重生,而他们作为主人,亦因食物而得重生。""此乃(事物的)发展。因为布施的功德亦是接受的功德(反之亦然)。因为在此,只有一个轮子转向唯一的方向。(5863)"Pratâp (Mahâbhârata)译本基本是意译的,但参照了一些精当的注疏,所以颇能达意(不过,一个有关"evam janayati"的错误当属瑕疵,即第 14 节,得到再生的应该是"食物"而不是"子嗣")。参见 *Ap. Dh. su.*,11,7,3:"在其来客面前只顾自吃者破坏了食物、财产、后嗣、牲畜和其家的功德。"

贪婪则会打断法律、功德和食物所形成的生生不息的彼此循环[①]。

另一方面,婆罗门教在这种交换游戏中也清楚地确认了什么是盗窃、什么是个人的财产。婆罗门的财产就是婆罗门自身。

巫师的吠陀已经说明[②]:

> 婆罗门的母牛是毒药,是毒蛇。

古老的浮陀衍那(Baudhayana)法典称[③]:"婆罗门的财产害及(有罪者)子孙;毒药实非(毒药),婆罗门的财产才堪称(真正的)毒药。"这些财产本身就含有惩罚的可能,它们正是婆罗门的可怕之处。即使对婆罗门财产的盗用并非有意而为也要受到制裁。《摩诃婆罗多》中最令我们感兴趣的一篇[④],讲的就是Yadus 王 Nrga如何因为手下人的失误而错把一位婆罗门的牛送给了另一位婆罗门而变成了蜥蜴。收到牛的婆罗门无论如何也不想还回这头牛,甚至用十万头牛也不换;因为这头牛已然成了他的家的一部分,是属于他的了:

> 它(这头母牛)已适应地点与时间,它出乳甚多,它温良驯服。它的奶质醇和,它为我所爱,永属我家(3466)。
>
> 它的奶可以养育我那已断乳的羸弱小儿。我不能将它送出……(3467)。

① 参见上文。

② *Atharvaveda*, v. 18,3;参见 v. 19,10。

③ I,5,16(参见前文中提到的被偷的 res[物]的 aeterna auctoritas[永恒权威])。

④ Lect. 70。它所讲的是牛群的赠送,其礼仪在第 69 篇中讲到。

而被拿走母牛的婆罗门也不肯接受其他的牛。这头牛已经无可挽回地成为两位婆罗门的财产。既然双方都拒绝让步,倒霉的国王就只好千百年来都处在魔法诅咒的摆布之下了[①]。

在有关送牛的规则中,礼物与礼物赠与者之间的关联、财产与财产所有者之间的关联都体现得最为紧密[②]。这种关联极为鲜明。史诗中的主人公、法(Dharama)王 Yudhisthira[③] 就是靠着放牛、吃大麦和牛粪、睡在地上而成为诸王中的"公牛"的。因而,牛的所有者便要在三日三夜中效仿法王,遵守"牛之誓"[④]。这三天中,有一夜他只能以"牛液"为生,即牛的分泌物、牛粪和牛尿(在尿液中住有 Çri,即财富)。还有一夜,他得和牛一起睡在地上,注疏者还补充说:"不能搔痒,不能赶跳蚤",以通过这种办法来印证"灵魂与牛合一"[⑤]。当他走进牛栏时以圣名[⑥]来唤牛时,他还得说:"母牛是我母亲,公牛是我父亲",等等。而在交付牛群之际,他还要重复其中的说辞。在那转交的庄严时刻,给予者在对牛称赞一番后,对牛说道:

① 第 14 节及以下。"婆罗门的财产就如同(杀死 Nrga 的)婆罗门的母牛",第 3462 节(lect. 70,第 33 节);参见 3519=lect. 71,第 36 节。

② Anuç. ,lect. 77,lect. 72,lect. 76。这些规则都是条分缕析地叙述出来的,有点不太真实,而且肯定是理论性的。该仪式被认为是 Brhaspati 派所为(lect. 76)。在交付牛以前要进行三天三夜,在有些情况下,三天后来还要再持续十天(第 3532 节=lect. 71,49;第 3597 节=73,40; 3517=71,32)。

③ 他就始终生活在"牛之赠礼"(gavam pradana)中,第 3597 节=lect. 76,第 30 节。

④ 此处还涉及一种赠与者和牛群之间相互过渡的真正的成年礼,这也是一种神话,见"upanitesu gosu",第 3667 节=lect. 71,第 2 节。

⑤ 同时,这也是一种净化仪式。这样,他就解除了所有罪孽(第 3673 节=lect. 76,第 8 节)。

⑥ 即"Samanga"(肢体俱全)和"Bahula"(高大壮硕),第 3670 节(参见第 6042 节,牛们说道:"Samanga。Bahula。你无畏,你平和,你是好友")。史诗也没有忘记提醒说这些名称出自 *Veda* 和 *Çruti*。的确,这些圣名都可以在 *Atharvaveda*,V,4,18,第 3 节和第 4 节中找到。

你们为何物，我即为何物，今日我已成为你们的本质，送出你们，亦即送出我自己[①](3676)。

受赠者便在接受时（即在做“pratigrahana”[②]时）说：

在精神上转交，在精神上接受，让我们两人相互荣耀，您这有日（Ugra）月（Soma）之形者（3677）[③]。

另一些婆罗门的法律原则会使我们愕然想起业已描述过的波利尼西亚、美拉尼西亚和美洲的某些传统。他们接受礼物的方式令人惊讶地相似。婆罗门阶层有一种不可克制的高傲。他们拒绝那些会牵涉到市场的事务，甚至不能接受任何来自市场的东西[④]。在一种已经存在城市、市场和货币的部族经济中，婆罗门却依然忠实于印度—伊朗牧民的经济和道德，忠实于大平原上的土著农民或异族农民的经济与道德。他们还坚守着贵族的尊严[⑤]，对他的加惠即是侮辱[⑥]。《摩诃婆罗多》中有两节讲道，有七位大仙皆是

① 准确的说法是：“作为把你们送出的人，我也是把自己送出的人。”

② 意思是“取”，这个词和“accipere”、“λαμβανειν”、“take”等词的意思不差分毫。

③ 该仪式规定，人们可以献出“芝麻糕牛或变味奶油的牛”，同样也可以交出“金牛、银牛”。在这种情况下，它们也被当作真正的牛来对待，参见 3523、3839。这样，仪式，尤其是交易的仪式也就更显完美了。这些牛群都用仪式的专用名，其中之一叫作“未来”。在和这些牛相处的日子里，“牛之誓”同样也备受重视。

④ *Ap. Dh. su.*，1，17，14；Manu，X，86—95。婆罗门可以将并非买来的东西卖出。参见 *Ap. Dh. su.*，1，19，11。

⑤ 参见上文有关美拉尼西亚、波利尼西亚及日耳曼人的讨论；参见 *Ap. Dh. su.*，1，18，1；*Gautama Dh. su.*，XVII，3。

⑥ 参见 *Anuç.*，lect. 93，lect. 94。

大先知，他们及其从人在饥馑之年不得不以 Çibi 王子的肌体果腹，但仍拒绝 Çavya Vrzadarbha 王送给他们的丰厚礼物，包括黄金果；他们回答国王说：

噢！国王，凡诸王所赠，初虽甘醇，终必荼毒。

接着又是两通诅咒。这种理论真是滑稽。整个这一种姓都是靠馈赠生活的，但他们却要假意回绝礼物[①]。不过对于那些发自本心的赠礼，他们还是会妥协接受的[②]。而后他们又拉出一长列清单[③]，确定谁、在什么情况下、送的什么礼物[④]是可以接受的，直至规定在饥馑时可以来者不拒[⑤]，当然，条件是略做赎罪之仪[⑥]。

像这样在施者与受者之间所确立起来的关联对双方而言都太过强烈了。双方所受的束缚太多了，就像我们前面所研究的所有那些体系一样，而且还要过分。受者不免要依赖于施者[⑦]，这就是为什么婆罗门不能“接受”而且更不恳求国王的缘故。婆罗门是圣

① *Ap. Dh. su.*，1，19，13，3，此外提到了婆罗门教的 Kanva 派。

② Manu，IV，p. 233.

③ *Gautama Dh. su.*，XVII，6，7；Manu，IV，253。婆罗门所不能接受的人的清单，见 *Gautama*，XVII，17；Manu，IV，215—217。

④ 应该拒绝的物品的清单，见 *Ap.*，1，18，1；参见 *Gautama*，XVII. Manu，IV，247—250。

⑤ 见 *Anuç.* 之 136 全篇。参见 Manu，IV，p. 250；X，p. 101，102。*Ap. Dh. su.*，I，18，5—8；14—15；*Gautama*，VII，4，5。

⑥ *Baudh. Dh. su.*，11，5，8；IV，2，5，“对 Taratsamandi 的背诵”（即 *Rig Veda*，IX，58）。

⑦ “智者的才能与光彩亦因其有所接受（得、取）而遭损害。于那些不愿接受者，要提防啊，国王！”，*Anuç.*（2164＝lect. 35，第 34 节）。

中之圣，他们的种姓比国王高，如果只是拿取就会有失身份。而从国王的角度来说，布施的方式与布施的内容都很重要[1]。

因此，礼物既是应该送也是应该收的，但同时收礼也是危险的。所送的事物本身会在双方之间形成一种无可挽回的关联，当礼物是食物时尤其如此。受者要看施者的脸色[2]，甚至施者也受制于受者。所以说不能到敌人那里去就餐[3]。

故而人们用尽了古式的办法来预防这种危险。像印度的文学一样，其法典和史诗也都在这个题目上大做文章，都强调对礼物、赠与人和所赠之物要一丝不苟地审慎考查[4]，给予和接受的方式不可以有半点闪失。凡事都是礼仪，这与可以遵照客观标准花钱购物的市场大不相同。没有一件事可以马虎[5]。契约、结盟、财物的转交，由被转交的财物在交付者和接受者之间所形成的纽带，所

① Gautama，XVII，19，12 及以下；*Ap. Dh. su.*，I，17，2。赠礼的礼节程式，见 Manu，VII，p. 86。

② Krodho hanti yad danam，“嗔怒杀死礼物”，Anuç.，3638＝lect. 75，第 16 节。

③ *Ap. Dh. su.*，II，6，19；参见 Manu，III，5，8 中的荒唐的神学解释：在这种情况下，“人们将吃下主人的过错”。这一解释所依据的是对婆罗门的一般性禁令，即婆罗门只能从事他们的基本职业，否则就成了“吃下罪孽者”。它的意思总归是说这种布施对双方都没有任何好处。

④ 当人们在另一个世界再生时，他会带有他所接受的食物的提供者的性质，会带有腹中食物的出处的性质，或者是食物本身的性质。

⑤ *Anuç.* 中的第 131 篇的题目正是“danadharma”（布施法），该篇成文的年代似乎较晚，它概括了有关的全部理论（第 3 节＝6278）：“什么礼物，给谁，什么时候，由谁所送。”它精辟地揭示了赠礼的五种动机：本分，当人们发自本心地布施给婆罗门时；利益（“他给了我，他给过我，他将会给我”）；畏惧（“我不归属于他，他也不归属于我，但他有可能加害于我”）；爱慕（“他珍重我，我也珍重他”，“他送我时毫不拖沓”）；慈悯（“他很贫苦，稍得即足”）。并见第 37 篇。

有这一切均需经受这种经济之道德性的推敲。立约方的性质与意图以及所送事物的性质是不能相互割裂的[①]。一位法学家诗人一语道破了我们想要描述的情景：

这里只有一个轮子(向着唯一的方向转动)[②]。

三、日耳曼法(抵押与礼物)

虽然与印度社会不同，日耳曼社会并没有给我们留下那般古老而又那般完整的礼物理论的遗迹[③]，但是，这些社会也曾有过以赠礼形式出现的极为明晰、极为发达的交换，而礼物的送出、接受和回报，既可以是自愿的，也可能是被迫的。其典型性鲜有社会可

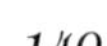

① 有机会应该研究一下使所送之物得到净化的仪式，不过显然这也是一种使之与赠与者相脱离的手段。其方法是用 kuça 草叶向该物淋洒清水(有关净化食物的仪式见 *Gautama*，V. 21，18，19，*Ap. Dh. su.*，II，9，8)。参见净化欠债之水，*Anuç.*，lect. 69，第 21 节及 Prâtap(ad locum，p. 313)的评注。

② 5834，见本章第 101 页注释③。

③ 借助一些纪念物而得到的事实都是相当晚近的。*Edda* 之歌的编辑年代已经是在斯堪的那维亚皈依基督教之后了。但是，首先，传统所盛行的年代与其被编辑成文的年代并不是一回事；其次，即使目前已知的最为久远的传统的形成年代，与其形成制度的年代可能还相差很远。这是两条批评的原则，而批评始终不可失去觉照。

就此而言，我们所使用的事实不具任何危险性。首先，在我们所要描述的法律中占有一席之地的赠礼制度，已被证实是日耳曼人的最早的一部分制度。Tacite 本人就曾向我们描述过两类礼物：1. 由于婚姻而要送的礼物及其被还回送礼者家庭中的方式(*Germania*，XVIII，见于一较短的章节，对此我们还将回过头来再做讨论)；2. 贵族的礼物，尤其是首领所送的礼物或送给首领的礼物(*Germania*，XV)。其次，如果这些习俗业已保留了如此之久，而我们仍能够找到它的残迹，那么这说明它们曾经十分牢固，并且已经深深地扎根于日耳曼精神之中了。

与之匹敌。

日耳曼文明在相当长的一段时期里也没有市场[1]。那基本上是一种封建式和自耕农式的文明；买卖和价格的观念是很晚近才形成的，甚至这两个词都所出甚晚[2]。而在这一文明的古代，夸富宴则极度发达，尤其是赠礼的体系最为突出。在相当大的范围内，即在部落内部的各个氏族之间、氏族内部的各大家族之间[3]，以及部落之间、首领之间甚至国王之间，人们的生活在道德上和经济上都是处在家庭群体的封闭圈子之外的，因此，他们就借助于大规模的抵押、宴会和馈赠，通过赠礼和结盟的形式，相互沟通、相互帮助、相互联合。我们在本书一开篇就引用了 Havamál 中的有关礼物的连祷文，除了这篇 *Edda* 中的美文以外，我们还要指出以下三点事实。

迄今为止，尚未有人对于德语中从“geben”（给予）和“gaben”（礼物）派生出来的丰富词汇做过深入研究[4]。此类词汇的数量之

---

① 见 Schrader，*Reallexikon der indogermanischen Altertumskunde* 及其所指出的参考文献，见 Markt、Kauf 条。

② “Kauf”一词及其所有的派生词都出自拉丁语的“caupo”（商贾）。Leihen（借贷、支付）、lehnen（借贷、支付）、lohn（工资、赏金）、bürgen（担保）、borgen（借入、借出、放债）等词词义的不确定性是众所周知的，这也说明对它们的区别使用只是不久以前的事。

③ 我们不讲 Bücher，*Entstehung der Volkswirtschaft* 中所提的“封闭经济”（geschlossene Hauswirtschaft）的问题。我觉得这是一个伪问题。一旦一个社会中有了两个氏族，它们就必然要相互接触，同时，至少在一年中的某些时节或是生活中的某些场合，他们也会相互交换他们的女人（即外婚制[exogamie]）、仪式和财物。在余下的时间里，家庭往往相当内敛，自己过着较为封闭的生活。然而，家庭也绝不是一成不变地这样生活的。

④ 可在 Kluge 及其他一些日耳曼语的词源学词典中查到这些词。“Abgabe”（交付、交还）、“Ausgabe”（分发、支出）、“Morgengabe”（晨礼、嫁妆）等词见 von Amire，*Handbuch*，d'Hermann Paul。

多非同一般，如“Ausgabe”（分发、递交），“Algabe”（送交），“Angabe”（发出），“Hingabe”（倾注、献出），“Liebesgabe”（捐赠、施舍），“Morgengabe”（晨礼、嫁妆），奇特的“Trostgabe”（慰济品），“vorgeben”（把某物拿到面前、借口），“vergeben”（宽恕、分配、给予），“widergeben”（回赠）和“wiedergeben”（归还），它们连同“Gift”（礼物）、“Mitgift”（嫁妆）等词以及这些词所指的制度都亟待研究[①]。所幸的是，对于整个赠礼制度及其在传统与民俗中的重要地位，包括回报的义务，梅耶（Richard Meyer）在其一本出色的民俗研究著作中都做了精彩的描述[②]。因此，我们尽可以参考这本罕见的杰作，在此我们只想再强调一下，要注意那些关于使“Angebinde”（礼物）成为义务纽带的力量的细致讨论，正是交换、提供、对这种提供的接受和回报的义务构成了“Angebinde”。

此外，还有一种不久以前还在盛行的制度，从经济的视角来看具有异乎寻常的重要性，而且它在德国村庄的经济道德和风俗中很可能仍然存续，这就是“Gaben”[③]，完全相当于印度的“adanam”。在洗礼、圣餐、定亲或结婚的时刻，被邀请者（往往是整个

① 有关这一问题的最出色的著作还是 J. Grimm，Schenken 和 Geben，*Kleine Schriften*，II，p. 174；Brunner，*Deutsche Rechtsbegriffe besch. Eigentum*. 有关“Bete”（求得物）即是“Gabe”（赠品），见 Grimm，*Deutsche Rechtsalterthümer*，I，p. 246，p. 297。假设可以收到礼物而却不用做义务性的回礼是没有意义的。礼物总归是这两种，而在日耳曼法中，礼物的这两方面的特色总是融合在一起的。

② Meyer，Zur Geschichte des Schenkens，*Steinhausen Zeitschr. f. Kulturgesch*，p. 18 及以下诸页。

③ 见 Em. Meyer，*Deutsche Volkskunde*，p. 115，p. 168，p. 181，p. 183，等等。在各种日耳曼民俗手册（如 Wuttke 民俗手册等）中都能查到这个问题。

村庄的人）在喜宴（例如就婚礼而言）的前一天或后一天要送出贺礼，其价值通常都会高出宴会的开销。在德国的一些地区，这种“Gaben”甚至就算是新娘的嫁妆，这些礼物在婚礼的早晨交给新娘，名字就叫作“Morgengabe”。在有些地方，此类礼物的丰厚程度被看作是年轻夫妇此后多子多福的保证[①]。结亲时刻的礼物，就像教父母在其教子女生命中的一些重要关头以示嘉勉和帮助（Helfete）的礼物那样重要。可以发现，这类内容在我们法国的风尚、故事和传说中也是耳熟能详，未被邀请者的诅咒以及被邀请者的祝福与慷慨都是屡见不鲜的主题，尤其是讲到仙女的时候。

我们想要指出的第二种制度也有相同的起源。这便是日耳曼人的各种契约都必须要有抵押[②]。我们所说的“抵押”（gage）这个词甚至也出自于此，即出自德文的“wadium”（还有英文词“wage”，

① 这里我们还为 van Ossenbruggen 所提的有关“新娘的价格”（聘礼）的巫术性质和法律性质的问题找到了答案。见 Westermarck，*Marrige ceremonies in Morocco*，p. 361 及以下诸页，其中对于摩洛哥人给夫妇的各种馈赠和夫妇间的赠礼之关系有理论阐述，很值得一看，并参见该书其他一些谈到这个问题的地方。

② 自此以后，我们便要分清抵押（gage）和定金（arrhe，日耳曼语和希腊语、拉丁语中的该词都源自闪米特语），尽管晚期的日耳曼法和我们法国的法律一样都有“arrhe”这个词。在某些习俗中，这个词甚至曾被混同于古代的礼物，例如，在一些蒂罗尔（Tyrol，奥地利西部一地区——中译注）方言中，“Handgeld”（定金）就被说成是“Harren”。

我们也省略了抵押观念在婚姻方面的重要性。我们只想提请大家注意，在日耳曼语的方言中，“买价”同时兼具“Pfand”（抵押品）、“Wetten”（赌注）、“Trugge”（欺骗）、“Ehethaler”（婚姻）等说法。

指报酬）。于维兰也已经阐明[1]，德文词“wadium”[2]提供了理解契约纽带的一处途径，他还联系比较了该词和罗马人的“nexum”。他解释说，被接受的抵押可以使立约双方履行承诺，因为一个人占有了他人的某样东西，而对方作为该物原来的主人，会使之具有魔力，而且，抵押往往要一分为二，由立约双方各持一半。不过，在这一解释的基础之上，或许可以提出一个更为切合的解释。巫术的制裁有可能介入，但它并不是唯一的纽带。用作抵押而被给出的事物本身自有的品性就足以构成一种约束。首先，抵押是强制性的。根据日耳曼法，所有契约，所有买卖、借贷和寄存都须有所抵押；立约的一方要给另一方一样东西，通常并不值多少钱，如一只手套，一枚钱币（Treugeld），一把小刀，在法国还有别针，等到已交付的事物得到偿付以后，它们便会物归原主。于维兰已经注意到了这样抵押都价值菲薄，而且一般是寻常的和个人的东西；他因此恰当地把这一事实归诸“生命之押”或“生命表记”（life-token）[3]。实际上，这样整个事物就转而成了给予者之个体性的承载者。它掌握在被给予者手中，这促使立约方履行契约，以便赎回信物以赎回自身。由此可见，“nexum”就在这种信物中，它所依托的不只是

---

① Huvelin，*Année Sociologique*，IX，p. 29，参见 Kovalewske，*Coutume contemporaine et loi ancienne*，p. 111 及以下诸页。

② 关于德文词“wadium”，我们还可以参考 Thévenin，Contribution à l'étude du droit germanique，*Nouvelle Revue Historique du Droit*，IV，p. 72；Grimm，*Deutsche Rechtsalt.*，I，p. 209—213；von Amira，*Obligationen Recht*；von Amira，in *Hdb.* d'Hermann Paul，I，p. 254，p. 248。

有关“wadiatio”，参见 Davy，*Année Sociologique*，XII，p. 522 及以下诸页。

③ Huvelin，*Année Sociologique*，IX，p. 31.

巫术行为，也不只是讲辞、起誓、交换仪式、握手等郑重的订约形式。“nexum”就在这种信物中，就像在文件中、在有巫术价值的行为中、在各持其一部分的符契（taille）中、在参与者相互分有对方之基质（substance）的聚餐中一样。

另外，“wadiatio”的两个特点也证实了这种物力。首先抵押不仅是义务性的和约束性的，而且还关乎交出此物者的荣誉[①]、权威和“曼纳”[②]。如果此物还没有从契约对方的手中解脱出来，此人就无法摆脱屈居人下的地位。因为法律中的“wadium”被解作“wette”、“wetten”[③]，除了“抵押”的意思外，还有“赌注”意思。它首先是指竞争的代价、对挑战的认可，而后才是对债务人的约束。在契约尚未完成之时，就如同赌注行将输掉、赛跑落于人后，这意味着如果失败，他所失去的会比他根据契约所应该要支付的还要多，就更别提他还有随时失去他已经接受的那些东西的危险了，因为在抵押未被取回之前，原物主可以再索回已付之物。“wadiatio”的第二个特点所揭示的是接受抵押所具有的危险。因为不仅有给付抵押的人涉身其中，接受抵押的人也要受到约束。和特罗布里恩的受赠人完全一样，他也要提防些所给的事物。抵押物也要被扔到他的脚下[④]，如果是标有古代北欧文字或有切口的“fe-

① Brissaud, *Manuel d'Histoire du Droit français*, 1904, p. 1381.

② Huvelin, *Année Sociologique*, IX, p. 31，注 4，仅以原始巫术仪式的蜕化变质来解释一事实，并认为原始巫术仪式已经变成了简单的道德性议题。但这种解释是片面的、无效的（参见前文），而且也不能排除我们所提出的阐释。

③ 关于“wette”和“wedding”这两个词的亲缘关系，我们稍后再议。即使在法文中，赌注和契约这两种意思也是含混的，如“se défier”（提防）和“défier”（挑战）。

④ Huvelin, *Année Sociologique*, IX, p. 36，注 4。

stuca notata"[①]（这时他就要保留其中一部分），那么他就从地上拾起它或者抱在怀中（in laisum），但不能用手接受。整个仪式是以挑战和防备的形式进行的，所表达的也是挑战和防备。除此之外，在今天的英语中，"throw the gage"（扔下抵押品）和"throw the gauntlet"（扔下[中世纪武士所用的]金属护手）还都是"挑战"的意思。作为礼物的抵押，对于"共担责任的双方"来说都蕴含着危险。

第三点事实是：对于礼物或转交物所代表的危险，恐怕要数日耳曼人的古老法律和古老语言最解个中之意了。之所以这样说，是因为在日耳曼古语中，"gift"一词具有双重意涵，一方面是礼物，另一方面是毒药。我们还会另文讨论该词在闪米特语中的历史[②]。致命的赠礼以及礼品或财物变成毒药的故事是日耳曼民间传说中的一个基本主题。莱茵河的金子会使赢得它的人殒命，海

① 有关"festuca notata"，见 Heusler，Institutionen，I，p. 76 及以下诸页；Huvelin，*Année Sociologique*，IX，p. 36，但似乎遗漏了符契的使用。

② 见 Mauss，Gift，gift. *Mélanges Ch. Andler*，Strasbourg，1924。有人曾问我为什么不从拉丁词"dosis"及其希腊文写法"δόσισ"（药剂、毒剂）来考查"gift"的词源。实际上，这种词源的推断假定了上德意志和下德意志的方言中对于一种用途平常的事物早就有了一种书翰式的命名，这有违语义学的惯常法则。而且，还要解释为什么它又被日耳曼语译作了"gift"，以及为什么在某些日耳曼语言中，这个词又因相语言禁忌的倒置而具有了"礼物"的意思。最后，"dosis"一词的在拉丁语和希腊语用以指毒药，这证明在古人那里，也有我们所描述的那种道德观念与道德规则之间的关联。

我们觉得"gift"和拉丁词"venenum"以及希腊词"φίλτρον"、"φάρμακον"的模糊含义较为接近；可与之联系比较的词还有（见 Bréal，Mélanges de la société linguistique，t. III，p. 410）"venia"、"venus"、"venenum"、"de vanati"（梵文，意为取悦）、"gewinnen"、"win"（获胜）等。

在此还要改正一个我当时的引用错误。Aulu-Gelle 确曾论述过这些词，但是引述 Homère（*Odyssée*，IV，p. 226）的并不是他，而是 Gaius，是这位法学家在其有关十二铜表法的书中做过转述（*Digeste*，L，XVI，De verb. signif.，236）。

根(Hagen)的杯子则会使以其宴饮的英雄罹难;日耳曼人和闪米特人的这类传说和故事有成百上千,直至今日仍令我们感觉惶然。在此,谨让我们再来读一下 *Edda* 中的英雄 Hreidmar 用以回答 Loki 的诅咒的一节诗罢[①]:

你已送出礼物,
但你所送的不是爱的礼物,
你所给的不是一颗善良的心,
如果我能预知这危险,
你早就该一命呜呼了。

克尔特法律

印欧社会的另一大家族也肯定有过这种制度,这就是克尔特民族。于贝尔(Hubert)和我已经开始着手证明这一论点[②]。

中国法律

最后,伟大的中国文明自其古代以来,也确实保有我们所感兴趣的这种法律原则;中国人也认为,在物和其原来的所有者之间,存在着一条无法割断的纽带。甚至在今天,一个人即使在卖掉了

① Reginsmal,7.诸神杀死了 Hreidmar 的儿子 Otr,所以被迫要在 Otr 的皮肤上覆满黄金以赎罪。但 Loki 神却在这黄金上施以诅咒,于是 Hreidmar 则答以这一节诗。蒙 Maurice Cahen 指出,第三句中"善良的心"是一种雅逊的翻译,原文"af heilom hug"的意思实际上是"一种带来运气的心态"。

② 在即将出版的一期 *Revue Celtique* 中我们将会看由于贝尔评注的 Le Suicide du chef Gaulois 一文。

他的财产①（即使是动产）之后，他终其一生仍然保留着一种针对购买者"哭他的财产"的权利。黄（Hoang）神父曾记载了由卖方交给买方的这种"叹契据"的几种格式②。这是一种对物的持续的权利，同时其中亦含有对人的持续的权利；即使该物早就明确地归入了他人的家业，即使所谓不可挽回的"杜绝契"早已履行，这种权利仍然属于卖主。通过被转交的物（即便该物是可以替换的）创下的盟约并不是暂时性的，立约双方被认为将会永远相互依存。

在越南人的道德中，接受馈赠也是危险的。威斯特马克曾经指出过这一事实，并且已经注意到了它的某些重要意义③。

---

① 中国有关不动产的法律和日耳曼法以及我们法国的古代法律一样，承认"活卖"（vente à réméré），并认为亲戚（其所涉及的亲属关系极为广泛）有权赎回已被出卖的但本来不应该从家业中流失的那些财物和地产，这被称之为"收回本族"。见 Hoang（Variétés sinologiques），*Notions techniques sur la propriété en Chine*，1897，p. 8，p. 9。不过，这个事实我们还不十分清楚。因为在人类历史上，尤其是在中国，决定性的土地买卖只是非常晚近的事。一直到罗马法及其以后的日耳曼法和法国法时代，土地买卖都一直受到种种限制，其原因在于家庭的共产制以及家庭对土地、土地对家庭的深刻依附，这是显而易见的。家就是家居、土地，所以很正常，土地既不为法律所制约，也处在资本经济之外。事实上，有关家产（homestead）的新旧法律以及最近法国有关"不可扣押的家庭财物"（bien de famille insaisissable）的法律都是对这种古老状态的坚持与回归。因为这些缘故，我们这里所指的主要是动产。

② 见 Hoang，*Notions techniques sur la propriété en Chine*，1897，p. 10，p. 109，p. 133。

此外，还承 Mestre 先生和 Granet 先生惠告我有关事例，他们本人亦曾在中国的其他地方观察到这类现象。

③ Westermarck，*Origin and Development of Moral Ideas*，I，p. 594。Westermarck 已经觉察到了我们所处理的这类问题，但他仅从待客的法律这一角度做了讨论。不过，他对于摩洛哥人的"ar"（祈求者的强制性献祭，*Origin and Development of Moral Ideas*，I，p. 386）风俗及其"神与食物将做酬答"的原则（这种说法与印度法律中的说法真是格外相似）的考察确实值得一读。见 Westermarck，*Marriage Ceremonies in Morocco*，p. 365；参见 *Anthropological Essays to E. B. Tylor*，p. 373 及以下诸页。

第四章　结论

一、道德的结论

不妨把这种考察扩展到我们自己的社会。

我们的道德以及我们的生活本身中的相当一部分内容，也都始终处在强制与自发参半的赠礼所形成的气氛之中。值得庆幸的是，还没有到一切都用买卖来考量的地步。如果某样东西真是有价值的，那么除了它的销售价值以外，它仍然具有一种情感价值。我们并不是只有商人的道德。有一些人和一些阶层仍旧遵循从前的风尚，而至少在一年中的某些时刻或是在某些场合中，我们自己也得尊重这些习俗。

未被回报的礼物仍会使接受礼物的人显得卑下，尤其是当收礼者无意回报的时候。回想一下爱默生(Emerson)的奇文《论礼物与馈赠》(On Gifts and Presents)[①]，就会发现这根本不出日耳曼法的范围。施舍对于接受者也是有伤害的[②]，我们在道德上所

---

① Emerson, *Essais*, 2e série, V.

② 参见 Koran, Sourate II, 265；参见 Kohler, *Jewish Encylopaedia*, I, p. 465。

做的全部努力，就是要消除那种有钱的“施主”(aumônier)的无意识的但却是侮辱性的恩典。

作为“礼貌”，对于邀请也要回请。从这一事实，能够看出旧式贵族夸富宴的古老而深刻的传统遗迹，同时，人类活动的基本动机也从中露出端倪：这便是相同性别的个体之间的竞争[①]；这种人的“固有的帝国主义”，一方面根植于社会，另一方面具有动物性的和心理的基础。除了社会生活以外，我们还处在这样的一种生活之中：就像人们常说的那样，我们“总是欠人情”(rester en reste)。受人滴水之恩，当以涌泉相报。“回报”总是要更昂贵、更大方。我儿时在洛林乡下的家庭便是如此，平日里克勤克俭，但若有来客，或适逢主保瞻礼(fête patronale)、婚礼、圣餐和下葬，却要破费一空。在这些场合得成为“大阔佬”(grand seigneur)。相信在我们民族中有一部分人仍然一贯如此行事，遇有客人、节宴或是要给“年赏”的时候，他们就会挥金如土。

要邀请别人，也要接受别人的邀请。我们还保留着这一习俗，甚至在自由行会中也是如此。大约在50年前抑或稍晚一些，在德国与法国的某些地区，整个村庄的人还都要出席婚宴，如果有人不参加，那会是一个很糟糕的迹象，预示并且证明这个人想要“出去”。在法国的很多地方，全体居民都要参加典礼。在普罗旺斯(Provence)地区，但逢有小孩出生，人人都会送去鸡蛋或是其他有象征性的礼物。

售出的事物仍有灵魂，它们仍为其原来的主人所关注，同时亦

① William James, *Principles of Psychology*, II, p. 409.

追随着它们原来的主人。Cornimont 位于浮日(Vosges)山谷之中,在那里,有一种习俗在不久以前尚被广为遵循,就是现在也有可能仍被一些家庭所保持,这个习俗是:为了让买来的动物忘记它们原来的主人而不再想要回到原主那里,人们在牲口棚的门梁上标上一个十字,还要保留原来的笼头,并用手抓起盐来喂它们吃。在 Raon-aux-Bois,人们要持一片涂了黄油的面包绕着厨房挂锅用的铁钩转三圈,然后再用右手拿着喂给牲口,确实,这是因为大牲畜是家的一部分,而牲口棚也是房屋的一部分。但法国还有为数众多的其他习俗,借以标明必须要让已卖出的东西和卖主分开,例如拍一下卖出的东西、打一下所卖的羊,等等①。

甚至可以说,现今的所有工业法与商业法都是与道德相冲突的。人民特别是生产者会有一些经济上的偏见,因为他们具有关注其所生产的产品的执著信念,具有自己未从劳动中受益而产品就被转卖了的强烈感受。

今天,那些古老的原则对我们法规中的严密、抽象和非人性有所反弹。从这一观点来看,可以说我们正在酝酿中的一部分法律和最近的某些习俗实际上都是向过去的回归。对于我们的制度中从罗马法和撒克逊法承袭下来的冷漠,如今这种反动完全是有益而有力的。一些法律和习俗的新原则也可以从这个角度得到阐释。

---

① Kruyt, *Koopen*, etc. ,在第 12 页的摘要中例举了西里伯斯人的同类事实。参见 De Toradja's... Tijd. v. Kon. Batav. Gen. , LXIII, 2; p. 299,把牛引入牛棚的仪式; p. 296,买狗肉时把整条狗肢解开一块块地买,向狗的食物中吐唾沫; p. 281,无论有什么理由都不能卖猫,但可以把猫借出;等等。

要克服对手稿、样机或原创艺术品粗暴销售，承认艺术、文学和科学的产权，需要相当长的时间。确实，社会不太愿意承认作者或发明人有贡献于人类者的遗产、不太愿意承认他们的权利继承人对其创造的东西所拥有的某些权利；人们倒是愿意把它们说成是集体的精神产品而不是个体的精神产品；大家都渴望它们尽快地归属公共领域，尽快地进入财富的流通。不过，现存的艺术家或他们的直接继承人对于绘画、雕塑及艺术品之增值的议论，倒是促成了法国在1923年9月制定法律，赋予了艺术家和他们的权利继承人在作品售出后继续从这些增值中受益的权利①。

我们有关社会保险的立法和业已实现的国家社会主义均出自以下原则：工人把他们的生命和劳动一方面交给了集体，另一方面也交给了他们的雇主，如果工人应该加入互助保险，那么从他们的劳务中受益的人也不能只付工资就一走了之，国家作为共同体的代表，也和雇主一样对工人生活中的某些安全问题负有共同的责任，以应付失业、疾病、年老和死亡。

甚至最近的一些巧妙做法，比如说我们法国工业界为帮助有家庭的工人减轻负担而自行推动并因此蓬勃发展起来的家庭资助

---

① 该法律所考虑的并不是各持有人相继从中获利的非法性。这一点几乎未被触及。

从这一观点来研究，苏联有关文学产权的立法以及相关的种种形式的法规就显得非常怪异：首先，一切都是国有的；其次，人们又发觉这样只能使还活着的艺术家受到损害，从而就无法为国家垄断的出版业创造出足够的资源。因此，人们确立了著作权法，用以保护作家，这部平庸的法律甚至还保护那些在它出台以前就已进入了公共领域的那些陈旧的经典之作。如今人们说，苏联人已经采用了一种现代类型的法律。但事实上，苏联在这方面根本拿不定主意，不知道应该选择有关个人的权利还是有关物的权利。

基金，也以一种自发的方式满足了这种要求，这些做法使企业和工人们的联系更为紧密，从而博得了他们的好感，同时也使企业考虑到了工人们的负担，以及这些负担所代表的物质利益和道德利益[①]。类似的组织在德国和比利时也相当成功地发挥着作用。英国目前很不景气，上百万工人受到失业影响，但一场由行会所组织的强制性失业保险的运动已具雏形。对于由企业自身或市场的一般状况所造成的失业，城市与国家对这方面的巨额耗费已不胜其烦。那些出色的经济学家和工业巨头们（Pybus 先生、Lynden Macassey 爵士）也在力图促使企业自身通过行会组织起失业基金，要让企业自己有所牺牲。总之，他们希望工人安全和失业保障的成本能够纳入每个特定企业的一般性开支。

依我的看法，所有这种道德与立法并不是为了应付困局，而是一种法律的回归[②]。一方面，从中可以看出职业道德与行会法律正在形成。就这种工业群体为了这样或那样的行会事业所建立的补偿基金与互助社团而言，从纯粹道德的眼光来看，除了它们单纯由雇主来管理这一个缺点以外，可谓是仁至义尽。而且，国家、市镇、公共援助机构、退休基金、储蓄银行、互助社团、资方和被雇佣方等等这些群体都在行动；它们已经联合成了一体。德国或 Alsace-Lorraine 地区的社会立法就是一例，而法国明天的

① Pirou 先生已经注意到了这一点。

② 我们在此并不主张任何的破坏。主导市场、买卖的那些法律原则是资本形成的必要条件，无论还有其他什么新、老原则，它们都应该而且能够继续有效。

不过，道德家和立法者不应该因为他们所谓的自然法原则就裹足不前。例如，就将物权与个人权利的划分而言，就只能看作是我们的某些法律的理论抽象。应该让其继续有效，但要把它限制在应有的范围内。

社会保险体系也会是这种状况。因此,我们又回到了一种群体的道德。

另一方面,国家及其次群体所要关切的是个体。社会想要重新发现社会的细胞。而社会是以一种奇特的心态来寻找和照顾个体的,这心态既掺杂了权利的情感,同时也包含有其他一些更为纯粹的情感:仁慈之情、社会服务之情、团结之情等等。礼物、礼物中的自由与义务、慷慨施舍以及给予将会带来利益等等主题,作为一种久被遗忘了的支配性动机的再现,又重新回到我们当中。

但仅仅观察事实还不够,还应该从中引出实践,推导出道德箴言。只说某些区分物权与个人权利的抽象正被从法律中清除、有关销售和劳务报酬的粗陋法律正因为另外一些法律的补充而变得完善,这些还都嫌不足。应该直言不讳地说:这是一场好的革命。

首先,我们正在回归,而且应该回归"高贵支出"(dépense noble)的风尚。像盎格鲁-撒克逊国家那样,像当代很多或野蛮或高度文明的社会那样,富人应该——无论是自愿还是被迫——甘做公民的财源。在我们的文明得以孕育而出的各种古代文明中,曾有过"五十年节"(jubilé)[①]、"liturgie"[②]、"chorégie"[③]、"triérarchie"[④]、"会

---

① 犹太人每五十年一次的节庆,是年土地休耕,奴隶可得自由,被让与的财产和土地要归还原主。在基督教中称为大赦年,意义与此相同。——中译注

② 古希腊向富人摊派的一种特别的赋税或差役。——中译注

③ 指在古希腊戏剧音乐比赛时,富人有被推选出来出钱组织合唱队的职责。——中译注

④ 古希腊由富人出钱装备三层划桨战船的制度。——中译注

宴"(syssitié)[①]、市政官(édile)和执政者(personnage consulaire)[②]的义务性花费等等。人们应该追根溯源,重振这类法律。再者,应该更加关切个体,关切他们的生活、健康、教育(这也是最为有效的途径)、家庭和他们家庭的未来。在雇用劳务、租借不动产和出售生活必需品的契约中,应该有更多的信义、同情和慷慨。此外,也应该找出办法来限制投机者和放高利贷者的收益。

当然,个体也应当劳动。必须要让个体依靠自己而不是依靠别人。另外,个体也要保护他们的个人利益或群体利益。过分的大方和共产主义就像我们当代的自私自利和我们法律中的个体主义一样,无论对个体还是对社会而言都是有害的。在《摩诃婆罗多》中,一个林中恶魔向一个施舍太多而且施舍不当的婆罗门解释说:"这就是你枯瘦苍白的原因。"僧侣的生活和夏洛克(Shylock)的生活同样都是应该避免的。这种新的道德,无疑将是一种现实与理想的善巧中和。

因此,人们能够而且应该回归古式的、基本的道德;由此我们将重新找到一些生活与行动的动机,其实这些动机目前仍被为数众多的社会与阶层所熟稔:当众赠礼的快乐、慷慨而精当的花费所带来的愉悦、热情待客与公私宴庆的欢欣。而由互助会、合作制度、职业群体的协作以及所有这些英国法中用"友爱社会"(Friendly Societies)一词加以形容的道德个人(personne morale)所达成的社会保险与社会关怀,要比贵族对其佃农的个人安全所

① 古希腊由富人出资举办公共饮宴的制度。——中译注

② 市政官指古罗马负责视察公共建筑、监督游乐和市场供应的市政官员,执政者指古罗马的执政官。——中译注

承诺的简单保障更为优越，要比每天靠老板发工资才能维持的清苦生活更为稳定，甚至比资本主义的储蓄还要可靠——因为后者的基础只是变动着的信用。

甚至可以设想一下贯彻了这些原则的社会将会怎样。实际上，在我们各大民族的自由职业的范围内，已经在某种程度上实行了这种道德与经济。荣誉、无私和协作团结在那里已经不再只是一句空话，同时也没有阻碍必要的劳动。其他的职业群体也应该同样更具有人性，也应该变得更加完美。这将是一种伟大的进步，正如涂尔干所一贯倡导的那样。

依我之见，要实现这一目标，人们应该重新回到法律的坚实基础、回到正常的社会生活的原则上来。既不能以为公民太善良、太主观，也不能把他们想得太冷酷、太实际。人们对他们自己、对别人、对社会现实都会有一种敏锐的感觉(就道德而言，实际情况难道不就是如此吗?)。他们的行为举止既会考虑到自己，也会考虑到社会及其次群体。这种道德是永恒不变的；无论是最进化的社会、近期的未来社会，还是我们所能想象的最落后的社会，都概莫能外。我们已经触及了根本。我们所讲的甚至已经不再是什么法律，而是人，是人群；因为自古以来经纶天下的乃是人和人群，是社会，是深埋在我们的精神、血肉和骨髓中的人的情感。

让我对这一点加以阐明。我们所说的从氏族到氏族的总体呈献制度——在这种制度中，个体及其群体相互间进行全面的交换——构成了我们所能观察和设想的最古老的经济与法律制度。

在此基础之上，礼物—交换的道德脱颖而出。而我们恰恰希望看到，我们的社会能够趋向于一种完全可以与之媲美的同样类型的道德。为了让我们更好地理解这些距今久远的法律，下面再举出采自截然不同的社会的两个例子。

在松山（Pine Mountain 澳洲昆士兰东部中心）的一次"corroboree"（公共戏剧舞蹈晚会）上[①]，每个人都要一手持标枪、一手背于身后地依次进入圣地，然后把手中武器投向舞蹈场地的另一端，同时高声喊出他是从什么地方来的，比如说"Kunyan 是我乡"[②]；继而他停住不动，他的朋友们则借此时机"献上礼品"，把一支矛、一只飞去来器和另外一种武器塞入他原来背在后面的手中。"因此，一个优秀的战士能收到的东西手不暇接，尤其是在他有女儿要出嫁的时候。"[③]

在温内巴戈部落（属于苏人）中，氏族的首领要对其盟友，亦即其他氏族的首领发表讲话[④]，这种极富特色的礼节[⑤]在整个北美的印第安文明中都非常盛行。在氏族节宴之时，各氏族都要为其他氏族的代表烧煮食物、准备烟草。以下是蛇氏族首领讲话中的片段[⑥]：

① Roth，Game，载于 *Bulletin of the Ethnology of Queensland*，p. 23，n° 28。

② 这种宣示所属氏族的名称的习俗在整个东澳洲都很普遍，它属于名称之荣誉与品性的体系的一部分。

③ 这种说法值得注意，它提示我们婚约是通过礼物的交换来缔结的。

④ Radin，Winnebago Tribe，*XXXVIIth Annual Report of the Bureau of American Ethnology*，p. 320 及以下诸页。

⑤ 见 Hodge，Etiquette，*Handbook of American Indians*。

⑥ Radin，Winnebago Tribe，*XXXVIIth Annual Report of the Bureau of American Ethnology*，p. 326，比较例外的是，这次宴会所邀请的首领中有两个本身即是蛇氏族的成员。

特林基特人在（烟草）丧宴上的讲辞与之几乎雷同。见 Swanton，Tlingit Myths and Texts，*Bull. of Am. Ethn.*，n° 39，p. 372。

"我向你们致敬;这很好;我还能说些什么呢?我是个一钱不值的人,而你们却还想着我。这很好……你们心里有神灵,而且来和我坐在了一起……你们的盘子马上就会填满,我再次向你们致敬,你们,有神灵地位的人……"当每个首领都吃完、人们把烟草供奉投入火中以后,他的最后一段讲辞便揭示了宴会与各种呈赠的道德效用:"我感谢你们的光临,我非常感激你们。你们使我备受鼓舞……你们先祖(他们曾获神启,而你们就是他们的化身)的恩泽如同神明。你们能来参加我的宴会真是可贵。正像我们的祖先所说的那样:'你的生命是脆弱的,唯有勇士的建议才能使你强壮。'你们已经向我赐教……对我而言这是生命之教。"

由是观之,从人类进化的一端到另一端,并没有两种不同的智慧。因此,我们在生活中所采用的原则其实都是些由来已久的原则,而且在未来仍会有效:这就是要走出自我,要给予——无论是自发的还是被迫的;这种原则是不会错的。毛利人有一句精辟的谚语这样说道:

Ko Maru kai atu
Ko Maru kai mai
Ka ngohe ngohe.

"送取相宜,一切如意。"①

① Taylor,Te Ika a Maui,Old New Zealand,p. 130,第 42 条谚语,这是一种言简意赅的译法:"give as well as take and all will be right",如果要直译的话,大抵应该是:Maru 给多少,Maru 就取多少,如此甚好,甚好。Maru 是战神及正义之神。

二、经济社会学与政治经济学的结论

这些事实不仅启发了我们的道德，帮助我们确立了理想；而且该视角也有助于我们更为深入地分析较为一般的经济事实，进而有助于我们发现适用于我们社会的更好的管理方法。

我们多次指出，这种交换—礼物的经济根本不能纳入所谓的自然经济或功利主义经济的框架。尽管只有屈指可数的经济学家比较过已知的各种经济，但是，上述民族（统摄地讲，它们都是新石器时期伟大文明的杰出代表）的经济生活中所有这些如此值得关注的现象，和我们的习俗中以及我们先前社会中该传统的所有如此显著的遗迹，却都被他们通常所给出的图式所忽视①。因此，虽然马林诺夫斯基的工作已为"颠覆"有关"原始"经济的通行学说做出了贡献②，我们仍不免要重申我们类似的考察。

以下是一系列确凿的事实：

在这些社会中，价值的观念已经在发挥着作用；同时完全可以断定，已经有大量的剩余被集中，它们往往在毫无牟利目的的情况下单纯被极度奢侈地挥霍一空③；另外，作为财富之记号的

① Bucher 在其 *Entstehung der Volkswirtschaft* (3e éd), p. 73 已经发现了这种经济现象，但却低估了它的重要意义，只把它看作是好客之举而已。

② Malinowski, *Argonauts of the Western Pacific*, p. 167 及以下诸页；Primitive Economics, *Economic Journal*, 1921 年 3 月。并见 Frazer 为马林诺夫斯基该书所写的序言。

③ 我们所能举出的最穷奢极侈的例子是楚克奇人的狗牺牲，参见本书第一章。最漂亮的狗窝的主人必须把他拉雪橇的狗整队杀掉，然后再买新狗。

各种货币[①]也已经存在并且被相互交换。不过，在这种非常富庶的经济中仍然充满了宗教的成分：货币仍然具有其巫术力量，仍然和氏族或个体系于一处[②]；各种经济活动，例如市场，还充斥着仪式与神话，它们仍保有庆典、义务的特点和追求某种功效的目的[③]，充满了礼仪和法律。从这一视角来看，我们已经回答了涂尔干所提出的有关经济价值观念之宗教起源的问题[④]。另一方面，对于人们所误说的关于交换、“以物易物”和有用物的“permutatio”[⑤]的形式及原因的大量问题，以及拉丁学究们继亚里士多德[⑥]之后所谓的作为分工之起源的历史性经济等问题，我们也能够从这些事实中找到答案。在前述所有这种社会中，所流通的根本不是有功用的事物，这在很大程度上已经是一目了然的事情了。由于契约所赋予的各种关系，氏族、年龄群体，更常见的是性别群体，便接连不断地处在一种经济上的欢腾状态中，这种兴奋可绝不是低级庸俗的，它远远不像我们的买卖、雇工或投机交易那么乏味。

甚至在这一基础上还可以再向前推进一步。我们应该解析、

① 见前文。

② 参见前文。

③ Malinowski, *Argonauts of the Western Pacific*, p. 95；参见 Frazer 为该书所写的序言。

④ Durkheim, *Formes élémentaires de la vie religieuse*, p. 598，注 2。

⑤ *Digeste*, XVIII, I; De Contr. Emt., 1. Paulus 向我们说明了罗马法学究们对“permutatio”到底是不是售卖所进行的大辩论。整篇文章都很有趣，包括这位法学学者在解释“Homère”时所犯的错误。他在 II, VII，第 472 页到第 475 页说：οἰυίοτο 的意思是“买”，但在希腊，铜、铁、兽皮、牛群和奴隶都可以作为货币，它们都有确定的价值。

⑥ Aristote, *Pol.*, I, 1257a, p. 10 及以下诸页；注意 p. 25 的“μετεδόσις”一词。

斟酌、润色并确定我们所采用的那些主要概念。我们所用的“présent”（馈赠）、“cadeau”（礼物、礼品）、“don”（礼物、赠礼）等词本身并不十分确切，但我们没能找到其他合适的术语，所以姑且先用这些。至于我们所欣然加以成对使用的那些法律和经济概念，如自愿和义务，大方、慷慨、奢侈和积蓄、利益、功用，最好也都能再做推敲。对于这一课题，我们只能选择特罗布里恩的例子做个说明[①]。其中所涉及的观念，又是一个能够引发我们已经描述的所有那些经济行为的复杂观念，它既不是纯粹自愿和完全白送的呈献，也不是指生产或单纯意在功利的交换。它是在这个社会中盛行的一种杂糅的观念。

马林诺夫斯基曾经付出严肃的努力[②]，以期从动机是否关乎利益的角度来划分他在特罗布里恩观察到的交易；从而他区分了纯粹的礼物和有讨价还价的纯粹的以物易物[③]。然而，这种分类根本是行不通的。根据马林诺夫斯基的观点，配偶间的赠礼应该属于纯粹礼物的类型[④]。可是，马林诺夫斯基又把男人“不断”支付给女人的“mapula”[⑤]归结为对其性服务的报酬[⑥]，而依我之见，这可以说是他所指出的最为重要的事实之一，它揭示了全人类性

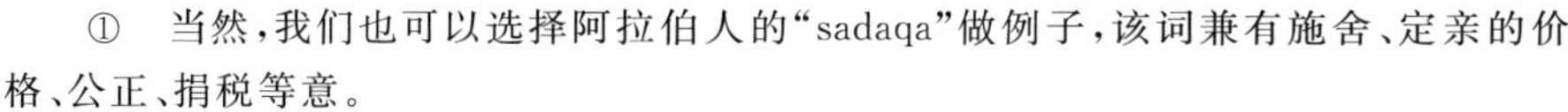

① 当然，我们也可以选择阿拉伯人的“sadaqa”做例子，该词兼有施舍、定亲的价格、公正、捐税等意。

② Malinowski，*Argonauts of the Western Pacific*，p. 177.

③ 特别需要注意的是，在这种情况下，并没有买卖，因为其中不存在作为货币的“vaygu'a”的交换。所以使用货币的交换体现了特罗布里恩的经济所达到的最高水平。

④ Malinowski，*Pure gift*.

⑤ 同上。

⑥ 指给合法卖淫的未婚女子的报酬；参见 Malinowski，*Argonauts of the Western Pacific*，p. 183。

关系的一个侧面。同样，送给首领的礼物应该是贡品；而食物的分发(sagali)则是在诸如服丧等情况下为劳动和所完成的仪式支付的津贴[①]。归根结底，所有这些礼物都不是无缘无故的，不是真正无关利益的。大多数情况下，这些都是回献，其着眼点不仅在于偿付服务与物品，还在于维持一种有利可图的[②]而且无法拒绝的联盟，比如说渔人部落和农人部落、陶工部落的联盟[③]。这是一个普遍存在的事实，我们在毛利、钦西安等诸民族中都能观察得到[④]。由此可见，其间有一种既神秘又实际的力，既使各个氏族联结在一起，同时又使它们相互区分开来，它使各个氏族有所分工，同时又迫使它们进行交换。在这些社会中，个体、群体还有次群体都能够感觉到它们各有拒绝契约的做主之权：这促成了他们财物流通中慷慨大方的一面；但从另一个角度来讲，在正常情况下，它们既没有权利拒绝，也不会从拒绝中得到利益：就此而言，那些与我们相距遥远的社会与我们的社会又是十分贴近的。

这些社会对货币的使用也使我们深受启发。特罗布里恩的外罩，亦即手镯和项链，和西北美洲的铜器或易洛魁人(Iroquois)的

① 参见前文。“sagali”(参考“hakari”)一词的意思就是分配、发放。

② 参见前文；尤其像给姻兄弟的礼物“urigubu”，那是在用所收获的产品来交换劳动。

③ 见第二章有关“wasi”的内容。

④ 有关毛利人的事例见前文。一个夸富宴神话曾对分工(在钦西安，分工的目的是为了组织氏族间的宴会)有过精彩描述，Boas，Tsimshian Mythology，*XXXIst Ann. Rep. Bur. Am. Ethn.*，pp. 274—275，参见 p. 378。同类的例子还有很多。其实，这种经济制度即使在更加落后的社会中也存在，如在澳大利亚，一个地方群体因为占有红赭石矿所以地位就较为特殊，见 Aiston 与 Horne，*Savage Life in Central Australia*，Londres，1924，p. 81，p. 130。

"wampun"[①]完全一样，既是财富、财富的记号[②]、交换与支付的手段，同时也是必须要被送出、被毁弃的事物。特别是，它们还是约束、联系其使用者的抵押品。另一方面，由于它们已经被用作货币记号了，所以人们就愿意把它们送出去，以便能够重新占有更多，因为它所转化的商品或者服务还会再转化成货币而使之获利。确实可以讲，特罗布里恩人或钦西安人的首领们深谙资本主义的手段，懂得在有利可图的时刻抛出资金，继而再重建其流动资本。因此，牟利与无私都能解释这种财富流通的形式，并解释与之相伴随的财富记号之流通的古代形式，但是，它们都只解释了一个侧面。

甚至单纯的毁弃财富也不意味着通常人所认为的完全的超脱。出手大方的举动亦未免有自私自利(égotisme)的企图。这种消费的方式纯粹是奢侈的，往往极尽夸张，甚至就是单纯的破坏。特别是在夸富宴上，长期积攒起来的大量财物一下子就被送出甚至是毁掉了[③]，所以这种制度看上去就像是一种单纯的挥霍、一种幼稚的浪费。的确，事实上，他们不仅耗尽有用的东西、靡费丰盛

① 北美的印第安人用太平洋沿岸的蚌壳制成的中空的珠状物，有紫色和白色两种，有时被拼制成带子。它们既是装饰品同时也是交换的媒介。——中译注

② 见前文。德语中 token(标记)和 zeichen(记号，标志)是同义词，都泛指钱，这便是上述制度的遗迹：货币的记号、货币上的标记和抵押物都是一回事——这就像一个人的签名就标明他要负责一样。

③ 见 Davy，*Foi jurée*，p. 344 及以下诸页。只是达维在其 *Des clans aux Empires*；*Eléments de Sociologie*，I 中对这类事实的重要性有所夸大。夸富宴有助于确定等级，而且也经常能够确定等级，但它也不是绝对必需的。在非洲社会中，比如说尼日尔人(Nigritien)或班图人(Bantu)的社会，它们或者没有夸富宴，或者有但不太发达，或者是夸富宴制度已经衰落了，但它们却具备但凡可能的政治组织的各种形式。

的食物，而且还出于一时之欢而大肆破坏，例如钦西安、特林基特与海达人的首领就把那些铜器、那些货币投入水中，而夸扣特尔部落及其同盟部落的首领则把它们打坏。然而，这种狂暴的赠礼与消费、这种对财富的发疯般地丢弃与毁坏，其动机却丝毫不是无私的，在那些有夸富宴的社会中尤其如此。正是通过这种赠礼，首领与属臣、属臣与部民之间的等级才得以确立。给予，这是在表示他高人一等、胜人一筹，表示他是主上（magister）；接受，如果不回报或者不多加回报，那就是表示臣服，表示成为被保护人和仆从、成为弱小者，表示选择了卑下（minister）。

在名为“mwasila”的库拉巫术仪式中[①]，有大量程式和象征都表明，未来的立约方所寻求的利益首先是社会优势（supériorité sociale），对此人们甚至直言不讳。在这个仪式上，先要使他为他的对家所准备的槟榔着魔，再让对方的首领及其随从连同他们的猪、项链着魔，继而再让他们的头、“外套”着魔，然后是他们所带的所有东西、“pari”、开礼等，等到这一切都被施以魔法以后，巫师便不无夸张地唱道[②]：

> 我要令山倾倒，那山在动摇，那山要坍倒。……我的巫魅将往多布（Dobu）山之巅……我的小船将沉……我的威名如

① Malinowski，*Argonauts of the Western Pacific*，pp. 199—201；参见 p. 203。

② Ibid.，p. 199。这段诗句中所说的山是 Entrecasteaux 群岛。小船将因为不堪库拉所带来的商品的重负而沉没。参见该书第 200 页的另一段歌诀和第 441 页的有评注的文本；注意第 442 页有关“掠取”一词的文字游戏。参见第 205 页的歌诀和本书前文。

雷,我的脚步如术士之飞声。Tudududu。

成为最占先者、最优秀者、最幸运者、最强者和最富有者,这就是人们所寻求、所力争的。事后,首领会把他刚刚得到的东西再分给他的属臣和亲戚,于是他的曼纳便得到了肯定;他会用手镯回报项链,热情地接待客人,借此种种,他也就保住了他在首领中的地位。无论怎么看,财富在这一过程中都既是赢得声望的手段,也是实用的事物。但是,难道我们能以为我们就可以置身其外吗?对我们来说,财富不也首先是支配他人的手段吗?

现在再让我们着力来考察一下与赠礼和无私相对立的观念:利益(intérêt)的观念,亦即寻求个人功利的观念。这种观念不是隐而不彰的,因为它也在我们的精神中发挥着作用。但即使有某种功利的动机激励过特罗布里恩、美洲或安达曼群岛诸氏族的首领们,而且从前亦曾普遍激励过印度人、激励过日耳曼和克尔特的贵族们,使他们赠送礼品、挥霍财物,这种动机也不是商人、银行家和资本家们的冷酷理性。在这些文明中,人们有功利的考虑,但其方式却与我们的时代不同。他们有积蓄,但却是为了花费,是出于"不得已",是为了能有"忠顺的人"。他们有交换,但交换的主要是奢侈品、装饰品、服饰,或者是宴席等可以立即消费的东西。他们也有高利息的回报,但却是为了羞辱先前的给予者或交换者,而不只是为了补偿对方因"延期消费"所承受的损失。这里面有利益,但要注意,这种利益只是跟指引我们行为的那种利益相似而已。

一方面是在澳洲与北美(北美东部及大草原)诸氏族的生活中

及其次群体的内部所实行的这种相对来说无个性的、无关利益的经济,另一方面,是至少闪米特人与希腊人就已经部分开创、而今在我们的社会中所实行的个人的和纯粹功利的经济。在这两者之间,还可以找出不胜枚举的经济制度和经济事件,而我认为,指导所有这些制度和事件的,并不是人们在理论上所津津乐道的经济理性主义(rationalisme)。

甚至“利益”也是一个相当晚近的词,它源于拉丁语中的会计术语“interest”,当时人们把它写在账簿中,用以标示有待收取的利息或租金。在最具伊壁鸠鲁学说(épicurien)倾向的古代道德中,它指的是人们所寻求的善与快乐,而不是物质的有用性。要到理性主义与重商主义(mercantilisme)胜利以后,获利的观念与个体的观念才被提升为至上的原则并大行其道。差不多可以确定,个体利益观念的获胜应在孟德威尔(Mandeville)的《蜜蜂寓言》(*Fable des Abeilles*)之后。我们只能用迂回的办法才能勉强把个体利益这个词转译成拉丁语、希腊语或阿拉伯语。即使书写古典梵文的人所用的“artha”一词与我们的利益观念相当接近,意思是使自己受益,但这个词也和其他有关行动的范畴一样,与我们的想法不同。古典印度的圣书把人类活动的依据分成三类:法(dharma)、利(artha)、欲(kama)。但这首先是指国王、婆罗门、大臣的政治利益以及王国和各个种姓的政治利益。像《正道论》(*Nitiçastra*)这样一部重要的文学作品都不涉及经济。

是我们西方社会在不久以前使人变成了“经济动物”。不过我们还没有完全变成这副样子。在我们的大众与精英之中,非理性的单纯花费还是通行的规矩,而且仍然是我们贵族的顽固特色之一。经济人(homo œconomicus)不在我们身后,而在我们前方;道德人、义务人、科学人、理性人都莫不如此;在过去的无尽岁月中,人们都未曾是这样的人。人成为机器,成为复杂的计算机器,实在只是不久以前的事。

所幸的是,我们距离这种执着而冰冷的功利计算还很遥远。如果我们像阿博瓦克(Halbwachs)研究工人阶级那样,对我们的消费、我们西方人中产阶级的开支利用统计的方式做出深入的分析,那么,我们有多少需要得到了满足呢?又有多少不以功利为最终目的的意向没有得到满足呢?富人们能在他们的收入中拨出多少用于个人功利的消费呢?他们因为奢华、艺术、冲动和仆从所做的挥霍,不是与从前贵族的风尚、与我们描述的野蛮人首领们的风尚都很相似吗?

这样做到底好不好呢?这也是一个问题。如果有其他的花费方式或交换方式,那可能比单纯的挥霍要好。不过,我觉得,对个体需要的计算并不是最好的经济作风。我相信,即使是为了增加我们自己的财富,我们也应该避免成为纯粹的金融家,避免成为彻底的好会计、好主管。对个体目的的一味追求有害于整体的目的与整体的平和,有害于整体的工作节奏和整体的欢乐,结果反而也不利于个体自身。

我们刚才已经看到,各个重要部门以及我们的资本主义企业本身,正在以群体为单位,力争使被雇佣者依附于它们的群体。另一方面,所有工联群体,无论是雇主的工会还是雇员的工会,都声称它们既要维护与代表各个会员及其团体的特定利益,也要同样热诚地维护与代表普遍利益。诚然,这些漂亮话多半是在唱高调。但也应该注意,不仅是道德与哲学,甚至连舆论和经济的艺术也都开始向“社会”的层次提升。大家发觉,只有让人们确信他们为别人也为自己所付出的忠诚劳动,将一生得到忠诚的报偿,才有可能让他们好好工作。交换的生产者感到——他们向来有这种感受,只不过这一回这种感受更加敏锐——他们所交换的不仅仅是产品或劳动时间,他们同时还给出了自我的某些成分,他们给出了他们的时间和生命。因此,他们要得到补偿,要得到礼物,即使是微薄的礼物。拒绝给他们这种补偿就会促使他们怠工,把他们的效率降到最低。

或许我们可以提出一个既是社会学的同时又有规约性质的结论。《古兰经》之著名的第六十四章《相欺》(最后的审判)是穆罕默德受于麦加(Mecque)[①]的启示,经中讲道:

15. 你们的财产和子嗣,只是一种考验,真主那里有重大的报酬。

16. 你们当量力地敬畏真主,你们当听从他的教训和命令,你们当施舍(sadaqa),那是有益于你们自己的。能戒除自身的贪吝者,确是成功的(幸福的)。

17. 如果你们以善债借给真主,他将加倍偿还你们,而且赦宥你们。真主是善报的,是至容的。

18. 他是全知幽明的,是万能的,是至睿的。

请把真主安拉(Allah)的名字换成社会和职业群体的名

① 据《古兰经》,这章似应为在麦地那(Médine)的。——中译注

字——如果你笃信宗教，便不妨把它们的名字附在安拉之后；请把施舍的概念换成合作、劳动和给他人的赠礼；那么，你对目前正在艰难地创生的经济艺术就会有一个清晰的理念了。我们看到，这种艺术已经开始在某些经济群体中发挥作用，而且已经在大众的心中焕发出力量，因为大众往往要比那些领导者们更能够感受到他们的利益、共同的利益。

或许，通过研究社会生活的这些隐伏的方面，我们将会对我们各民族所应采取的路线增一点洞见，为我们各民族的道德与经济添一分光明。

三、一般社会学的结论与道德的结论

请允许我对本项研究所遵循的方法再附赘几句评论。

我们无意把这项研究奉作样板，它不过有抛砖引玉之用。其工作尚不圆满，其分析也可以进一步深化[①]。质言之，与其说我们解决了一个问题或是给出了一个最终的答案，毋宁说我们为历史学家和民族志学者提出了一些问题，指出了一些需要调查的对象。

① 我们所研究的空间也许还应该扩展到 Micronésie（太平洋中的群岛——中译注）。那里存在着极其重要的货币制度和契约制度，特别是在 Yap 和 Palaos 两地。在印度支那，尤其是在孟高棉人（Mon-Khmer）中、在印度的阿萨姆邦（Assam）和在藏缅语系的族群中，也都有这种制度。柏柏尔人（Berbère，北非的民族——中译注）的"thaoussa"习俗也格外发达（见 Westermarck，*Marriage Ceremonies in Morocco*，索引中"Present"条）。Doutté 和 Maunier 两位先生专擅研究这一事实。旧的闪米特法律和贝都因人（Bédouin 居住在西亚、北非的民族——中译注）的习俗也都能为我们提供珍贵的资料。

就目前而言，本项研究的目的不外是要确定在这个研究方向上可以找到大量的事实而已。

但之所以会如此行文，乃是因为我们希望能从这种处理问题的方式中提拎出一条启发性的原则。我们所研究的全部事实，都是总体的(total)社会事实(我冒昧地采用这种说法)，当然，如果愿意，也可以说是一般的(général，但我比较不喜欢这个词)社会事实。也就是说，在某些情况下，这些事实启动了社会及其制度(夸富宴、对峙的氏族、互访的部落，等等)的总体；在另一些情况下，特别是当这些交换和契约所涉及的主要是个体的时候，这些事实所启动的虽然不是社会总体，但却是多种制度。

所有这些现象都既是法律的、经济的、宗教的，同时也是美学的、形态学的，等等。这些现象是法律的：它们涉及私法与公法、涉及组织起来的道德性与弥散的道德性，那或者是严格的义务，或者只是租借和处分，同时它们既是政治的也是家庭的，牵涉到各个社会阶层与各个氏族、家族。这些现象是宗教的：或者是严格的宗教，抑或是巫术、是泛灵论(animisme)、是弥散的宗教心态。这些现象是经济的：因为一方面有价值、功用、利益、奢侈、财富、获取、积累等观念；另一方面，消费的观念，甚至是单纯的挥霍铺张的观念也无所不在，尽管这些观念的意义与我们今天颇不相同。此外，这些制度还有美学的方面，我们可以毫不犹豫地从这项研究中做出抽象的论断：从一个营地到另一个营地、从一伙盟友到另一伙盟友的轮流舞蹈、歌唱、各种炫耀和戏剧表现；人们所制造、使用、装饰、打磨、收集和怀着爱慕转送的各种物件，人们开心地接受、得意地呈赠的所有东西，连同大家都要参加的宴会本身；所有食物、事物与劳务，甚至包括特林基特人所说的“尊敬”；所有这一切，都不仅能够引发道德秩序或利益的激情，同时也能够引发审美的激情[①]。并不单单只有美拉尼西亚才是这样，这种特点在西北美洲的夸富宴上更加突出，在印欧世界的节日——集市中也是千真万确的[②]。最后，这些现象显而易见也是形态学的。所有这些事实都发生在集会期间，发生在集市和市场上，至少也是举办宴会的时候。所有这些都意味着聚会，而聚会的持续性则又能够促成社会集中的季节性，比如说夸扣特尔人冬季的夸富宴和美拉尼西亚人长达数周的航海远行。另外，必须要有道路或途径，或者至少要有海洋或湖泊，以便人们能够平安通行。这就需要部落联盟、部落间的联盟或族际联盟，于是也就有了通商（commercium）或通婚（connubium）[③]。

因此，这些现象并不只是几项单纯的议题，也不仅是一些制度的要素，不仅是复杂的制度，甚至也不仅是可以划分出宗教、法律、经济等的制度体系。它们是“总体”，是我们所试图描述其功能的各种社会体系的全部。我们是在动态或生理学的状态中考察这些社会的。我们没有把它们当作固化的、静态的或者说是僵尸般的

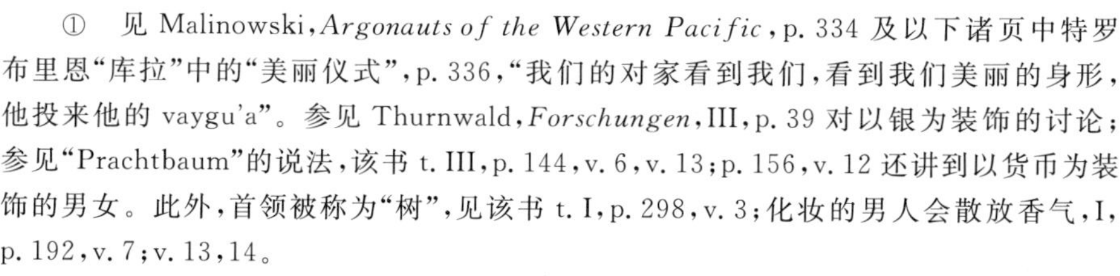

① 见 Malinowski，*Argonauts of the Western Pacific*，p. 334 及以下诸页中特罗布里恩“库拉”中的“美丽仪式”，p. 336，“我们的对家看到我们，看到我们美丽的身形，他投来他的 vaygu'a”。参见 Thurnwald，*Forschungen*，III，p. 39 对以银为装饰的讨论；参见“Prachtbaum”的说法，该书 t. III，p. 144，v. 6，v. 13；p. 156，v. 12 还讲到以货币为装饰的男女。此外，首领被称为“树”，见该书 t. I，p. 298，v. 3；化妆的男人会散放香气，I，p. 192，v. 7；v. 13，14。

② 如定亲市集、节日宴庆的观念、“假日”（feria）市场等。

③ 参见 Thurnwald，*Forschungen*，III，p. 36。

社会来研究，更没有把它们分裂或肢解成法律规则、神话、价值和价格来研究。只有通盘考虑整体，我们才有可能体会其本质、其总体的运动、其活生生的面相，才有可能把握住社会与人对其自身、对其面对他者的情境生成感性意识的那一生动瞬间。通过对社会生活的这种具体（concrèt）观察，将会找到一些新鲜的事实，而我们不过刚刚有了一点模糊的认识而已。依我之见，这种研究社会事实的方式不仅是我们最为急需的，同时也是最有前途的。

这样的研究方式一举两得。首先，其优势在于一般性（généralité），这些具有一般功能的事实要比各种制度或者这些制度的各种主题更具普遍性，因为后者多多少少总归有地方的色彩。但更重要的是，这种研究具有实在性（réalité）的优势。藉此，我们能够切实了解社会事物本身，了解社会事物的本来面目。我们不仅要把握这些社会中的观念与规则，还要了解人、群体以及他们的行动。我们观察大众与体系，就如同观察自动运转的机械，如同观察海洋中的章鱼和海葵。我们会看到为数众多的人、运动着的力，并看到人和力在其境界与情感中流动。

历史学家发觉，社会学家做了过分的抽象，对各种社会要素做了过度的划分。他们的反对是恰如其分的，我们也应该像历史学家那样：观察既有者。而所谓既有者，是罗马，是雅典，是普通的法国人，是这个岛屿或那个岛屿上的美拉尼西亚人，而不是祈祷或法律本身。在刻意解析与抽象之后，社会学家们应该尽力再把总体重新组合起来。这样他们便能够发现丰富的资料。他们还将找到心理学家们所乐于采用的手段。心理学家深知他们的特长，心理病理学家们尤其握有具体研究的确定性。对行动的所有研究与观察都应该是总体的，而不能分解成官能。要向心理学家们学习。具体的研究也就是整体的研究，它对社会学来说不仅是可能的，而且也更加吸引人、更加富有解释性。我们所观察的是作为完整而复杂的存在者的人，是他们的特定数量的完整而复杂的反应。我们所描述的是有肌体、有心灵（psychai）的人，是这样的人群的行为和与之相对应的心态：是群众或有组织的社会及其次群体的情感、观念和意志。与此同时，我们还要审视身体和这些身体的反应，因为这其中通常会有对观念与情感的阐释，有时亦有对动机的阐释。社会学的原则与宗旨，就是要洞察整个群体及其总体行为。

我们前面未曾在我们所指出的事实中追索形态学的底蕴，因为这未免偏离我们有限的主题。不过，举例说明我们在形态学研究中所要遵循的途径和所要采取的方法，也许不无用处。

前文所描述的所有社会，除了我们欧洲社会以外，全都是环节社会。但即使是印欧社会，如十二铜表法之前的罗马社会、*Edda*编辑成书以前的日耳曼社会、在其主要文学作品得到编订以前的爱尔兰社会，也都曾经是以氏族为基础的社会，或者至少也是以一些大家族为基础的社会，对内这些家族多少有所分化，对外它们程度不同地相互分立。所有这些社会都（曾经）与我们的统一相去甚远，它们没有贫乏的历史学所附会的那种一致性。但另一方面，在这些群体内部，个体，即使是突出强大的个体，也都不像今天的我们那么阴险、苛刻、贪婪、自私。至少从外面看来，他们都要比我们更加乐于付出、更加慷慨大方。在部落的节日期间，在相互对峙的氏族、联姻的家族或互办成年礼的家族举行仪典期间，这些群体都要相互拜访；在“待客”规则比较发达的更为进化的社会中，便会出现友谊的法则和与诸神订下的契约,用以确保"市场"与城市的"和平";在相当长的时间内和相当多的社会里,人都处在一种奇特的精神状态中,他们的畏惧和敌意极度夸张,他们的慷慨与热情也同样夸张,但只在我们眼中,那才被认为是一种疯狂。无论是我们历史上的社会,还是目前仍存在于我们周围的那些社会,甚至在我们的民众道德的大量习俗中,都不存在中庸之道:要么是彻底的信任,要么是完全的怀疑;或者是缴下他的武器、解除他的巫术,或者是送给他一切——从一丝客气直到送出女儿和财物。正是在这种状态中,人们放弃了矜持,相互给予并回报。

因为他们别无选择。两个人类群体如果相遇,要么相互避开,要么相互猜忌、挑战、争斗,要么就得彼此善待。就在我们不久以前的法律和不久以前的经济中,所讲的还都是我们与陌生人的"商讨"(traiter),尽管大家都已经是故交了。特罗布里恩的基里维纳人曾对马林诺夫斯基说[①]:"多布人可没有我们这么好;他们很凶残,他们吃人;我们到多布的时候都很害怕,怕他们杀了我们。可是啊,我向姜根上吐了口水以后,他们的神情就变了。他们放下长矛,很好地招待了我们。"是开宴还是开战,就是这么难以预料。

杜恩瓦尔德是一位出色的民族志学者,在一篇谱系统计研究的作品中,他记述了在美拉尼西亚的另一个部落中所发生的事件[②],同样也反映了这些人作为群体,如何从欢宴一下子就转向了

① Malinowski, *Argonauts of the Western Pacific*, p. 246.

② Thurnwald, *Salomo Inseln*, t. III, table 85,注 2。

战斗。首领 Buleau 邀请了另一个首领 Bobal 和他手下的人来参加宴会，这可能是一系列旷日持久的宴会中的第一场。人们整夜都在反复跳舞。清晨，所有人都因为这一夜的狂欢歌舞而兴奋不已。但就为了 Buleau 的几句责备，Bobal 带来的一个人便把他杀了。接着 Bobal 这一队人竟大开杀戒，把村子洗劫一空，并抢走了村里的妇女。人们对杜恩瓦尔德说，"Buleau 和 Bobal 本来是朋友，而且本来只是争强好胜罢了"。这类事情对我们大家来说都可谓是屡见不鲜的，甚至在我们身边也有。

正是因为人们使理性与情感相互制约，以和平的意愿对抗这种疯狂的暴行，各民族才成功地以联盟、赠礼和贸易取代了战争、隔绝与萧条。

以上就是我们这项研究的最终收获。只要社会、社会中的次群体及至社会中的个体，能够使他们的关系稳定下来，知道给予、接受和回报，社会就能进步。要做交易，首先就得懂得放下长矛。进而人们便可以成功地交换人和物，不仅是从氏族到氏族的交换，而且还有从部落到部落、从部族到部族，尤其是从个体到个体的交换。做到了这一步以后，人们便知道要相互创造并相互满足对方的利益，并且最终领悟到利益不是靠武器来维护的。从而，各个氏族、部落和民族便学会了——这也是我们所谓的文明世界中的各个阶层、各个国家和每个个人将来都应该懂得的道理——对立却不必互相残杀、给予却不必牺牲自己。这便是他们的智慧与团结的永恒秘诀之一。

除此以外，没有其他的道德、其他的经济、其他的社会实践更为可行。布列塔尼人(Breton)的《亚瑟编年史》(*Chroniques d'Arthur*)讲到[①],亚瑟王在Cornouailles的一位木匠的帮助下,发明了他宫廷中的一大奇迹:一张令骑士们团团围坐从而不再相互争斗的奇妙"圆桌"。在此以前,这些愚蠢的莽汉"由于可鄙的忌妒",常令最华美的宴席也因决斗和杀戮而沾满血污。于是木匠对亚瑟说:"我将为您打造一张漂亮的桌子,可以让1600人或者更多的人围坐下来,没有一个人会被排除在外……任何一个骑士都不会再挑起争斗了,因为对这张桌子来说,所谓上首和下首其实都是平起平坐的。"没有了"上座",争吵也就销声匿迹了。从此,无论亚瑟王把这张桌子带到哪里,他的贵族团队都充满欢乐,坚不可摧。今天,这仍然是国家富强与幸福的法宝。各民族、阶层、家庭、个体尽可以各自致富,但只有当他们像那些骑士一样,围坐在共同财富的圆桌周围时,他们才会幸福。无须去远方寻找善与幸福。善与幸福就在于此,在于克制下的和平,在于共同劳动与个别劳动相交替的恰当节奏,在于财富集中后的再分配,在于教育所倡导的彼此的尊重和互惠的慷慨。

综上所述,在某些情况下,我们可以研究总体的人类行为,研究完整的社会生活;这样的具体研究,不仅能够带动有关风尚的科学和部分社会科学,而且还能够引发出一些道德的结论,或者沿用古话来讲,就是有关目前人们所说的公民的"礼"(civilité)和"义"(civisme)的结论。事实上,通过这类研究,我们便能够审视、估量、权衡各种审美的、道德的、宗教的和经济的动机以及各种物质

① *Layamon's Brut*,第22736节及以下;参见第9994节及以下。

的和人口的因素。正是这些动机与因素的整体，奠定了社会的基础，建构了共同的社会生活。对这些动机与因素的有意识的指导乃是一门最高超的艺术——这就是苏格拉底所说的政治(Politique)。

附录

多样化的礼物：迈向一种非市场性呈献的民族志[*]

我们为何要重读80年前出版的《礼物》呢？法国社会学家马塞尔·莫斯(1872—1950)这本首刊于1925年的论著或许是社会人类学领域中最著名也是最晦涩的作品。这部开拓性的社会科学作品因其1950年的重刊本和当时列维-斯特劳斯(Claude Lévi-Strauss)为之撰写的序言而广为人知。其中，列维-斯特劳斯的序言在1954年还被译成英文。在进入21世纪之际，《礼物》一书得到了越来越多人的关注，并使"夸富宴"等源于美洲印第安人部落的概念和"库拉"等源于大洋洲的概念远远超出了人类学的范畴，进入到经济学、管理学和市场学等学科的国际领域。

莫斯非常清楚这部先锋性的作品并未完成，亦非完美。他在结论中指出："实际上，与其说我们解决了一个问题并给出了最终答案，毋宁说我们为历史学家和民族志学者提出了一些问题，指出了一些有待考察的对象。"这也是为什么我们在阅读此书时会感到

---

* 本文是巴黎高等师范学院社会科学系教授弗洛伦斯·韦伯(Florence Weber)女士为法国大学出版社(Presses Universitaires de France)2007年版《礼物》所撰写的导言。韦伯女士早年毕业于巴黎高等师范学院(ENS)与法国社会科学高等研究院(EHESS)，专治经济学、家庭与日常生活的社会学和人类学。——中译注

“心灵振奋，大脑沸腾”（Lévi-Strauss，1950：XXXIII）：这本书打开了多扇通往新领域的大门。作为一项尚在进行的研究，它促使整个学术共同体重新审视已经着手的工作。这本初版仅有156页的小书凝聚了近两个世纪的研究成果：它上承莫斯加以总结的19世纪至20世纪初的民族志调查资料，下接对这些民族志素材在理论上的重新诠释以及由此启发的经验研究。它旁征博引，使原本相隔甚远的研究融会贯通，尽管这些研究的作者们在世代、学科、专业、知识观念或政治信仰等方面大相径庭。

我们今天重读《礼物》，就是要重新检视它开启的那些视角，并从根源处寻回非市场性呈献（prestation sans marché）的民族志研究方法的原则。如今，对非市场性呈献这一新大陆的民族志研究已多有拓展。同时，我们也将看到，重读《礼物》，也是要学着告别简化的礼物范式。

一种民族志式的社会学

如将《礼物》置于其当初撰写的语境，我们可以发现，它是莫斯在两次大战之间从涂尔干社会学转向民族志的第一个而且是最明确的环节。莫斯悄悄地进行了一场哥白尼式的革命：他不再像其舅父涂尔干（1858—1917）那样，将脱离于社会脉络的抽象的社会事实——比如自杀率或右手的优势——置于社会学研究的中心，而是转向了大量复杂而具体的事实的集和，用《礼物》的原话说，即转向那些“启动了社会及其制度……总体”的“总体性社会事实”（《礼物》：81），正是这些事实使我们得以感受社会所承载的“生动瞬间”（《礼物》：82），从而把握“社会中的观念与规则，了解其中的人、群体以及他们的行为”(《礼物》:82)。

布洛赫(Marc Bloch)赞赏莫斯的这场带来转折的理论革命。在他看来,这使历史学家和社会学家的合作成为可能。实际上,这场革命只是将先后由马林诺夫斯基及其后继者实践的民族志方法的原则明确化了。民族志学者极尽所能去追索各种人际互倚关系(relation d'interdépendance),这些关系要么直接呈现在他们所参与的面对面的互动中或在他们所出席的公共仪典中,要么体现在他们能直接观察到其发生与运作的有形的机构和制度媒介中。长久以来,这种直接观察的原则都侧重于地方专志的形式,在调查过程中,观察者要参与观察对象的生活(Malinowski,1922)。直到最近,才有一些研究摆脱了调查者和调查对象要在特定地点同时在场的限制:比如用微观史学方法来阅读档案(Farge,1989)、历史民族志(Laferté,2006)。此外还有多点民族志调查(Marcus,1998),这时观察者置身于去地方化的社会场景(scène sociale)或穿梭于相互关联的多个社会场景(Weber,2001)。

建立社会保障制度

然而,《礼物》并非仅仅是一部学术著作,它还体现出,涂尔干的社会学与政治之间的关系也发生了转向。如果说涂尔干的著作是法兰西第三共和国的知识基石之一(Fabiani,1988),那么,《礼物》则是法国社会保障制度(Sécurité sociale)创立过程中的重要一环。根据《礼物》,劳动者为社会奉献了一生,社会不能在他们拿到薪水之后就算结清账目了;劳动者在年老或失业之后,社会仍要给予他们体面的生活。由此,莫斯否定了当时建立社会政策所基于的慈善原则，亦即莫斯在《礼物》的结论中指出的“那种有钱的‘施主’的无意识的但却是侮辱性的恩典”(《礼物》:72)。相反，莫斯为创建社会呈献(prestation sociale)制度开辟了道路。社会呈献不再是恩典，而被看作是个体可对社会整体所要求的权利。

莫斯的工作并未落入割裂西方社会(我们)和非西方社会(他们)的俗套，没有像长期以来面对当代社会时谨小慎微的某种人类学那样，使人们对这种大割裂(grand partage)[①]信以为真。恰恰相反，莫斯对原始和古式社会中的礼物的分析是为了给“我们的法律危机与经济危机所引发的某些问题”找到答案(《礼物》:4)；我们在此还可补充，这也是为了给实行极端解决方案时的相关问题找到答案。这些极端解决方案包括俄国自 1917 年开始实行的布尔什维主义和意大利自 1922 年开始实行的法西斯主义。它们压过了一种市场资本主义的理性改革，而这种理性改革原本是可以修正社会不平等并对资本主义产生的经济危机做出预警的。《礼物》出版 20 年后，又是在一场世界大战和一场法国内战之后，莫斯的直觉才被当作一种恰当的社会模式加以实现。这种模式把受薪工作(travail salarié)置于社会团结的核心，工作被视为礼物，它召唤的是回礼，而不单纯是报酬。60 年后，工资制社会(société salari-

① 这里作者所用的“大割裂”概念来自西方社会学和人类学界从 19 世纪 80 年代起开始涌现的反思思潮，即对传统人类学的研究对象以及社会科学内部的学科分野的批评(如人类学专治原始社会，社会学专治现代社会)。伴随于此的，是对社会科学认识论中一系列二元论的反思，如西方国家/其他国家、现代社会/原始社会、现代社会中的经济领域/其他领域、经济理性/社会团结、经济关系/人际关系等。这里要提醒读者注意的是，对“互斥世界”理论(下文将提及)的反思是本文的一个出发点，也是《礼物》这本著作的重要意义所在。——中译注

ale)的转型使这个被称为保守型或大陆型的欧洲模式(Esping-Andersen,1999)陷入困境。这是我们要重读《礼物》的又一原因。

一、令人困惑的文本

《礼物》给出了一个被特别清楚限定的研究对象:理论上是自愿的、实际上送与还却都是义务性的礼物交换(《礼物》:3)。这样一个研究对象,如今在法文中被称作"赠礼(don)与回礼(contre-don)",英文则称之为"莫式礼物"(maussian gift)。

《礼物》的生动之处首先在于其前两章揭示了这一特殊现象的存在及其复杂性和普遍性。作者先提出"回礼的义务从哪里来"的问题,随后对太平洋的岛屿及其沿岸、波利尼西亚、美拉尼西亚和西北美洲地区做了比较民族志分析。在随后的第三章中,作者探讨了古代印欧法律——即罗马法、印度法和日耳曼法——中的礼物现象。最后,莫斯并没有满足于在"我们外围的社会"(这是前两章的主题)或"我们刚刚经历过的社会"(这是第三章的主题)中分析这一现象,他在作为结论的第四章中指出:"这种道德与经济在我们的社会中仍然深刻而持久地发挥着作用。"(《礼物》:4)

这里确实有比较社会学的新发现,今天对相关现象以莫斯命名的做法就揭示了这一点,然而,这一发现的意义和实质仍有待讨论。事实上,一些人在"莫式礼物"中看到的是礼物自身的本质,即其极端的含混性,另一些人却只看到了简单转让(transfert simple)和交易(transaction)相混杂的源头(Testart,2007);一些人在"莫式礼物"中看到的是某种范式(Caillé,2000),另一些人只是将

其解读为非市场性呈献的多种形态之一。在这场论争中，我的观点是：莫斯在《礼物》中描述了各种非市场性呈献的完整序列，指出了其多样性，但是，对于其中那些民族志尚未能充分研究的现象，却未能明确划分出它们之间的界限。莫斯暗示了这些现象的联结和动态，对此我将在下文中尝试加以阐明。

《礼物》是一部开放而严谨的作品，但同时也是一部令人困惑的作品。一系列文献的撮要让读者在迷失的风险中游历于不同时代和不同大陆：从斯堪的纳维亚的埃达神话和古印度的吠陀典籍，到太平洋沿岸和美拉尼西亚西部——那里有特罗布里恩群岛和马林诺夫斯基研究的"库拉"，再到阿拉斯加东部——那里生活着夸扣特尔印第安人以及博厄斯研究的"夸富宴"。

《礼物》的撰写其实是螺旋式的。同一组民族志事实（涉及太平洋及其他地区的不同社会）被反复提及四次。首先，这些事实在导论中因设问而提出。第一章（"用于交换的礼物"）中提及这些事实是为了指出所研究现象——即回礼的义务——的存在，并在交换物的"豪"中找出对上述问题的答案（回礼的义务从何而来?）。第二章（"慷慨、荣耀与货币"）中提及这些事实，旨在论证这一体系的广泛性，并把问题扩展到对给予、接受和回报这三重义务的讨论。在考察古代法律的第三章中提及，是为了在这些法律中找出共同的原则。最后，这些民族志事实在结论中又被重提。结论的撰写同样是螺旋式的，它分为三部分，依次讨论了道德（即社会政治学）、经济社会学和政治经济学，而后是一般社会学，最后又重新回到道德。

文本的诞生

如果说莫斯已在其工作中发现，应当复原每个社会系统内在的一致性，而不是把这些实在的事物割裂成逻辑的碎片，那么，他其实并未把这一原则完全贯彻到他自己的写作方式中。读者需要透过作者对其发现略带迟疑的论证，去寻回这些论证所能揭示的社会事实。在此，研究对象的建构恰恰是通过读者的某种程度上的直接参与实现的，而这些研究对象都是民族志事实，也就是可观察的、非抽象的对象。就此而言，《礼物》可谓一部彻底的民族志作品，尽管作者所做的只是二手民族志研究，但却把民族志本身提升到了科学理论的尊严层面。莫斯不仅重新整理了资料，而且以史学家的方式运用它们，这也显示了民族志研究和历史学研究在方法论上的具有深刻的亲缘关系。

还原《礼物》各个篇章的撰写顺序是理解整部作品如何诞生的关键，同时也有助于化解此书的晦涩难懂之处。莫斯首先感兴趣的是货币的起源，这从其 1914 年所著的《货币观念的起源》(Mauss，1914)一文就可以看出来。莫斯在《礼物》第二章的一个较长注释中引述了此文。之后，莫斯在 1920 年的《“夸富宴”在美拉尼西亚的延伸》(Mauss，1920)这篇短文中对博厄斯研究的夸扣特尔人的夸富宴和美拉尼西亚的库拉进行了比较。莫斯在这两篇文章之间没有发表任何著述。一战妨碍了他的研究工作，尽管也给他提供了观察英国和澳大利亚士兵身体技术的机会。1921 年，莫斯发表了一篇讨论《色雷斯人的一种古老的契约形式》(Mauss，1921a)的长文，形成了《礼物》的第二章和第三章的雏形。直到 1923 年，莫斯才发现原始货币、交换以及古式契约等方面全部研究工作的重点：于是，一篇名为《回礼的义务》(Mauss，1923)的文章为第一章提供了素材，尤其是其中著名而颇具争议的对“豪”的分析——“豪”是莫斯在“毛利智者”Tamati Ranapiri(莫斯在誊写时误写成了“Tamati Ranaipiri”)的文本中发现的土著概念。最终,莫斯在1924年发表《礼物,礼物》(Mauss,1924a)一文,对1921年的文章进行了补充,并以此结束了第三章中关于礼物的含混性的论证。

换言之,《礼物》的阅读顺序并非作者当初思考和发现的顺序。我们在此尽可能地复原后一种顺序。莫斯借以入手的是太平洋群岛的民族志。这是篇幅最长的第二章的主题,由此庶几可以窥见作者思考的最初基础。第三章是分析的重心,其中作者对古代法律和“nexum”古罗马契约的讨论补充并完成了第二章的民族志分析,并以作者最终发现的“gift”一词的多义性作结。最为简短的第一章重新提到了哈奈皮里的文本以及“豪”的概念,其实这是在第三章的主要部分完成后才撰写的。最后,导论和结论很可能是到1925年才撰写的。下面,我们将回到作者撰写该书的这一顺序,借助大量已有的相关解读,先处理“库拉”和“夸富宴”,再把对“nuxem”和土著概念“豪”的讨论放到一起加以检视,最后回到第一章提出的理论探讨,并重新考量莫斯在导论及三个结论中阐述的政治议题。

二、“夸富宴”和“库拉”:两种制度及其诠释

在回顾莫斯的论证及其所引发的解读之前,我们首先要说明民族志学者的一点共识,以便从一开始就厘清列维-斯特劳斯对莫斯

的著名批评：在后者看来，莫斯其实是某种土著诠释（interprétation indigène），亦即毛利智者哈奈皮里的解释的牺牲品，这使他止步于本应大有可为的结构主义分析的边缘。对莫斯使用“豪”概念的批判已成为民族志领域的某种常识，然而，这一概念却为关注“物”以及互动行为的“物质框架”的民族志研究开启了引人入胜的视野。正因如此，我们有必要简要探讨一下对土著概念的否定。

一些演化为学术概念的土著概念

民族志已经抛弃了结构主义的论断，转而认真地从两个方面考虑土著自身的范畴，一是这些范畴的行事（performative）维度——说即是做，二是它们的描述（descriptive）维度——说，也以言义的方式将社会现实分割成恰切的单位。正是在土著或本地概念（主位，emic）和作为观察者的民族志学者或历史学者的概念（客位，etic）之间的差异中，反思民族志获得了突破先见的科学能力。事实上，主位和客位之别有两个层面。

在第一个层面上，它意味着被观察者（主位）和来自另一个社会的观察者（客位）之间思维范畴的差异。这一差异使我们能够分析出在特罗布里恩群岛上出现的、马林诺夫斯基研究过的两个对立的土著概念“库拉”和“金瓦利”之间的区别，以及在英语即马林诺夫斯基的写作语言中形成的一对概念——“gift”（赠礼）和“barter”（物物交换）——之间的区别。

在第二个层面上，作为主位概念的“库拉”变成了一个学术概念。这个学术概念在和另一个学术概念，即博厄斯研究的从美洲土著语言中借用过来的“夸富宴”的对照中产生了意义。“库拉”和

“夸富宴”分属两种不同的土著语言，其比较只有在学术范围内才有可能。这一比较引发了以马林诺夫斯基、博厄斯和莫斯等人论著为中心的大讨论。这些讨论有助于厘清“礼物”(don)这个极其多义的概念。如今，这些进入学术语境的土著概念有助于观察者思考那些他们自己所用的概念。观察者也是其自身所处社会的“土著”：比如，“gift”就是一个主位概念，亦即观察者在其所处的社会世界中所使用的概念。主位和客位的相互逆转（从“库拉”到“gift”，再从“gift”到“库拉”）揭示的正是一种学术语言的建构过程。学术语言既有别于被观察者使用的概念，又有别于观察者使用的概念。由此，有关各种社会——无论是“此处”还是“彼处”的社会——的总体的民族志知识才能发展壮大。

外来的观察者为理解土著的范畴（主位），便要进行去中心化的操作，这同样也使观察者学着去思考其自身社会所使用的范畴（客位）。实践这种“拉开距离式的民族志”(ethnographie par distanciation)，就是通过考察已逝或异己的“别处”来间接地实现去中心化，并由此获得一个带有距离的视角，这正是人类学研究方式的独特之处。

因此，莫斯的方法在今天看来比列维-斯特劳斯的方法更有现实意义：绕远道去研究太平洋群岛以及西方概念体系的历史，恰恰能为思考当下的现实提供方便，对莫斯如此，对我们而言也如此。

角逐威望的“夸富宴”：建立等级

各有其位，各得其所：尽管莫斯是在讨论“库拉”之后才在第二章对“夸富宴”进行考察的，并认为前者是“礼物交换的一种高级形式”，后者则是“赠礼制度的一种变形产物”，但是，莫斯却从导论开始，就用“夸富宴”来论证“竞技式的总体呈献制度”。而且，恰恰是“夸富宴”引起了《礼物》最早读者的注意，首先是巴塔耶(Georges Bataille，1933)，而后是勒弗尔(Claude Lefort，1951)。

夸富宴是西北美洲的某些印第安部落(阿拉斯加的特林基特人和海达人，以及英属哥伦比亚的海达人、钦西安人和夸扣特尔人)中的一种曾于19世纪末被美国人类学家博厄斯研究过的制度。上述这些社会的特征一是富有，二是其冬季生活和夏季生活之间极大的差异性(人们在冬季聚集到城市，展开频繁的社会生活；在夏季则四散开来)。有人曾指出，博厄斯研究的“夸富宴”其实是先前某种制度的衰败形态，与当地渔民的暴富有关。这些渔民曾和几个强大的殖民势力进行贸易，他们通过消减已获财富的方式，迅速获得威望(Schulte-Tenckoff，1986)。

莫斯提出使“夸富宴”的概念系统化，并将其扩展到使用这一用语的社会之外，以定义所有“竞技式的总体呈献”(《礼物》：6)。“夸富宴”是聚集了整个氏族甚至好几个氏族的盛大节庆，期间交换礼物直到财富悉数被毁为止(一些土著称之为“杀死”财富)，基本上是氏族首领之间的较量。这场互竞慷慨的盛会的目的是在不同群体及其首领之间建立等级关系：赠送、摧毁财富最多的人就是最强者。莫斯由此提出，“夸富宴”只存在于等级关系并不稳定的社会中。在这类社会中，每次仪典都可能使等级关系破旧立新。他在第一章结尾处的一个关键注脚中强调了这一点。莫斯从波利尼西亚的“库拉”(莫斯说：那里“只要加上对峙、打斗和破坏等内容，也就等同于夸富宴制度了”[《礼物》：9])和美洲印第安人的“夸富宴”的差别中，提出了一个有关波利尼西亚岛上“夸富宴”已经消失的假设：“因为那样便缺少了夸富宴的一个主要条件，即等级的不稳定性，而首领间相互竞争的目的，正是为了确定一时的等级”（《礼物》：18，注108）。

远非寻求物质上的胜利，“夸富宴”的参与者应将自己表现为所有参与者中最慷慨、最挥金如土的人，以显示出其对财富本身的蔑视，以及对声誉和威望的渴求。这场慷慨之战所涉及的是他们的声望，他们的“曼纳”（Weiner，1992：49—54），或者中文所说的“面子”（Goffman，1974）。我们可在两个层面上对这种财富的多重转让进行分析。首先，在一场“夸富宴”内部，即在一个即时性仪式交换系统中，主人发放礼物，并收到相应的回礼。这表现出主人对在场所有参与者的慷慨，而参与者们也都配得上相应的待遇：他们或是氏族的成员（此时“夸富宴”确认了主人与他们的依附关系），或是主人与之竞争的其他氏族的首领。发起一场“夸富宴”而不赠送礼物是毫无意义的，只有送礼而没有回礼亦是如此。其次，每个参与“夸富宴”的客人应当回请在场所有人一次“夸富宴”。这样就产生了有时间先后的一系列财富转让。但是，任何一次“夸富宴”并不会因此就被认为是先前“夸富宴”所必然要求的回礼。我完全可以不回请“夸富宴”：当然这样会有损我的声誉，但没有任何人有权来要求我一定要办。

一面是巴塔耶（Bataille，1933），另一面是勒弗尔（Lefort，1951），双方都只从《礼物》中看到了“夸富宴”。他们认为“夸富宴”体现了礼物的本质、交换的本质，甚至是现代消费的本质。他们的解读是悲观的：所有交换都是斗争，所有对慷慨的竞争都是争夺权力的斗争，而礼物交换只不过是个没有尽头的破坏过程。

“库拉”的双向流通与仪式性互惠

莫斯多次提及“库拉”和“夸富宴”的亲缘关系，认为这两种制度都属于总体呈献，唯一的差别就是是否存在竞争。在此，我要对这一差别加以强调。在我看来，这是个本质的差别，它导致了人们对《礼物》的矛盾解读。对抗竞争的制度“夸富宴”使人际或群体间的等级得以建立，其过程包括一系列仪式性的即时财物转让，以及由多个相互关联的转让构成的序列。相反，“库拉”则是一种平和而规律的仪式性交换，它由仪式性交易的双向循环构成，在此过程中形成的是具有高度稳定性的身份关系。

马林诺夫斯基是首位研究“库拉”的学者。他在特罗布里恩群岛上观察到这个地域跨度大、时间跨度长的交换圈。岛上住民都是富有的渔民、商人以及航海者。他们定期远行，其间，珍贵的物品“外罣”始终沿着同一方向流动：手镯“mwali”从西向东流动，项链“soulava”则从东向西旅行。这里，关键在于以一种可持续的方式把有声望的合作者联系起来。最终，尽管旅行耗时良久，但在“外罣”流动的漫长过程中，赠礼者似乎可以就每个给出的“外罣”索求一个还礼。

与“库拉”同时运作的是某种无货币市场，名为“gimwali”。“gimwali”并不排斥讨价还价和追求盈利，但像做“gimwali”那样“做库拉”是被明确禁止的。在同一航行过程中，“库拉”的仪式性交换和“gimwali”的商品性交换均有发生。但这两个“圈”是各自封闭的：日常消费品不能和贵重物品进行交换。在“库拉”的发生地马山（Massim）地区展开的一些后续民族志调查（Leach & Leach，1983）澄清了在莫斯撰写《礼物》时尚不明确的一些事实：如今，我们知道有些“库拉”物品是可以被带进或带出“库拉”圈的（Testar，2007：176）。然而，正是这两个“圈”之间的封闭性使马林诺夫斯基认为“外罺”是一种货币。继而，莫斯以及随后的整个经济人类学界都认为“外罺”是“先于我们货币的一种货币形式”（《礼物》：22，注 139），其原因在于它可以用来偿还欠款，亦即构成一种支付方式。最新的民族志调查还表明，这些贵重物品在必要时也可以和普通物品进行交易。现在还需核实这是否是马林诺夫斯基观察这些交换时就已存在的情况：尽管时间跨度长达 500 多年的考古遗迹能够证明这一系统的持久性，但马林诺夫斯基观察到的“库拉”的历史还远未像博厄斯观察到的“夸富宴”的历史那样得到充分研究。

因此，有规律的交换使人们建立了相互联系，而“库拉”则在他们之间根据仪式性的互惠原则运行。在交换链条上的任意一个环节，都有一种简单的互惠性将“库拉”行为的双方联系起来。一人给另一人一串项链（S），同时也换回一副手镯（M），这一行为便构成一次仪式性交易〈S 换 M〉。按照韦纳（Annette Weiner，1992）的说法，每件贵重物品都保存着所有经手人的痕迹，但只有把其带入“库拉”圈的人才有资格把它带出去。那么，一种一般化了的互惠性就把“库拉”圈中所有人都联系了起来，因为项链在整个过程中始终沿一个方向流动，而手镯则始终沿着另一个方向流动。

莫斯提出了“夸富宴”先于“库拉”出现以及波利尼西亚社会等级的稳定化导致“夸富宴”消失的历史假设：“夸富宴之所以在波利

尼西亚的某些地方会消失，只可能有一个原因，这便是差不多各岛的氏族都发生了确定的等级分化(……)同样，我们之所以能够发现毛利人比其他各岛居民有更多的夸富宴迹象，恰恰是因为在那里，首领的管辖范围都要重新划定，于是各个氏族便要相互竞争了。”(《礼物》:18，注 108)如果反过来看，“夸富宴”很可能就是“库拉”的某种退化形式，其出现源于殖民地贸易所致财富的大量涌现。将“夸富宴”和“库拉”以及内部商贸圈“金瓦利”联系起来，是理解总体呈献制度的动力机制的关键。简言之，“夸富宴”在阿拉斯加是外部贸易带来的财富的一种双重流转形式：在氏族内部将贵重物品再分配给那些寻求依靠的人(他们没有偿还能力)，在相互竞争的氏族之间则是威望之争。后一种斗争可用镜像行为的分裂相生(schismogenèse)模型①来解释，亦即竞争双方都竭力胜过对方，这其中存在着一种纯粹内在的关系性动力。相反，“库拉”似乎超越了上述依附性或竞争性的双重竞争逻辑。

莫斯在结论中再次讨论了“夸富宴”和“库拉”的关系。他更为概括地强调了总体呈献制度中处在“开宴和开战”之间，极不稳定，可使两者在瞬间相互逆转(《礼物》:83)。由此便引出了莫斯的双重规范性结论：避免由礼物的再分配(施舍)引发的依附关系；借鉴“库拉”作为礼物的积极模式，以避免由“夸富宴”之争引起的关系失衡。

时间、债务与人际支配关系

如果现在回到构成总体呈献制度的“夸富宴”和“库拉”的各自

① “分裂相生”是英国人类学家贝特森(Gregory Bateson)在 1930 年代发明的概念，用来说明竞争关系下的双方相互激发出对称的行动的过程。参见下文。——中译注

成对的人际原子单位上，我们就可以找出莫斯分析中的两个要点：一方面，一个不可压缩的时间间隔把开礼（开启关系的礼物，或是第一个“夸富宴”）和回礼分开；另一方面，礼物提高了施者的地位而降低了受者的地位。

正是基于莫斯在文中多次提起的这两个要点，布尔迪厄（Pierre Bourdieu）对礼物做出了悲观的解读，他不再从总体呈献体系的层面，而是从施者和受者之间二元关系的层面出发，再度强调了“夸富宴”中的对立。

同样是在这个层面上，列维-斯特劳斯分析了交换双方 A 和 B 的简单互惠，既强调了这种二元关系的平和与平衡的特征，也强调了交换行为本身的即时性：例如，婚礼上新郎和新娘互换戒指（婚戒在我们法语中被称为“结合”[alliance]）。这个充满象征意义的动作却不在布尔迪厄对礼物的分析范围之内，礼物不再意味着人际支配关系，因为这里缺少一个至关重要的元素——把赠礼和回礼分开并由此而确立支配关系的时间跨度，同时，交换物均为指环也意味着联姻者的平等关系。

对布尔迪厄而言，正是赠礼和回礼之间的时间间隔把莫式礼物和两个等价物之间的即时交换区别开来。这种即时性是另外三种交换形式的主要特征，它们分别为：货币性的商品交易，非货币性的商品交易（如果两物在严格意义上是等价的，并为交易双方共同需求，如以物换物的贸易），以及仪式性交易（如上述婚戒一例，交换之物具有某种特殊属性）。就布尔迪厄对礼物的理解而言，恰恰是时间间隔的存在使得施者得以对受者加以暴力——后者在这段时间里欠下对施者的债务并因此受到制约——同时又把这一暴力隐藏在慷慨而不加算计的表象之下。布尔迪厄由此把握住了由莫斯开启的一条线索，即社会谎言和虚构。另外，也正是这个时间间隔使礼物近乎债务：受者与施者之间形成了依附关系，前者还要对后者回报、感恩。

解读本书的两个原则

在讨论经布尔迪厄强调的礼物和债务的关系之前，我们先澄清一下我们如何看待莫斯的作品及其引发的各种解读。

一方面，后续研究已对莫斯当年持有的民族志信息做出了三项修正。我在上文中已经提及了其中两项：其一，舒尔特-坦克霍夫(Schulte-Tenchhoff，1986)的史学研究使博厄斯分析的“夸富宴”的特定背景得以重现，她没有质疑莫斯的解释，但详述了“夸富宴”出现的条件，并颠倒了莫斯提出的关于“夸富宴”和“库拉”之间的历史关联的假设；其二，韦纳研究工作中造诣最高的民族志分析(Weiner，1992)从根本上修正了马林诺夫斯基对“库拉”的解读，使“库拉”和“夸富宴”的差异更趋明显。我在后文中还将提到由萨林斯(Marshall Sahlins，1972)所做的，后来也为韦纳和泰塔特(Alain Testart)所援引的批判性分析。这一批判性分析的基础，是对哈那皮里提及的有关“通家”的“豪”(物之力)的文本的重新翻译。

另一方面，关于非商品性交易的民族志研究的新进展(Testart，2007；Zelizer，2005；Weber，2000)明确区分了“库拉”和“夸富宴”分属的两种呈献形式：交易(transaction)与转让(transfert)。交易可以主张对应的补偿，因此，也可将一次交易构想为一

个单元，记作〈A换B〉。如果偿还物B尚未交纳，那么交易就是不完整的，我们将其记为〈A换B欠〉。相反，转让不包括必须的偿还物，所以记作〈A〉；如果它属于一个多重转让的序列，那么这个序列就记作〈A〉〈B〉〈C〉……

由此，我把“交易”一词留给要求有对应偿还物的呈献，这可以是货币性的商品交易、非货币性的商品交易，或仪式性交易。我把未结清的开放的权利关系〈A换B欠〉称为不完整交易或**半交易**（demi-transaction）。这些不完整交易可以有很多种：金融信贷、商业债务、仪式性交易，也涉及医疗补充保险与参保人之间、商业保险与客户之间、社会保障体系与享有相关权力者之间的尚未结清的关系。

其次，我把“转让”一词留给无偿还要求的呈献，将两个连续的此类呈献记为〈A〉〈B〉，称为**双转让**（transfert double）。最后，一个完整的呈献（可以是交易也可以是转让）序列我称之为**呈献链**（chaîne de prestations），其中贯穿着由两个同样的行为双方结成的开放关系。

转让还是交易：何种人际关系？

正是基于上述定义（Weber，2000），我曾尝试划分出非商品性交易的三个分析层次（泽利泽［Viviana Zelizer，2005］也有过类似提议）：交易双方关系的性质、交易的形式（简单或双重）以及偿还物的性质（货币还是非货币）。泰塔特（Testart，2007）对《礼物》的解读在很多观点上我都不甚同意，但在区分出必须还礼和非必须还礼这个要点上我深表赞同，这有助于我厘清所使用的术语，并在呈献这个庞大的集合中把要求偿还物的交易〈A 换 B 欠〉和不要求偿还物的转让〈A〉区别开来。但我仍然是划分出三个分析层次:关系的性质、呈献形式(交易或转让)以及转让物的性质(货币还是非货币)。

以上这种基本划分有助于在阅读莫斯文本的时候充分考虑其复杂性,不过方式是将他所研究的各种交换系统明确地对立起来:

1. 一方面,商品交换系统"金瓦利"由普通物的交易〈A 换 B〉构成;双方的关系在交易过程中被消解掉了;同时,交易物之间的等价性既是使多个交易序列化,并使交易中的计算操作去语境化的条件,也是其结果。

2. 另一方面,"夸富宴"由一系列相互联结的转让〈A〉〈B〉〈C〉构成;这种联结依据的是对抗性人际关系中分裂相生的逻辑;每个人都参与竞争,以便使自己送出的礼物比收到的更好,除非接受一种依附关系。

3. 在以上二者之间,"库拉"由特殊的仪式性物品的交易构成,即"磨娲利"换"素拉娲"(〈M 换 S〉);参与者之间的关系在这个过程中被定义为政治性联盟。

通过"夸富宴"(依附或竞争)和"库拉"(联盟),莫斯考察了由礼物承载人际关系的可能呈献。这和另一类呈献形成了鲜明对比,对后者而言,可替换的物资流通于可替换的个体之间,从而悬置了人际关系。这样的呈献系统可以是(货币的或物品的)商品交易,也可以是匿名的(货币的或非货币的)简单转让。西方社会中也有包含着人际关系的呈献：就依附关系而言，如施舍和政治收买；就有权势者之间的竞争关系而言，如修建公共纪念物和种种赞助行为；就联盟关系而言，如培养忠实的商业客户——尤其是在市场制度有所弱化时，人际关系对于建立信任颇为重要。

莫式礼物并非一种信贷行为

一旦用民族志的方式在非隐喻的层面上来分析信贷契约，我们就会发现布尔迪厄提出的关于债务（dette）的隐喻、莫斯及其之前博厄斯提出的关于信贷（crédit）的隐喻都存在问题。而我们一旦接受交易和转让之间的明确区分，问题就不存在了。这一区分既不取决于交换物的性质，也不取决于两次转让之间的时间间隔，而是取决于在场行动者对情境的定义。从这个角度来说，布尔迪厄很可能早已预见其可能遭到的批评。他写道："如果社会学坚持客观主义的描述，那么就会把礼物交换还原为双方互赠（donnant-donnant），而无法再区分礼物交换和信贷行为。"（Bourdieu，1994：178）的确，信贷契约确立的是一个由包括第一笔借贷（即信贷关系的开启）在内，且由其后续的一系列信贷活动构成的单元；而礼物交换则清晰地由两个不同的转让行为构成，其中第二个转让行为并不会关闭由第一个转让行为开启的关系。当然可以分析说这只不过是一个有时间延迟的交易，或为债或为贷。这个解释将引起土著的激烈反对，对他们来说，这种解释是一个错误，甚至是无品、失礼之举。然而，社会学家会竭力使人相信其有能力揭示个中关系的真相，即便这一真相与实践双方的见解相抵牾。事实上，只有在交换双方之间出现争执、误解或冲突时，社会学家才要坚持他们

使事实对象化的权利。

要理解所观察到的呈献对应的是双方之间平衡的联盟关系、依附关系还是竞争关系，关键在于要能够毫不含糊地把赋予这一呈献意义的互动序列分割开来。换言之，参与者们要能一致认定哪个是“开礼”，而哪个又是“回礼”，那么，如果偿还物如期送到，就是合作关系，否则就是依附关系。如果没有达成统一意见，参与者们就很可能会被卷入到一个无休止的螺旋式对抗和竞争当中。有时，对情境——即正在发生的事情——的定义是模糊的，于是只能通过第三方来加以澄清。第三方可以是一个无利益牵连的观察者——甚至也可以是民族志研究者本身——也可以是同类群体的某个代表，或是具有司法权威的专业人士（Weber，2000）。第三方的介入可以得出明确的解释，这便是泽利泽（Zelizer，2005）在研究诉诸法律现象时提出的观点，恰恰是通过诉诸法律，双方之间的关系才确定下来。

三、物之力

让我们回到《礼物》的第一章上来。莫斯在导论的“提纲”部分提出了一个关键性的双重问题，并做了格外强调：“在后进社会或古式社会中，是什么样的法律与利益规则，导致接受了馈赠就有义务回报？礼物中究竟有什么力量使得受赠者必须回礼？”（《礼物》：3）。事实上，这个双重问题仅仅触及了文中所讨论的三重义务中的一个，即还礼的义务。这引出以下几点。第一，通过把法律规则和利益规则联系起来，莫斯展开了有关经济学的理论讨论。我们将在后文详述这一点。第二，这里所说的法律和利益的规则只可能是在参与者不自觉的情况下起作用，因为礼物在赠与的时候总是被视为自愿、自由、无偿的，即便它事实上是义务性、约束性、利益性的。莫斯因此考虑把形式（被慷慨赠与的礼物）和实质（义务和经济利益）分开，进而提到了某些极端情况——"在伴随交易而来的赠礼中，只有虚假、形式主义和社会欺骗"（《礼物》：3）。

但是，莫斯虽然引出了这一线索——其后被布尔迪厄借鉴——却也很快就抛弃了它，而转向了另一线索。这就是第三点：莫斯的双重问题中的第二个问题并非仅仅在于追问前一个问题，它其实意味着一个决定性的转向，即转向一种名副其实的有关交易的民族志。

"豪"：从礼物之灵到偿还之物

礼物中到底有什么力量使受礼者必须回礼呢？要回答这一问题，要从送礼者、送出物以及受礼者之间结成的紧密关系中寻找交换的理由。那个约束受礼者去回礼的"力"正是存在于礼物"之中"的。如果根据对《礼物》的最早评论，即来自列维-斯特劳斯（Lévi-Strauss，1950）和勒弗尔（Lefort，1951）的评论，此处的确是莫斯分析中的一个软肋，因为他满足于迎合某个土著的理论。但当代民族志研究却正好相反，认为这里恰恰有一个扎实的理论推进。这些研究或者对物本身感兴趣（Appadurai，1986），或者对物质配置（dispositif matériel）感兴趣（Callon，1998；Callon，Lascoumes，Barthe，2001），或者旨在找出可借以复原土著的正当化过程的基准（Boltanski，Thévenot，1991），或者致力于观察人际关系（Weber，

1989;Godbout,1992)。下面就让我们更进一步对此加以分析。

我们已经看到,通过研究新西兰的毛利社会,莫斯发现了一个在其看来具有普遍意义的土著概念:交换物“通家”所赋有的灵力“豪”。这种灵力绝不可等闲视之,约束受礼者的还礼义务恰恰由此而来。

莫斯在此依据的是民族学家贝斯特(Elsdon Best)的毛利合作者哈那皮里的文本,后者用“豪”(物之力)来解释为什么我必须给你一件别人给我的东西(taonga),作为对你之前给我的东西的交换:“这个由(第三方)给我的通家,是之前(你)给我的通家的豪。”(Testart :197)最早的译文亦即莫斯所参考的版本是把“豪”当作“灵”,而把分析引向了灵力说或泛灵论的方向,后续的一些评论者也都强调了这一点。至于莫斯,他发现,“豪”作为物的魔力和人的“曼纳”其实是一样的,从而多次将这种神奇的力量译为“荣誉”或“面子”。

萨林斯通过对哈那皮里文本更细致的解读,及其对莫斯当年所用译文的批评,指出“通家”的“豪”只不过是收益(英语:yield),也就是第一次转让行为所产生的借贷利息。至少,这是萨林斯的解释。泰塔特则以更简洁也更让人满意的方式把“豪”译为“偿还物”(contrepartie)。无独有偶,我们发现,在对中世纪早期土地交易的文献研究中,“pretium”也被译为偿还物,而不是价格。也就是说,这一偿还物是由交易的性质来决定的,有时是以物易物,有时是货币交易,有时估价,有时不估价(Feller,Gramain,Weber,2005)。

这样是不是就可以把有关物之力的问题束之高阁了呢?我认

为不是。

在“金瓦利”类型的系统中，就像在那些奠定了市场基础的司法制度中一样，物品[①](objet)与交换它们的个体是分离的，同时，(落在物上的)“物权”(droit réel)和(落在人上的)“个人权利”(droit personnel)也是分离的。莫斯指出，在总体呈献体系中，“物”(chose)和“人”(personne)并不是分离的，而是“混融”在一起的。为了在文字上标示出这个根本性的区别，我沿用莫斯——后由巴赞(Bazin，1997)进一步阐明——的术语：总体呈献是指在人与人之间的物的流动。其中，人是指道德人(personne morale)(《礼物》：5)，物是指珍贵之物、符咒，或毛利语中的“通家”(《礼物》：10)。同时，我建议把“物品”(objet)和“个体”(individu)这两个词用于商品交易，使之与非商品性呈献相区分，后者关涉的是“物”和“人”。

“豪”这个词是哈那皮里用来向贝斯特解释所有“市场”之外的、没有“确定价格”的偿还义务的。因此，“豪”并不是在签署契约之前就已确定的那种偿还物。能够确定的，仅仅是有送礼就必须有还礼。如果我们通读莫斯研究的文献，就会发现“豪”还含有司法和惩罚的维度。“如果我把第二个通家留给我自己，厄运甚至死亡就会来找我。”莫斯把“豪”译为“物之力”，正是基于司法和惩罚这个双重维度。

莫斯把毛利人的这个解释扩展到他分析过非商品性呈献的所

---

① 作者在此段中详细区分了“objet”和“chose”，我们将其分别译为“物品”和“物”。——中译注

有社会。他强调了两点。第一，这些赋有力的物和普通的物品是有区别的，正如在罗马法中，“familia”（由人和物构成的群组）里的“res”（重要物）也和区别于“pecunia”一样（“pecunia”是指用来进行商品交易的小牲口或银币，这个词是法语“pécuniaire”的拉丁语原型，意为和金钱有关的东西）。例如，在毛利社会中，珍贵之物“通家”有其人格性，甚至还有名字。第二，莫斯强调这些物以及曾经持有过这些物的人之间的关系：流转的物保有所有经手该物的主人的痕迹，“即使礼物已被送出，这种东西却仍然属于送礼者”（《礼物》：11）。

礼物中人的在场正是韦纳的申论主旨。她首先重访了马林诺夫斯基的田野特罗布里恩群岛，并特别把注意力放到了在马氏结论中被忽略的妇女身上，考察了当地女性的实践、女性个人之物以及女性权力（Weiner，1976）。但在第二本偏理论性的著作中，韦纳——继莫斯之后——把重点放到了研究那些珍贵之物的不可让渡性上，这些珍贵之物——如环形头冠上的饰品——是不能被让与的（Weiner，1992）。她认为，互惠不过是交换行为的表象，交换其实是建立在物的不可让渡性上的。总之，物之灵其实就是其流经的每个主人的人格在物上留下的痕迹。因此，每个物都包含了其全部历史。

法国人类学家古德利尔（Maurice Godelier，1996）沿用了这一理论，以区分可以转让的使用权和不可让渡的所有权。他把这类不可让渡的物与对权力的想象联系起来。这种结论尤其适用于西方社会中的家庭财产转移的研究（Gotman 1988）：每个物都留有个人的痕迹，这使我无法将其丢弃或变卖。关于这一点，一些社会经济语境的变化值得我们注意:在重视人际关系甚于物质资源的富有阶层中,奢侈礼品市场的兴起导致了在互联网上出现了对“无用礼物”的交换。我们不禁要问,这里是否有某种规范变迁的迹象,就像在20世纪的马山地区,“库拉”物可以从“库拉”圈里出来一样。的确,在当代社会中,尽管越过不同社会场景时可能出现的道德谴责并未完全取消,但收礼的义务似乎弱化了。虽然尚无对礼物规则的系统历史研究,仍然可以知道这些规则并非一成不变。关于这一点,最好的一个例子便是19世纪末瑞士巴塞尔地区资产阶级社会中的结婚送礼现象。那时一种久已形成的习俗突然变成了“粗俗”。这项习俗原本是要给送礼物过来的仆人一笔小费,其金额要符合礼品价值的某一固定比率——也就是说得有看一眼就估计出礼品价格的本事。然而,这一礼节在社会转型的短短几年时间里就被清除殆尽了(Sarasin,1994)。

抵押物和“nexum”:个人之物

莫斯早就了解哈那皮里的文本,他的朋友赫茨也已对之给予了相当的关注,但是,如果没有在《礼物》的第三章中研究古代法律,莫斯便不会如此重视这一文本。莫斯回头来看的其实是关于“nexum”的司法理论。“nexum”是一个将契约双方联系起来并使契约获得约束力的物,所起的作用一如动作和仪式说辞的形式化。“nexum”这个词具体来说是指“结”(nœud),更确切地说是指抵押物(gage),即一个被用来做担保的东西。在日耳曼法中,抵押物就像罗马法中的“nexum”一样,是一个不贵重但很个人化的东西,比如由某契约方给另一方的一只手套,以此敦促后者履行契约、言而有信。抵押物是一个附带着送出者声誉的个人化的物(有时不是“送出”而是“丢出”,就像人们在发出挑战时扔出手套一样),同时也关系着接收者的声誉,无论他愿不愿意。于是,如果说前述贵重物首先联结的是物与物,那么抵押物首先联结的是人与人。

把抵押物和象征物加以比较,有助于更好地理解莫斯对古代律法的最终评论的意义。和象征物(即能够代表他者之物)一样,“抵押物往往要一分为二,由立约双方各持一半”(《礼物》:69)。但是,象征物——例如货币,或是“共和国的玛丽亚娜”①——立刻有一种普遍效价,能够为特定集体的所有成员所理解。相反,抵押物的效力只适用于经手该物的人。我们在当代互动行为(商品交易或礼物交换)中,既可以看到具有普遍效力的象征物,也可以找到仅对交换者有意义的抵押物。就象征物而言,可以是各种形式的货币、银行钞票、支票、信用卡,也可以是礼品包装或者是印有“礼品”字样的纸箱。就抵押物而言,它可以是仅限于保证你我之间特定行为的我的签名——该签名不具备超越契约之外的效力,即便这份契约本身由国家保证,即国家承认我的签名的个人效力——同时也可以是某种私人抵押物,比如书上的题字,或者在礼物包上的亲笔留言:“弗洛伦斯赠卡洛琳,友谊长存”。我们很清楚,市场营销人员、商家以及政客会在多大程度上用这些所谓个人化的符号,以(徒劳地?)使我相信我的银行顾问、汽车修理工以及议员代表和我保有热忱的个人关系。

① 玛丽亚娜是仅次于法国国旗的法兰西共和国的国家象征。这一形象常见于邮票、钱币,以及国家机关的印章上。——中译注

交易、祈祷、礼节:有效互动

现在,让我们来看看莫斯在第一章结尾以及导论末尾处关于礼物交换的两个扩展性问题:给神的馈赠(《礼物》:13)和礼节的交换(《礼物》:5)。对这两个问题的讨论再次说明,《礼物》一书超出了对物质和财富转让的分析,包含了对互动的切实分析。同时,这些问题也有助于明确《礼物》在莫斯本人全部研究中的定位。

在该书前半部分中,对献给神的礼物的分析明确地呼应了莫斯之前的两项研究:其一,是他原来对献祭的分析(Hubert & Mauss,1899),其中对神圣和世俗之间界线的关注多于对与神互动的关注;其二,更为重要的是他那篇未完成的关于祈祷的博士论文(Mauss,1909),莫斯在此文中试图把祈祷当成某种自成一类的(sui generis)有效行动来分析。在这两项研究中,莫斯均指出了这些宗教现象与契约以及礼物之间的亲缘关系。从《献祭》到《祈祷》再到《礼物》,莫斯对于仪式的分析发生了转变:他的注意力从献祭的祝圣效果转移到了仪式的效力上,又从仪式的物质效力转移到了其社会效力上。

莫斯在撰写《礼物》的同时也在研究礼节的交换。1921年,莫斯在《心理学学报》上发表了一篇题为《情感的义务性表达》的短文(Mauss,1921b),提出了对"致敬方式"和"互动群体"的研究。作者在其中提出的问题和《礼物》的问题非常相似:他在指出澳洲土著葬礼中的情感表达具有强制性的同时,又否定了关于"社会欺骗"的假设。换言之,情感表达的义务性完全不会削弱其真挚程度和强烈程度。恰恰相反,正是前者产生了后者。这一推理使我们联想到帕斯卡尔关于仪式产生信仰的观点。最后，莫斯在 1926 年分析了“贴标签和恶作剧的风俗”(Mauss 1926)。这些风俗有着著名的“玩笑式亲属关系”(parentés à plaisanteries)的特征，在这种特殊关系中，其他场合被禁止的行为反而是必须的。莫斯由此再次论证了礼节的交换——在此则是指那些不礼貌的行为的交换——不过是他在《礼物》中分析的各种模式的交换之一。

互动仪式与社会场景

莫斯放弃了《祈祷》的手稿，但保留了对仪式的兴趣，同时又将对宗教和巫术仪式的兴趣转向了社会仪式：他确信形式或程式的有效性值得深究，即便当时他尚未找到表述仪式效能的概念工具。当代民族志认为(Weber，2001)，即便致敬或者问好的程式被化约成最简单的表达，比如一个眼神，它也能确证二人在社会意义上的共同在场以及他们之间互动的能力。在更一般的层面上言之，仪式用其特殊规则在社会生活之流中剪切出一块社会空间，一个“社会场景”。例如，开幕式时的隆重程式就将在这一场景中的行动和那些“尚未开启”的场景的行动区别开来。如果“豪”表明并确立的是两物之间的关系，如果“nexum”表明并确立的是两人之间的关系，那么礼节程式则能开启或关闭互动行为。就此而言，礼节程式的功能之一就是使交易和转让得以区分。

有关非市场性呈献的民族志这一分析，将我们引向各种复调式的“交叠世界”(mondes imbriqués)理论(Zelizer，2005；Dufy，Weber，2007)。这类理论尝试在多个不同社会场景的交汇处去分析个体的实践，它关注的是这些场景的制度建构，以及嵌入这些场

景的土著方式。莫斯研究了我们这个社会中市场和礼物的共存，马林诺夫斯基研究了“库拉”和“金瓦利”的共存，与之相似，交叠世界理论强调的是在不同社会性场景中多种行为准则的共存。

这些不同的行为准则反映的并不是某些“互斥世界”(Mondes hostiles)[①]，而是在仪式上有所分离但在社会意义上相互联结的多重世界。这些世界在日常生活之流中交织，绝不是天然封闭的。在这种永不停息的交叠和交织过程中，是哪些制度、物质和司法的配置使它们保持分离的呢？个体如何标识从一个世界到另一个世界的过渡？他们如何避免两个世界的相互重合？由于对造成世界相互分离的不同进程各有关注，有很多可能的视角回答上述问题，包括关于法律的社会史研究，也可以是关于物质和制度配置的社会学研究，或者是关于互动仪式的民族志研究。无论如何，对交叠世界理论而言，问题已不再是勾勒出每个世界的边界再依样将各个学科专门化(比如，划分出理性的世界和礼物的世界)，而是同时研究这些交叠世界特定的运行方式以及个体如何穿梭其间。

语境理性

长久以来，学科和思潮的争议使之分为两个阵营。一方认为个体理性是不证自明的(如基于“经济人”[homo œconomicus]假设的各种经济学理论、从所谓“理性选择”出发的社会学流派)；另一方则不预设观察到的行为是理性的，而是去尝试理解“土著推

① “互斥世界”(或译“敌对世界”)是社会学家泽利泽(Zelizer，2005)的一种提法，用以概括她所要批判的把市场与非市场对立起来，并认为市场交换将破坏非经济生活的意义的看法。——中译注

理”(raisonnement indigène)的多样性和复杂性。无独有偶,各种“互斥世界”理论也是把世界对立起来,认为一些领域中证实了个体理性的假设(即每个人都系统性地追求自我利益),在另一些领域中个体的行为是非理性的,受到情感或习惯的支配。至于还原论,则认为人的所有行为要么都是出于理性的,要么就相反,都是出于情感或习惯的。与之相比,“交叠世界”理论承认不同时刻、不同情境中土著推理的多样性,而后再关注这些推理的发生与共存。

当我们依照交叠世界理论对呈献进行民族志研究时,诠释的关键就在于要考察那些使特定互动等以展开而不发生矛盾(亦即使互动双方都感到满意)的主观与客观条件。这里可能有两种情况。一是呈献行为被置于一个司法或规范性的框架之内,并受限于确定的物质配置,从而排除了模糊性。参与呈献的每一方都明白他们正在做什么,且都相互认可这种未明言的知识。通常的情况即为:我可不是靠那肉铺老板的善心来等饭吃[①]。又如特罗布里恩群岛上的居民,他们在进入“库拉”仪式系统后,是不会按交换“金瓦利”的市场原则行事的,反之亦然。另一种情况是,交易各方都分别可以有不同的方式来理解这次交易,并且他们又利用这一模糊性将其行为嵌入在多个系统中。这时又会出现两种情况:要么误解使交易继续,要么模糊性因冲突或交易的中断而被解除。

因此,民族志的工作就在于通过对互动的细致分析,揭示出互动是在怎样的社会语境(contexte social)中对互动者才是有意义

① 此句化自亚当·斯密《国富论》中的一段话,指交换的实现基于交换方各自的利益,这一原则是交换各方所认可的。——中译注

的。这些语境也就是我所说的“社会场景”(Weber,2001),它们发挥着认知框架的作用,首先由语言构成,同时包括使互动得以定性的各种程序。这一概念有助于研究一个语言社群中对范畴的社会建构,也有助于对呈献在法律层面加以定性(比如,这是礼物,这是借贷)。这个概念还有助于思考言语的行事(performative)维度:比如,以某种固定说辞开启互动,即是在明确地表述我们现在正在做的事情。礼节仪式从社会角度来讲是很有效的工具:它能使某一事件嵌入到一系列相似事件中,因而被用于开启或关闭一个有意义的事件序列。在仪式之外或之内,物质配置则确定了“这里正在发生的事情”的意义。这些物质配置包括地点、情势、动作和姿势(与环境相适应的体态[hexis]),还包括一些技术工具,尤其是那些通过登记簿或列表将呈献嵌入一系列交换行为的程序,对分栏的使用令计算得以操作。这里,我们重新发现了古迪(Jack Goody,1968)率先提出的书写人类学的问题,以及相关问题在法律民族志(只要这些律法使用的是书写的形式)和记注(inscription)技术民族志方面的可能延伸(Coquery,Menant,Weber,2006)。例如,借贷时在一根小棍上刻出划痕、一旦还清就除掉划痕的记录体系“Kuchenbuch”(ibid.),就提供了有时间差的交易与礼物交换之间巨大差异的一个有形案例。相反,用来记录葬礼上所有的仪式性呈献的收支的本子,则提供了一个物质线索,有助于了解人们所认为的一番礼物交换的土著单位“Bensa”(ibid.)。

货币的角色

有货币参与的非商品交换的民族志研究使我们重新考虑莫斯

提出的那个经典问题:货币的不同功能是否总是相互重叠的(《礼物》:22 注 139)? 同时也引出另一个问题:根据货币所承载的单一或多重功能,它在人际关系中扮演怎样的角色?

例如,家庭财产——包括其货币形式——的传承更多地是把生者和将财产留给他的死者联系起来,而不是完全解除他们之间的人际关系:这时货币—象征与难以解除的债务、必须继承的遗产都是相适配的(Gollac,2005)。相反地,作为支付手段的货币则能把债务人从债务中解放出来,从而切断这一人际纽带,比如离婚时支付的货币性呈献。此外,货币形式的偿还物的缺席会使商品交易变得更加复杂,从而不仅更难以实现,而且也更难以分析,因为被交换物的价格基于两个不同的市场(Feller,Gramain,Weber,2005)。货币的缺席并不足以使商品交易转化成仪式性交易,或转化成人际关系要素。"以物偿还"就是这个道理,其中的"物"就可以用货币衡量,并可以以此建立标准的劳动契约。

个体匿名化、可要求偿还物的交易以及货币作为呈献的三个维度在分析层次上是可以分离的。这就不止有两种可能的组合——一边是现代的匿名个体、市场和现代货币,对面则是人际关系、市场的缺失和原始货币——而是出现了八种可能的组合:个体、货币但无市场,如社会保障;市场、货币和人际关系,最常见的例子是在大部分行业中都不可能被有效禁止的商业关系;人际关系、现代货币但无市场,如以货币形式呈现的仪式性礼物;个体、市场但无货币,如通用的餐券……只要在分析层次上区分出呈献的三个维度,所有这些组合都是可能的。这样就打开了经济民族志研究的视野。

但具有决定意义的是，货币作为计量单位，对于互动行为的性质会产生最直接的影响：对财物的价值与损益的评估，毫不含糊地在所有参与者之间建立了一种他们都接受的等量交换关系，减少了不同解释带来冲突的风险。泰塔特断言“库拉”交换中必定有可要求的偿还物存在，其实更大的问题是“通家”在其首次转让时没有估价（“您给我一个通家，没有给我它确定的价格，所以说我们不是在做买卖”），这未免让人想到个人之间的仪式性交换如果没有估价的话，就更容易造成解释方面的冲突——而这种交换似乎是不应该有估价的。

四、理论背后的政治议题

最后，我们还要比较一下《礼物》写作时的政治语境和 21 世纪初的政治语境：一是福利国家（Etat-providence）建立的 20 年前，一是相关意识形态发生动摇的 20 年后。对于上述两种情况，问题的关键都在于发明或者说重新发明一个既能矫正市场经济又不必复归慈善（charité）的呈献体系。

为什么要研究礼物？

礼物作为研究对象并非无足轻重。出于对礼物交换的兴趣，莫斯对市场自然主义观念进行了理论批判，同时也对社会救助中的慈善观念进行了政治批判。这发生在一个社会学家、慈善家以及工人运动领袖之间的共识开始动摇的时代。同时，也正是这种分歧促成了转进 20 世纪时最初的社会法的诞生（Topalov，1999）。

实际上,非市场性呈献在《礼物》之前就已被研究过,但并未被建构为学术研究的对象。而在《礼物》中则有对经典的市场经济分析的批判性补充:如果我们强调其统一性,这就是礼物经济;如果我们强调其异质性,这就是各种无市场的经济。

莫斯由此引出了一个关于人际互动——亦即涂尔干所说的"社会生活的自由细流"(1895:19)——的广阔研究领域。莫斯把这一领域从有关个体独一性的心理学分析以及生理学的规律性分析中解放出来,将其纳入社会学研究。莫斯揭示出,在个体自愿行为的最核心处就存在着社会规则,并且一开始就赋予了这一发现以普遍性的维度:没有什么是特别原始、初级、古旧的,也就是没有涂尔干主义者先前所谓的社会分工薄弱的状态;相反,莫斯说,"我们相信从中能够发现建构我们社会的一方人性基石"(《礼物》:4)——他所指的"我们社会"正是西方现代社会。在其巫术研究中,莫斯将涂尔干的宗教社会学应用到了恰恰最难应用的对象上去——涂尔干的社会学把宗教视为一种社会制度,而莫斯却用它来分析巫师与其顾客作为两个个体之间的私人关系。与之相似,莫斯在《礼物》中依然应用了涂尔干对契约和制度的分析,但也是应用到了恰恰最难应用的对象上去,即作为自由且无利行为的自愿的赠礼。

反经济学中心主义

当然,莫斯是从对原始社会中礼物交换的研究着手的。在这一过程中,莫斯实现了马林诺夫斯基讨论过的政治经济学的批判目标,即对古典经济学家借以解释货币和市场出现的"物物交换神话”提出异议，并针锋相对地阐明了原始社会成员的经济行为的复杂性。在将近一个世纪以后，我们不妨把这个目标和德国社会学家马克斯·韦伯的观点联系起来：事实上，韦伯在1905年就指出了经济学概念及其工具的历史阶段性特征，同时他还在清教徒的生活箴言中发现了边际主义经济学的推理模式（Weber，1905）。我们今天可以认为，韦伯之后的经济史研究和马林诺夫斯基之后的经济民族志研究在对经济学中心主义的批判中汇合了。经济学中心主义把一些普遍性动机都归诸想象的“经济人”。经济学家们远未能找到理解人类行为的普遍性解决方案，而仅仅是把他们自己的推理投射到他者的行为上，而这些推理是在特定的历史和文化中形成的。

不过，两次世界大战之间活跃于法国的涂尔干学派第二代学者——其中便包括莫斯——感兴趣的并不是韦伯所关心的经济学概念的文化起源，亦非马林诺夫斯基所关心的经济行为的文化多样性，而是各种经济现象的社会维度。于是，涂尔干学派便致力于揭示经济事实中的这种社会维度：此类事实或者存在于当代某些明显具有集体性特征的现象中，如西米昂（Simiand，1932，1934）和哈布瓦赫（Halbwachs，1909，1933）研究过的货币、价格和薪酬的变动，或者存在于看上去是个体化的且具有异域色彩的现象中，如礼物。莫斯研究的正是后者，同时亦未忽视其研究和西米昂、哈布瓦赫的研究之间的联系。

最后需要说明的是，从韦伯的著作中生长出来的文化史研究、从马林诺夫斯基的著作中汲取概念的经济民族志研究，以及受涂尔干学派启发的经济史与经济社会学这三种取径之间的差异，远不及它们对经济学的不约而同的批判更显重要。这些批判如今启发了政治经济学、历史学、社会学和人类学相结合的各种批判思潮(Steiner,1999,2005;Dufy,Weber,2007;Simiand,2006)。当然,我们也不要低估经济学自身从两次世界大战期间以来取得的进步,尤其是当经济学已然懂得吸纳相邻学科的经验结果之时。

何种法律规则?何种利益规则?

让我们回到关于礼物交换的第一个问题:"在后进或古式社会中,是什么样的法律与利益规则使接受馈赠后就必须得回报?"应该注意,这个问题和经济学家提出的那些关于市场的经典问题是有密切关系的。在此不妨参考斯坦纳(Philippe Steiner)的极具启发性的研究,他将莫斯的文本和亚当·斯密《国富论》中的一段文本加以对照(Steiner,2005:186):"亚当·斯密着重写道:我现在要讨论人们在以物换钱或以物易物时会自然遵守的规则。这些规则决定了交换物的所谓相对价值或交换价值。"

在这里,斯密没有看到法律规则同样也能定义交换:和赠礼或偷窃不同,交换并不是转让,而是有偿还要求的交易,这意味着存在合法的惩罚,由集体(如国家及其职业代理人、帮派及其同党、俱乐部及其内部规则的执行者)通过强力施加于违反规则的(生理和政治意义上的)个体或(道德人格或某个群体的代表者的意义上的)个人。换言之,存在着一个第三方——国家的代表、帮派里的枪手或是希腊悲剧中的合唱——来保证法律规则得到遵守。没有任何人会被认为对法规茫然无知:包括违规者在内的每个人都知道有规则被违反了。

对斯密来说，商品交换的规则是“天然的”、无历史的、决定论的，它解释了交换物之间等价关系的建立，也就是它们的相对价格。正是利益规则解释了我为什么要交换以及交换的价格。

莫斯同时提出了两个问题——同时对一个既不属于司法也不属于市场经济的研究对象提出了法学家和经济学家的问题，旨在尝试理解市场制度之外的纯社会性义务的性质。回馈收到的礼物和支付购买的商品是否遵循同样的法律规则？进入一个互动游戏并继续下去和进入市场是否遵循同样的利益规则？这些问题与莫斯分离出来的研究对象是分不开的，即那些表面上自由和无偿，但实际上却必须和获利的个体行为。

两种义务，两种利益

莫斯提出的问题在这一节遇到了麻烦，因为它可能导致对两种义务的混淆。一种是法律上的义务，旨在结清一个已经开始的、可以要求偿还物的交易。另一种是社会性的义务，是要持续参与由一系列转让组成的游戏，在游戏中可有胜负，可以继续玩，也可以叫停。

如果我的“库拉”对家没有在应该的时候给我项链，作为在我上次旅行中送给他的手镯的交换物，以确认我们的合作关系；如果我曾赠与很贵重的“通家”的那个人在另一次交换中收到了另一件“通家”却并没有送给我；这两种情况都要受到合法的惩罚：或者被巫术致死（这是哈那皮里所提及的惩罚），或者因被索回所欠物而受到袭击，甚至可能会送交殖民地官员处理（Testart，2007：175）。这就进入了法律的领域，即合法使用强力，无论这种强力是否由一个职业机构来使用，也无论这一机构是否由国家支付其费用。同时，这也是一个契约的领域，无论这份合同是否像在市场经济中那样仅仅与财物有关，还是像婚姻契约或劳动契约中那样也涉及个人。

莫斯的问题还可能导致对两种利益的混淆。一种是纯经济利益，这种利益不会因交换而受损，还能因交换而最大化。另一种是广义上的利益，是对荣誉和声望的维护。从美国经济学家凡伯伦(Thorstein Veblen，1899)的研究开始，经济学家们就知道声誉可以作为一种商品，并意识到要考虑消费者对炫耀性产品的个体偏好。不过，恐怕这些经济学家未曾考虑过"贵族之为自当高尚"，也未曾考虑过从夸富宴中发现的旨在展现慷慨的争斗，因为他们的利他主义概念太贫乏了，未曾容纳过慷慨中的对抗性因素。夸富宴的游戏中有一种来自互动本身的动力机制，即行为的乘方式模仿(imitation exponentielle)[①]。贝特森就此提出了有关同一互动中双方对称行为之生成的分裂相生模型。分裂相生模型是可以和来自博弈论的数学建模相匹配的，正如重复博弈理论在建模时也考虑到了声望的重要性。

与慈善决裂

可以毫不夸张地说，除了对有关交换的经济学理论的隐讳批评之外，《礼物》中最重要的政治议题就是对施舍的明确批判。施舍是一种典型的不求回报的礼物，一旦穷人接受而无力偿还，便会

---

① 指模仿行为又激发出对模仿的模仿，循环不止。——中译注

受辱。“施舍对于接受者也是有伤害的，我们在道德上所做的全部努力，就是要消除那种有钱的‘施主’的无意识的但却是侮辱性的恩典。”（《礼物》：72）

将社会保障从它最初诞生的慈善传统中解放出来，使之变得可以被接受并不再使人感到丢脸，首先要转变它的含义。莫斯在概念上所做的努力正在于此。对于当时正在建构中的社会保障，他尝试使之不再被表述为给穷人的礼物，而是给劳动者的回礼，用以偿还劳动者在他们的劳动中已经送出的头礼，仅用工资对此作为回报是不够的。莫斯写道，无论雇主还是社会本身，都不能在支付给劳动者薪水后就“一走了之”。今天，我们可能会说这是劳动合同的不完整。但莫斯迫切希望推进并且直到1945年之后才彻底展开的，是一场把企业的社会债务转移给全社会，把施舍由家长制的资方（富有的“施主”）转移给匿名集体的社会运动。这场社会运动在工人运动、知识分子和有善心的资产阶级历经几十年的相互接近中酝酿，最终在由二战解放的情感冲动而激发出来的社会保障制度中得到了完满的表达。但是，福利国家在20世纪90年代就开始受到意识形态质疑。20年后的今天，社会救助政策并没能避免退回到慈善：无论形式简单还是复杂，这些政策使那些永远的受赠人（被救助者、领救济金者、低收入者）背负上了永远的债务。今天所缺乏的，与其说是财政手段，不如说是一场能指望再次集结社运人士、知识分子以及慈善家们去“重新思考社会团结”的运动。

为了和慈善决裂，莫斯选择把重点放在“开礼”上，社会保障被认为是出于对这一礼物的回应而支付的报偿。另有几条线索，也

为打破慈善家和“他的”受惠者之间的人际支配关系提供了一些可能性。就此而言，我们可以把重点放到研究某个群体——比如一个家庭性群体——内部的资源互助（mutualisation）上（Weber，2002）：离婚时的冲突，难道不正是因为交换的螺旋失去了它原本没有尽头的时间轴，而必须在此刻停下来进行“清算”、从群体解体的角度重新估量过去所有的事情吗？我们也可以去展现一种不使人感到受辱的慷慨。例如，博尔坦斯基（Luc Boltanski）曾尝试去定义一种特殊的情感状态——“agapè”[①]——一种没有算计的特殊的爱（Boltanski，1990）。另一条分析路径是强调赠礼者的匿名化。如果受礼者无从确定赠礼者的身份，他又怎么会进入到一种他自己也不乐意接受的不平等的人际关系中呢？我们或许可以认为，这种匿名化正是通过税收进行再分配的基本原则。一些与生物伦理相关的制度——如献血或者器官捐献的制度——所保留的无偿赠礼原则，就明确地建立在捐赠者匿名的基础之上（我们因此不再说“赠礼者”[donnateur]，而说“捐赠者”[donneur]）。匿名性使捐赠者的慷慨大方无从确认，但也使受赠者得以避免因此背负上一个对捐赠者无以偿还的巨大债务，防止了受赠者进入到一种无可消除的对捐赠者的依附关系中（Steiner，2004；Healy，2006）。

少数非匿名捐赠的案例——比如器官捐赠人是受赠人的家属——有助于推进我们的分析。如果礼物交换意味着同一家庭中两个成员之间的互惠关系，那么风险就在于捐赠人可能会不断强

① “Agapè”在希腊语中是指神之爱（无条件的爱），与之近似的定义亦见于基督教传统。——中译注

调其捐赠行为（这样就构成了一个司法上的困扰，即无可偿还的“生前赠与”），并要求受赠者“付出代价”：或者在捐赠行为之前（比如提出交换条件），或者在捐赠行为之后（比如要求受赠者的感激）。相反，如果礼物交换是在一个基于资源互助而运转的共同体内部发生的，那么它就变成了交换的螺旋中的若干要素之一，没有人知道这一螺旋从何时何地开始。我们由此开辟了一条和莫斯的分析路径方向相反的路：莫斯是从对群体的分析过渡到对关系的分析的，我们则从对关系的分析回到了对群体的分析，同时应注意不要忽略群体归属感之于个体的代价和意义。

《礼物》的政治起源

莫斯在撰写《礼物》的同时，也在努力对苏俄布尔什维主义（Mauss，1924b）和意大利法西斯主义——用他自己的话说——做出“社会学评断”（appréciation sociologique）。另外，他也在思考各国族之间的联系、不同国族之间的劳动分工以及国际主义。我们在《礼物》的结论中看到一个关于圆桌（Table ronde）的隐喻，象征着1920年代欧洲知识分子寄予厚望的那个多国族社会（Société des nations）。作为社会党活动家和让·饶勒斯（Jean Jaurès）[①]的欣赏者，莫斯积极支持社会党，当时社会党正因内部分裂而式微，而这种分裂也导致了1920年法国共产党的诞生。《礼物》因此也可以说是在试图寻找一种政治上的解决方案。这个方

① 让·饶勒斯（1859—1914）：法国社会党领袖，社会民主的倡导者之一。他宣扬和平主义，反对第一次世界大战，在一战前夕被暗杀身亡。——中译注

案不再像涂尔干那样诉诸国家和个体之间的中间集体：莫斯担心在这些中间集体中再次看到苏维埃政权或意大利法西斯组织的影子。如今回顾历史，就更容易体会到莫斯的担忧并非毫无来由。不过在10到20年的时间里，一些涂尔干的信徒，同时也是莫斯很亲近的朋友（比如马塞尔·德阿[Marcel Déat][①]），如果不是在不同程度上赞同维希政权，就是先后参与到了从社会党运动中发展出来的极右运动中。事实上，这一政治上的偏差，连同维希政权中对共和起源的极力遮蔽——亦即对涂尔干观点的遮蔽（Noiriel，1999），很大程度上可以解释为什么涂尔干社会学在法国曾长期遭受磨难。

工人菜园：从劳动到居所

仍然是在1925年，当时为了破除慈善的观点，莫斯更多地是在法律上而非政治上、在关系中而不是在集体中寻找解决方案。他相信在总体呈献中找到了“我们所能观察和设想的最古老的经济和法律制度”，同时也是我们希望“我们的社会能够趋向”的一种制度（《礼物》：76），即兼具自愿和义务的给予。

莫斯对工人互助会以及合作社组织的关注是众所周知的，但他对工人菜园（jardin ouvrier）运动的兴趣却鲜为人知。莫斯把这一运动当作一个实例，用以说明我们想要迈进的方向：既然家就是家居（foyer）和土地（这个运动被称为“园地与家居联盟”：Ligue du

---

① 马塞尔·德阿（1894—1955）：早期的社会党人士，后转向“新社会主义”，并成为纳粹合作者，在维希政权内任劳动部长。他毕业于巴黎高等师范学院，主修哲学（后转向社会学），除了政治家的身份外，同时也是记者和知识分子。——中译注

coin de terre et du foyer),所以很正常,土地既不为法律所制约,也在资本经济之外。事实上,有关"家产"的新旧法律以及最近法国有关"不可扣押的家庭财物"的法律,都是对这种古老状态的坚持与回归(《礼物》:70,注501)。工人菜园产生于1870年代的雇主家长制,但随后又与其决裂;它是社会天主教(catholicisme social)和极端反教权主义(radicalisme anticlérical)的独特综合。在长期担任北方省议员的勒弥尔神甫(Abbé Lemire)[①]和有着极端信念的菜农组织积极分子于勒·居雷(Jules Curé)的共同推动下,工人菜园在三个层面上被重新定性。首先,在1900年之前,园艺就已从劳动转变为一种休闲活动。有关星期天做园艺正当与否的讨论佐证了这一点——由于一些宗教原因,在某些时期和某些地方星期天工作是被禁止的。其次,在1920年代,并非通过依法租让取得的小块菜园成为莫斯前文中提及的一项立法提案的对象。这其实是勒弥尔神甫提出的但却未能实现的一项计划,即使菜园变成一种不可扣押的财产,或者用韦纳的话说就是不可让渡的财产。最后,同一时期,提供和管理土地的贵族和受其支配的园丁的关系发生了逆转:园丁需要支付"份子钱"(cotisation),并能骄傲地把菜园里的收获作为礼物送给他们的施恩者(Weber,1998)。

战争时期,工人菜园的意义又发生了变化。它变成了对抗食品短缺的武器,却也和维希政权提出的宣传口号"土地不会骗人"联系起来,成为鼓舞士气的依托。继而,在二战后30年的经济繁

① 勒弥尔(1853—1928):20世纪初法国天主教与激进左翼的政治人物,除发起工人菜园运动外,亦有废除死刑、限制工时等主张。——中译注

荣时期，菜园作为在工资制社会和大众消费边缘的一种被人遗忘的平民文化空间继续存在。随着大众失业率的增长，工人菜园又被卷入了社会救济金政策（RMI）和社会团结经济（économie solidaire）的风浪中。有一段时间人们推算出依靠种植蔬果节省出来的经济开销，以此来抵消部分应发放给受助人的救济金。人们还创建了一种售卖菜园产品的交易体系，以使休闲性的农艺活动可实现经济效益。但以上两种情况没有考虑到的是，菜园属于"库拉"体系，而社会救济金或对货币资源的需求则依据的是"金瓦利"的逻辑，更何况种植者本身也在竭力维护这两种社会场景各自的封闭性。

迈向一种对劳动的新定义？

莫斯的《礼物》和工人菜园长达一个多世纪的经验启发我们去重新界定受薪劳动及其连带受益人（ayant-droit）[①]的权利，特别是当我们的社会保障模式面临危机的时候——这种模式将社会保障当成是劳动者可要求的匿名补偿。除了未能成功地国际化之外，这个社保模式亦未能考虑到其之所以有可能施行的条件：男性受薪劳动者与其连带受益人——他的妻子和孩子——的社会权利之间的联系。如今，女性进入职场以及家庭的转型动摇了这个适用于终身全职劳动者的社保体系。此外，这个模式也把另一些群体，如即将丧失继续领取失业救济权利的失业者、从未工作过的年轻

① 在法国社会保障体系中，连带受益人是指受保者的直系亲属，如配偶或子女。受保者将其职业薪金的一部分用来缴纳社会保险，其直系亲属也因此受益。——中译注

人以及单亲家庭放到了一边。是否应该像英国和美国那样，由此转入到对穷人加以救助的方向上呢？普遍医保(Couverture Maladie Universelle)是在这个方向上的一个尝试，但它没有考虑到此举对低收入劳动者群体的不利，因为这些人仍需依照普通社保模式缴纳相应的社保金；同时它又把其受益者纳入到“好穷人”或“坏穷人”这样一种有失尊严的形象之中[①]。

为什么不去尝试充分把握问题所涉及的方方面面，深化对劳动的重新定义，通过重建强制性投保金的方式消解债务的价值——就像曾经的工人菜园一样呢？我们或许可以从大学生的身份(statut)得到启发[②]，以缴纳捐金为手段，来创建一些特殊的社会身份，比如社团中志愿者的身份、料理家务者的身份或者半工的身份，从而消除事实上(de facto)只适用于全工或终身劳动者的社会权利准入门槛。当然，这个设想的前提是企业不会利用这些身份，以各种方式来增加黑工[③]。

① 法国的普遍医保(CMU)政策在1999年通过，2000年开始实施。根据这项政策，凡法国公民以及在法国合法居留的外国人(对非法居留的外国人及其未成年子女则另有类似的国家医疗救助AME)若无其他医疗保险，均可免费享受此项保险，只要受保者的应纳税年收入低于某一上限(逐年调整，2013—2014年度为9534欧元)。而且，受保人还可享受全额报销，在治疗过程中无须个人事先付款。这项政策将病有所医视为一项基本人权，旨在使最贫困阶层得以享受完整的医疗服务。但是，收入偏低却又高于CMU上限的阶层则仍然要缴纳一般社会保险的投保金，且在治疗普通疾病时无法全额报销(除非另外缴费参与互助补充医保或商业保险)。这样，这一阶层的利益就相对受损了。不过，享受CMU的人在社会声誉方面会有所损失。——中译注

② 在法国，学生身份可以享有多项社会福利，例如缴纳较少投保金(每年约200欧元)即可享受社会保险。——中译注

③ 在正式雇佣中，即便是临时合同或非全职工作，企业也须为劳动者缴纳一定比例的社保金及其他社会福利捐金，在法国这一成本相当高昂。——中译注

男性全职受薪工作模式遮蔽了通常由女性承担的、与再生产有关的无偿劳动。要与这种模式相决裂，应该明确区分两种体系——职业劳动和不带来利益的无薪酬劳动——并为后者创建一种社会身份，同时允许在不超过一定工作时间的前提下兼具两种身份。这样也就打破了那种把无薪酬劳动简单并入职业劳动的还原论，而是要承认两者之间的界限（这一界限在历史上多有变动），并且促进它们之间的联结。然而，这种改革只可能在一国之内推行，甚至推广到几个受惠国的小圈子也不行。于是，就需要找到一种适用于世界范围的方案。这意味着只要无证件劳工能证明他们的劳动，受惠国就可以着手将他们的身份合法化。另外，这也意味着企业对无偿的社会化劳动要予以承认，因为他们的员工就是这种社会化劳动的成果。

承认存在一种无薪酬的社会劳动，而且这种劳动是个体对集体的馈赠，有利于消除社会救助中经常发生的慈善的诱惑，但同时也要推行对社会工作者的培训政策。这是因为，这些社会工作者常常受限于服务对象的某种本质主义和心理学化的倾向，并为其所属阶层的道德观所挟持，自身没有能力为他们希望“人道”对待的个体提供社会承认。对后者而言，唯有社会身份才能还给他们尊严。

阅读《礼物》，为了分析礼物的多样性

通过以上解读，我们发现总体呈献就像一个极为复杂的大陆——或更确切地说——极为复杂的群岛。礼物的形式不是单一的，而是多样的。礼物的含糊性是通过两种方式展现出来的。一

方面，就民族志观察工作而言，呈献的含糊性是由于缺少物质和认知框架而无法对之做出确定的解释。另一方面，就理论层面而言是礼物范畴本身的含糊性，这一范畴在“夸富宴”式的政治角逐和“库拉”式的政治联盟之间摇摆，更不用说还在个人债务的连环以及解除这种债务的互助之间往复。

然而，关于礼物的人类学研究过去给出的都是统一的解读，尤其是在法国。这简化了上文讨论的各种内在差异，强化了礼物和市场的二元对立。就此而言，有必要重温莫斯的文本以及从 1950 年代开始出现的各种对立解读，从而精确理解经由人类学研究锻造的那些概念。没有那些概念，民族志观察也就被解除了武装。

（南楠译，汲喆、巫能昌校）

本文参考文献

Appadurai A. (ed.), [1986], *The Social Life of Things: Commodities in Cultural Perspective*, Cambridge/New York, Cambridge University Press.

Bataille G., [1933], «La notion de dépense», *La critique sociale*, n° 7; republié dans *La Part maudite*, Paris, Minuit, 1967.

Bazin J., [1997], «La chose donnée», *Critique*, no 596—597, janv.-fév., pp. 7—25.

Boltanski L., [1990], *L'Amour et la justice comme compétences. Trois essais de sociologie de l'action*, Paris, Métailié.

Boltanski L., Thévenot L., [1991], *De la justification. Les économies de la grandeur*, Paris, Gallimard.

Bourdieu P., [1994], «L'économie des biens symboliques», *Raisons pratiques*, Paris, Seuil, «Points Essais».

Caillé A., [2000], *Anthropologie du don; le tiers paradigme*, Paris, Desclée de Brouwer.

Callon M. (ed.), [1998], *Laws of the Market*, Oxford, Blackwell Publishers.

Callon M., Lascoumes P., Barthe Y., [2001], *Agir dans un monde incertain. Essai sur la démocratie technique*, Paris, Seuil.

Coquery N., Menant F., Weber F., [2006], *Écrire, compter, mesurer. Vers une histoire des rationalités pratiques*, Paris, Éditions rue d'Ulm.

Dufy C., Weber F., [2007], *L'Ethnographie économique*, Paris, La Découverte, «Repères».

Durkheim É., [1895], *Les Règles de la méthode sociologique*, Paris, Alcan.

Esping-Andersen G., [1999], *Les Trois Mondes de l'État-providence*, Paris, PUF, «Le lien social».

Fabiani J.-L., [1988], *Les Philosophes de la République*, Paris, Minuit.

Farge A., [1989], *Le Goût de l'archive*, Paris, Seuil.

Feller L., Gramain A., Weber F., [2005], *La Fortune de Karol. Marché de la terre et liens personnels dans les Abruzzes du haut Moyen Âge*, Rome, École française de Rome.

Godbout J., en coll. avec Caillé A., [1992], L'Esprit du don, Paris, La Découverte.

Godelier M., [1996], *L'Énigme du don*, Paris, Fayard.

Goffman E., [1967], *Les Rites d'interaction*, Paris, Minuit, 1974.

Gollac S., [2005], «Faire ses partages», *Terrain*, n° 45, pp. 113—124.

Goody J., [1968], *La Raison graphique. La domestication de la pensée sauvage*, Paris, Minuit, 1979.

Gotman A., [1988], *Hériter*, Paris, PUF.

Healy K., [2006], *Last Best Gifts. Altruism and the Market for Human Blood and Organs*, Chicago, Chicago University Press.

Halbwachs M., [1909], *Les Expropriations et le prix des terrains à Paris (1860—1900)*, Paris, Cornély.

Halbwachs M., [1933], *L'Évolution des besoins dans les classes ouvrières*,

Paris, Alcan.

Huber T. H., Mauss M., [1899], «Essai sur la nature et la fonction du sacrifice», in *Mélanges d'histoire des religions*, Paris, Librairie Félix Alcan, 1929, 2e édition.

Laferté G., [2006], *La Bourgogne et ses vins: image d'origine contrôlée*, Paris, Belin.

Leach J. W. & Leach E. (eds.), [1983], *The Kula: New Perspectives on Massim Exchange*, Cambridge, Cambridge University Press.

Lefort C., [1951], «L'échange ou la lutte des hommes», *Les Temps modernes*, pp. 1404—1417.

Lévi-Strauss C., [1950], «Introduction à l'œuvre de Marcel Mauss», in Mauss M., *Sociologie et anthropologie*, Paris, PUF.

Malinowski B., [1922], *Les Argonautes du Pacifique occidental*, présentation de M. Panoff, Paris, Gallimard, 1989.

Marcus G. E., [1998], «Ethnography in/of the World System: The Emergence of Multisited Ethnography», in *Ethnography Through Thick and Thin*, Princeton, Princeton University Press, pp. 79—104.

Mauss M., [1909], «La Prière», in Œuvres, tome 1: *Les fonctions sociales du sacré*, Paris, Minuit, 1968, pp. 357—477.

Mauss M., [1914], «Les origines de la notion de monnaie», *L'Institut français d'anthro-pologie, Comptes-rendus des séances*, II, tome I, supplément à *L'Anthropologie*, n° 25, pp. 14—19.

Mauss M., [1920], «L'extension du potlatch en Mélanésie», *L' Anthropologie*, n° 30, pp. 396—397.

Mauss M., [1921a], «Une forme ancienne de contrat chez les Thraces», *Revue des études grecques*, n° 34, pp. 388—397.

Mauss M., [1921b], «L'expression obligatoire des sentiments (rituels oraux funéraires australiens)», *Journal de psychologie*, n° 18, pp. 425—434.

Mauss M., [1923], «L'obligation à rendre les présents», *L'Anthropologie*, n° 33, pp. 193—194.

Mauss M., [1924a], «Gift, gift», in *Mélanges offerts à Charles Andler par ses amis et ses élèves*, Istra, Strasbourg, Paris, pp. 243—247.

Mauss M., [1924b], «Appréciation politique du bolchevisme», *Revue de métaphysique et de morale*, n° 31, pp. 103—132.

Mauss M., [1926], «Parentés à plaisanteries», texte d'une communication présentée à l'Institut français d'anthropologie en 1926, *Annuaire de l'École pratique des Hautes études, section des sciences religieuses*, Paris, 1928, pp. 3—21.

Noiriel G., [1999], *Les Origines républicaines de Vichy*, Paris, Hachette.

Sahlins M., [1972], *Âge de pierre, âge d'abondance, l'économie des sociétés primitives*, introd. de Pierre Clastres Paris, Gallimard, 1976.

Sarasin P., [1994], «Une coutume barbare. Les fonctions signifiantes de l'argent dans une société bourgeoise vers 1900», *Genèses*, n° 15, mars, pp. 84—102.

Schulte-Tenckhoff I., [1986], *Potlatch: Conquête et invention. Réflexion sur un concept anthropologique*, Lausanne, Éd. d'En bas.

Simiand F., [1932], *Le Salaire, l'évolution sociale et la monnaie. Essai de théorie expérimentale du salaire*, Paris, Alcan.

Simiand F., [1934], «La monnaie, réalité sociale», *Annales sociologiques*, série D, 1, pp. 1—86.

Simiand F., [2006], *Critique sociologique de l'économie*, textes choisis et introduits par Marcel J.-C. et Steiner P., Paris, PUF, «Le lien social».

Steiner P., [1999], *La Sociologie économique*, Paris, La Découverte, «Repères».

Steiner P., [2004], «Le don d'organes: une affaire de familles?», *Annales: Histoire, Sciences sociales*, mai, pp. 255—283.

Steiner P., [2005], *L'École durkheimienne et l'économie. Sociologie, religion et connaissance*, Genève, Droz.

Testart A., [2007], *Critique du don. Études sur la circulation non marchande*, Paris, Syllepse.

Topalov C. (dir.), [1999], *Laboratoires du nouveau siècle. La nébuleuse réformatrice et ses réseaux en France, 1880—1914*, Paris, EHESS.

Veblent T., [1899], *Théorie de la classe de loisir*, Paris, Gallimard, 1970.

Weber F., [1989], *Le Travail à-côté. Étude d'ethnographie ouvrière*, Paris, EHESS.

Weber F., [1998], *L'Honneur des jardiniers. Les potagers dans la France du XXe siècle*, Paris, Belin.

Weber F., [2000], «Transactions marchandes, échanges rituels, relations personnelles. Une ethnographie économique après le Grand Partage», *Genèses*, no 41, déc., pp. 85—107.

Weber F., [2001], «Settings, Interactions and Things. A Plea for a Multi-integrative Ethnography», *Ethnography*, vol. 2, n° 4, pp. 475—499; trad. fr. in Beaud S., Weber F., *Guide de l'enquête de terrain*, Paris, La Découverte, 2010.

Weber F., [2002], «Pour penser la parenté contemporaine», in Debordeaux D., Strobel P. (dir.), *Les Solidarités familiales en questions. Entraide et transmission*, Paris, LGDJ, «Droit et Société», vol. 34, pp. 73—106.

Weber M., [1905], *L'Éthique protestante et l'esprit du capitalisme*, trad. I. Malinowski, Paris, Flammarion, «Champs», 1995.

Weiner A., [1976], *Women of Value, Men of Renown: New Perspectives in Trobriand Exchange*, Austin, University of Texas Press; trad. fr. *La Richesse des femmes ou comment l'esprit vient aux hommes: îles Trobriand*, Paris, Seuil, 1983.

Weiner A., [1992], *Inalienable Possessions. The Paradox of Keeping-While-Giving*, Berkeley/Los Angeles, University of California Press.

Zelizer V., [2005], *The Purchase of Intimacy*, Princeton, Princeton University Press.

人名对照表*

A

Adam,Léohard　亚当
Aristote　亚里士多德

B

Boas,F　博厄斯
Bogoras　博格拉斯
Brown　布朗

C

Cahen　卡昂
Clenso　科兰索
Cook　库克
Cuq　居克

D

Davis　戴维斯
Davy　达维
Dioclétian　迪奥克雷蒂安

E

Elsdon Best,R.　艾斯东贝斯特
Emerson　爱默生

F

Festus　费斯陀

H

Halbwachs　阿博瓦克
Hertz　赫茨
Holmes　霍尔姆斯
Hrin　伊恩
Hubert　于贝尔

I

Isidore de Séville　（塞维利亚的）伊西多尔

J

Jochelson　约瑟逊

K

Kruyt　克鲁伊特

L

Leenhardt　李纳尔德
Lévi-Bruhl,Lucien　列维-布吕尔

* 书中所涉及的人名如未在正文中出现，则保持原名未译。

M

Malinowski　马林诺夫斯基
Mandeville　孟德威尔
Meyer,Richard　梅耶

N

Nelson　内尔森

P

Père Hoang　黄神父
Père Schmdit　施密特神父
Pindare　品达
Porter　波特

S

Seligmann　塞里格曼
Simiand　西米昂
Sir Grey,G.　格雷爵士

T

Tamati Ranapiri　塔玛蒂·哈那皮里
Thurnwald　杜恩瓦尔德
Turner　特纳

V

van Ossenbruggen　冯·奥森布鲁根

W

Walde　瓦尔德
Westermarck　威斯特马克

民族名对照表*

A

Arunda　阿兰达人　【澳大利亚】
Aryen　雅利安人　【亚洲古民族】
Assam　阿萨姆人　【印度】
Athapascane　阿塔帕斯坎人　【北美】

B

Banaro　巴纳罗人　【新几内亚】
Bantu　班图人　【非洲】
Batak　巴塔克人　【印尼】
Bellacoola/Bella Kula/Bellakoola　贝拉库拉人　【北美】
Berbère　柏柏尔人　【北非】
Betsimisaraka　贝兹米萨哈加人　【马达加斯加】
Bisaya　米沙鄢人　【菲律宾】
Breton　布列塔尼人　【欧洲】
Buin　布因人　【新几内亚】

C

Célèbes　西里伯斯人　【印尼】
Celte　克尔特人　【欧洲】
Chilkat　奇尔卡特人　【阿拉斯加】
Chinook　钦诺克人　【北美】
Chukchee　楚克奇人　【西伯利亚东北】

D

Dayak　达雅克人　【东南亚】
Dieri　迪埃里人　【澳大利亚】
Dobu　多布人　【太平洋】

E

Eskimo　爱斯基摩人　【北极附近】

F

Fijien　斐济人　【太平洋】

G

Germain　日耳曼人　【欧洲】

H

Haida　海达人　【西北美】
Haoussa　豪萨人　【西非】

---

* 应该注意:1.注释中个别印第安人支系的名称未译;2.以上民族名并非基于同一标准的分类,如夸扣特尔人、易洛魁人等都属于印第安人;尤伊特人属于爱斯基摩人等;3.与中文相对照的只是本书原文中的法文写法,而非民族志中的标准命名;4.除了这些民族以外,本书中还涉及一些我们所熟悉的欧亚诸国之人民,有俄罗斯人、意大利人、印度人、德国人、法国人、中国人、越南人等。

Heltsuq 海尔楚克人 【北美】

I

Indien 印第安人 【美洲】
Iroquois 易洛魁人 【北美】

K

Kaitish 凯蒂什人 【澳大利亚北部】
Kakadu 卡卡杜人 【澳大利亚】
Kiriwina 基里维纳人 【太平洋】
Kitava 基塔瓦人 【太平洋】
Koita 科伊塔人 【巴布亚新几内亚】
Koskimo 科斯基摩人 【北美】
Koyak 考雅克人 【西伯利亚东北】
Kwakiutl 夸扣特尔人 【西北美】

L

Lilloët 利卢埃特人 【北美】

M

Malais 马来人 【东南亚】
Mangarevan 曼加雷瓦人 【太平洋】
Maori 毛利人 【太平洋】
Mélanésien 美拉尼西亚人 【太平洋】
Mon-Khmer 孟高棉人 【中南半岛】
Mota 莫塔人 【太平洋中的伊里安岛】
Motu 莫图人 【巴布亚新几内亚】
Munda 蒙达人 【印度】

N

Namau 纳毛人 【巴布亚新几内亚】
Narrinyeri 纳里涅里人 【澳大利亚】
Néo-guinéenne 新几内亚人 【非洲】
Nigritien 尼日尔人 【非洲】
Nootka 努特卡人 【北美】

O

Omaha 奥马哈人 【北美】
Osque 奥斯克人 【意大利古民族】

P

Papous/Papouasie 巴布亚人 【太平洋】
Polynésie/Polynésien 波利尼西亚人 【太平洋】
Pygmée 俾格米人 【赤道非洲、东南亚】

R

Romain 罗马人 【欧洲】

S

Salish 萨利什人 【北美】
Samoa 萨摩亚人 【太平洋】
Sémite 闪米特人 【西亚】
Sinaketa 西纳基塔人 【太平洋】
Sioux 苏人 【北美】

T

Tahitien 塔希提人 【太平洋】
Thraces 色雷斯人 【欧洲古民族】
Tlinkit 特林基特人 【西北美】
Toaripi 托亚里皮人 【巴布亚新几内亚】
Tongan 汤加人 【太平洋】
Toradja 托拉查人 【印尼】
Tsimshian 钦西安人 【西北美】
Turhoe 图鲁人 【太平洋】

U

Umoriu 乌莫留人 【澳大利亚】
Unmatjera 翁马杰拉人 【澳大利亚北部】

V

Vakuta 瓦库塔人 【太平洋】

W

Wakash 瓦卡什人 【北美】
Winnebago 温内巴戈人 【北美】

Y

Yuit 尤伊特人 【西伯利亚东北】

图书在版编目(CIP)数据

礼物:古式社会中交换的形式与理由/(法)马塞尔·莫斯著;汲喆译.—北京:商务印书馆,2017
(汉译世界学术名著丛书:120年纪念版:珍藏本)
ISBN 978-7-100-14605-0

Ⅰ.①礼… Ⅱ.①马… ②汲… Ⅲ.①社会人类学—研究 Ⅳ.①C912.4

中国版本图书馆CIP数据核字(2017)第152367号

汉译世界学术名著丛书
(120年纪念版·珍藏本)
礼 物
——古式社会中交换的形式与理由
〔法〕马塞尔·莫斯 著
汲 喆 译
陈瑞桦 校

商 务 印 书 馆 出 版
(北京王府井大街36号 邮政编码100710)
商 务 印 书 馆 发 行
北京市十月印刷有限公司印刷
ISBN 978-7-100-14605-0

2017年12月第1版　　开本710×1000 1/16
2017年12月北京第1次印刷　　印张16¼
定价:80.00元